# 做幼儿喜爱的魅力教师（第二版）

莫源秋 著

中国轻工业出版社

图书在版编目（CIP）数据

做幼儿喜爱的魅力教师/莫源秋著. —2版. —北京：中国轻工业出版社，2019.11
ISBN 978-7-5184-2599-0

Ⅰ.①做… Ⅱ.①莫… Ⅲ.①幼教人员－师资培养－研究 Ⅳ.①G615

中国版本图书馆CIP数据核字（2019）第168911号

总 策 划：石铁
策划编辑：吴红　　　　　　　责任终审：杜文勇
责任编辑：吴红　牟聪　　　　责任监印：刘志颖

出版发行：中国轻工业出版社（北京东长安街6号，邮编：100740）
印　　刷：三河市鑫金马印装有限公司
经　　销：各地新华书店
版　　次：2019年11月第2版第1次印刷
开　　本：710×1000　1/16　印张：14.50
字　　数：160千字
印　　数：1—5000
书　　号：ISBN 978-7-5184-2599-0　定价：48.00元

读者热线：010-65181109，65262933
发行电话：010-85119832　传真：010-85113293
网　　址：http://www.chlip.com.cn　http://www.wqedu.com
电子信箱：1012305542@qq.com

如发现图书残缺请与我社联系调换

181220Y1X201ZBW

# 第二版序言

《做幼儿喜爱的魅力教师》是我与中国轻工业出版社万千教育合作的第一本书，这次合作是由吴红老师看到我的文章《做个有亲和力的幼儿教师》（该文发表在2007年《幼教博览》杂志上）所引起的。

《做幼儿喜爱的魅力教师》出版发行8年，重印了8次，这说明该书获得了同行们的认可。在此表达对同行们由衷的感谢！

本次对《做幼儿喜爱的魅力教师》的主要修订有二：一是对全书体系进行调整，这样阅读起来逻辑体系更加紧密顺畅；二是将近年来的新思考、新观点、新材料融进书中，比第一版内容更加丰富，体系更加完整，内容更加具有操作性，观点更加明确简练。

本书主旨在于使幼儿园教师获得幼儿的喜爱，同时，也特别强调"获得幼儿的喜爱"是促进幼儿健康发展的手段，因此，幼儿园教师在实践中不要单纯地去追求获得幼儿的喜爱，更要考虑如何在获得幼儿喜爱的过程中更好地促进幼儿的健康发展，"获得幼儿的喜爱"是为幼儿更好地健康发展服务的。

在修订本书的过程中，我在关照幼儿的尊重需要、心理安全需要、关爱需要方面下了重墨，这不仅仅是因为我在这三个方面积累的材料比较丰富、思考得比较多，更重要的是我认为心理安全、尊重、关爱、公平是幼儿心理健康发展的四大基础。希望本书不仅能为读者提供获得幼儿喜爱的技巧，还能使读者从中获得促进幼儿心理健康发展的理念并掌握相应的技能。

本书重点强调的10个观点是：

◆好的幼儿园教师一定是获得幼儿发自内心的喜爱的。

- ◆ 爱应该成为幼儿教育的底色。
- ◆ 爱幼儿一定要以尊重幼儿为前提，否则，爱可能会成为一种伤害。
- ◆ 获得幼儿喜爱不仅仅关乎幼儿在园的生活质量，同时也关乎教师的职业幸福感。
- ◆ 幼儿园教师的魅力与性别无关，与专业性格和专业能力有关。
- ◆ 能否获得幼儿的喜爱关键在于教师在多大程度上关照了幼儿的需要。
- ◆ 获得幼儿喜爱是获得家长认可的前提条件之一。
- ◆ 师爱一定要让幼儿感受到，方能成为促进幼儿发展的一种动力。
- ◆ 幼儿园教师的基本功应该包括爱的技能、尊重的技能、心理安全技能……
- ◆ 幼儿园应该成为孩子们的乐园。

本书在编写的过程中借鉴和参阅了国内外同行的大量相关研究成果，在此对他们表示由衷的谢意！同时，由于种种原因，书中引用的少部分资料未能标明作者及出处，在此对相关作者特表歉意！

由于时间仓促，加上作者水平有限，本书虽然是第二次修订，但一定还存在着不少错误和缺漏，敬请读者批评指正。

万分感谢大家对本书的关注！

莫源秋

2019 年 2 月 2 日

# 第一版序言

爱应该是幼儿园的一种内在文化，关爱的理念应该植入幼儿园里每一个人的心灵深处，幼儿园里的每一个人都应该发自内心地去爱他周围的人（园领导、教师及幼儿），幼儿园里的每一个角落都应该充满爱的气息。在这样的环境里成长的孩子，能够自然地获得别人的爱，同时也能够学会爱别人。

在现实生活中，当我们谈到教育之爱时，谈得更多的是教师对幼儿的爱，而极少谈及幼儿对教师的爱，更鲜有人去研究如何让幼儿爱上教师。或许大家觉得，幼儿教育有教师的爱就足够了；只要教师爱幼儿，幼儿肯定就会喜爱教师。我不同意这种观点。首先，爱应该是双向的。如果只有教师爱幼儿，没有幼儿爱教师，那么，这种爱是不完整的。这种不完整的爱既不利于幼儿的心理健康成长，也不利于幼儿教育工作的顺利开展。其次，教师爱幼儿并不一定能促使幼儿爱教师。教师对幼儿的爱必须是科学的且能让幼儿感觉得到，这样才有可能让幼儿也爱上教师。

幼儿园教师是教育工作者，幼儿园是社会教育机构。但是，幼儿来幼儿园的根本动力往往不是为了学本领，而是因为幼儿园好玩，是因为教师满足了他们某些方面的需要，是因为教师组织的活动给他们带来了快乐体验。因此，要想做受幼儿喜爱的教师，仅仅靠传授幼儿知识和技能是不够的，我们还必须认真研究如何在教育活动中满足幼儿的各方面需要，如何让幼儿在师幼交往的互动中感受到快乐。那些只专注于或者只精于知识技能传授，而忽视幼儿心理、情感需要和内心感受的教师，是不会被幼儿喜爱的。一句话，要做幼儿喜爱的教师，我们就必须具备被幼儿喜爱的"资本"——品性、才能、智慧……

　　愿幼儿园生活成为一种充满爱意的生活，让每个幼儿在爱的滋养下快乐健康地成长，让每位幼儿园教师在充满爱意的教育情境中快乐地工作！

莫源秋

2009 年 9 月 20 日

# 目 录

第二版序言 　　　　　　　　　　　　　　　　　　　　　　　i

第一版序言 　　　　　　　　　　　　　　　　　　　　　　　iii

第一章　做幼儿喜爱的教师 　　　　　　　　　　　　　　　001

　　一、幼儿喜爱教师的表现和意义 　　　　　　　　　　　002

　　　　（一）幼儿对教师之爱的性质 　　　　　　　　　　002

　　　　（二）幼儿喜爱教师的三个阶段 　　　　　　　　　002

　　　　（三）这样的教师幼儿最喜爱 　　　　　　　　　　003

　　　　（四）幼儿对教师喜爱之情的特点 　　　　　　　　006

　　　　（五）幼儿喜爱教师的意义 　　　　　　　　　　　012

　　二、教师获得幼儿喜爱的途径 　　　　　　　　　　　　017

　　　　（一）投其所好 　　　　　　　　　　　　　　　　017

　　　　（二）魅力感人 　　　　　　　　　　　　　　　　018

　　　　（三）主配协作 　　　　　　　　　　　　　　　　019

　　　　（四）家园配合 　　　　　　　　　　　　　　　　022

　　　　（五）宣传影响 　　　　　　　　　　　　　　　　025

## 第二章　做贴心的幼儿园教师　　027

### 一、让幼儿有安全感　　028
（一）了解幼儿缺乏安全感的行为　　029
（二）正确对待心理处于不安状态中的幼儿　　031
（三）为无助的幼儿伸出援助之手　　034
（四）注意幼儿园教育的心理安全性　　035
（五）每天都明确地向每个幼儿表达教师的关爱　　045
（六）家庭要为孩子创造安全的心理环境　　045

### 二、让幼儿的生活充满爱　　046
（一）关爱，应该成为幼儿园的一种内在文化　　049
（二）了解幼儿的"求爱"信号　　054
（三）爱要公平，让爱的阳光照耀到每个孩子的心田　　057
（四）每天都让每个幼儿感觉到教师对他的关爱　　060
（五）爱要持之以恒　　066
（六）家庭应该是一个充满爱的地方　　067

### 三、让幼儿过一种有尊严的生活　　068
（一）营造一种相互尊重的氛围　　070
（二）教育活动应该体现出对每个人的尊重　　076
（三）要保护幼儿的自尊心　　080
（四）对幼儿要多些纵向评价，少些横向评价　　089
（五）要善于发现幼儿的优点　　090
（六）尊重幼儿的愿望、想法和经验　　092
（七）通过细节表现出对幼儿的尊重　　095

### 四、让幼儿有归属感　　096
（一）塑造一种相互接纳的意识　　097

（二）让每个幼儿都有为班集体做贡献的机会　　098
　　（三）帮助每个幼儿找到适合自己的任务小组　　099
　　（四）通过细节培养幼儿的归属感　　100
　　（五）家园配合培养幼儿的归属感　　104

五、让幼儿有充分的交往机会　　105
　　（一）与幼儿建立亲密的私人关系　　106
　　（二）教育活动中满足幼儿的交往需要　　112
　　（三）鼓励幼儿与小伙伴交往　　115
　　（四）引导家长支持孩子与同伴交往　　121

六、让幼儿充分地表现自我　　124
　　（一）了解幼儿自我表现的方式　　126
　　（二）保护和激发幼儿的表现欲　　128
　　（三）让每个幼儿都有平等的自我表现的机会　　131
　　（四）根据幼儿的性格特点对其进行表现欲的引导　　135
　　（五）发现和培育幼儿自我表现的"资本"　　136
　　（六）利用日常生活环节为幼儿自我表现提供机会　　136
　　（七）家庭也可以成为幼儿自我表现的舞台　　137

七、让幼儿过自由自主的生活　　138
　　（一）注意对课程内容进行适当的卸载　　139
　　（二）各种教育活动中尽可能增加幼儿自由自主活动
　　　　的时间和空间　　140
　　（三）教师要管住自己的嘴巴　　146
　　（四）不要干扰专注于工作的幼儿　　149

八、让幼儿有成就感　　151
　　（一）让每个孩子都获得成功　　153

（二）给幼儿的任务难度要适中　　154
  （三）发现和培养幼儿的特长，并为幼儿提供适宜
    的展示机会　　156
  （四）充分赏识幼儿的优点和进步　　157
  （五）给予幼儿充分的肯定　　160
  （六）给予幼儿为教师"出谋划策"的机会　　161
  （七）家园合作培养孩子的成就感　　162

九、关照幼儿的恻隐之心　　165
  （一）理解幼儿的同情心　　165
  （二）让幼儿有照顾动物、植物的机会　　166
  （三）利用一切机会让幼儿关心他人　　167
  （四）通过情景表演满足幼儿的培育需要　　168

## 第三章　做有魅力的幼儿园教师　　171

一、做有"心"的幼儿园教师　　172
  （一）做有"爱心"的幼儿园教师　　172
  （二）做个有耐心的幼儿园教师　　174
  （三）做个细心的幼儿园教师　　178
  （四）做个有宽容之心的幼儿园教师　　183
  （五）做个富有童心的幼儿园教师　　184
  （六）做个有温柔之心的幼儿园教师　　187
  （七）做个有快乐之心的幼儿园教师　　187

二、做富有幽默感的幼儿园教师　　188
  （一）将幽默纳入课程体系　　188
  （二）使用幽默化的批评　　191

（三）进行幽默化的提醒　　192
　　（四）实施幽默化的教育　　193
　　（五）用幽默化解尴尬　　194
　　（六）以幽默的方式引导幼儿走出失意状态　　194
　　（七）幽默自己，提高亲和力　　195
三、做有美感、有才能的幼儿园教师　　196
　　（一）用教师的美感染幼儿　　196
　　（二）用教师的才能折服幼儿　　202
四、做有幸福感的幼儿园教师　　205
　　（一）精通幼儿教育工作的每一个环节　　205
　　（二）努力形成自己的专业特长　　208
　　（三）创造性地开展工作　　210
　　（四）向经验丰富的同事学习　　211
　　（五）营造良好的人际环境　　211
　　（六）确立积极的人生态度　　214

**参考文献**　　218

第一章

# 做幼儿喜爱的教师

教育之爱应该是双向的。只有教师爱幼儿、没有幼儿爱教师的爱是不完整的。这种不完整的爱既不利于幼儿的心理健康成长,也不利于幼儿教育工作的顺利开展。教育家巴特尔曾说:"教师的爱是滴滴甘露,即使枯萎的心灵也能苏醒;教师的爱是融融春风,即使冰冻了的感情也会消融。"因此,一个让幼儿喜爱的教师应该是爱幼儿的教师,这种对幼儿的爱不是静态的,而是流动的、渗透在教师日常言行中的且能让幼儿感受到的。一个让幼儿喜爱的教师还应该是贴心的、具有个人魅力的教师,是用自己的爱心感动幼儿、用自己的贴心感染幼儿、用自己的魅力折服幼儿的教师。

# 一、幼儿喜爱教师的表现和意义

早晨迎接幼儿入园时，看到的是他们一张张灿烂的笑脸；下午送别幼儿离园时，看到的是他们依依不舍的眼神；生病时，通过电波传来的是他们一声声奶声奶气的问候；康复后工作时，看到的是他们眼里不容忽视的一闪一闪的惊喜。面对此情此景，任何一名幼儿园教师从内心生出的定是难以言表的欣慰和满足！

"爱是一种需要，得到爱就会感到幸福和安全。"不仅幼儿需要教师的爱，教师对幼儿的爱同样有深深的渴求。幼儿在教师爱的包围中体验着一种安全感和归属感，教师从幼儿对自己关爱的言行中体验到作为教师的幸福与快乐！

## （一）幼儿对教师之爱的性质

幼儿对教师的喜爱与成人异性间的喜爱不同。成人异性间的喜爱具有排他性，它的基础是性需要和性吸引；幼儿对教师的喜爱则没有排他性，即 A 幼儿喜爱 L 教师，并不排斥 B 幼儿也喜爱 L 教师——许多幼儿可以同时爱 L 教师，幼儿一般不会因为别的幼儿也喜爱自己喜爱的教师而感到不快。虽然有时候有些小男孩会说"我喜欢 L 老师，我要跟 L 老师'结婚'"，但这仅仅是他们在表达自己想和 L 老师在一起，或者想和 L 老师时时刻刻在一起的想法罢了。这种喜欢和"结婚"绝对没有成人之"性"的动机。幼儿之所以喜爱某位教师，是因为幼儿发现，该教师能够满足他们最直接和最重要的需要，与该教师在一起他们感到非常快乐。因此，我们可以说，幼儿对教师的喜爱是幼儿的某种需要从教师那里获得满足后产生的一种深厚的、积极的情感。

## （二）幼儿喜爱教师的三个阶段

幼儿对教师的喜爱之情一般经历接受、反应和热爱三个阶段。

**1. 接受阶段**

在接受阶段中，幼儿关注教师的一举一动，不讨厌、不反感教师，不回避、不拒绝教师的互动邀请。

**2. 反应阶段**

在反应阶段中，幼儿能积极参与师幼间的互动，有时甚至主动发起师幼间的互动，幼儿对教师产生了深入了解和进一步交往的愿望。有位教师说，每天早上，当她亲切地跟来园的小朋友打招呼时，他们总会甜甜地回一声"老师早"，有时甚至撒娇般地往她怀里蹭，摸摸她的脸或者偷偷地亲她一口。从这里，我们可以看出幼儿对教师互动邀请的积极响应以及对教师的喜爱之情。

**3. 热爱阶段**

在热爱阶段中，幼儿初步了解了教师对他们的"价值"，认识到教师对他们的"重要性"，知道教师能够满足他们多方面的需要且能给他们带来快乐体验，因而形成了对教师比较稳定的喜爱之情。比如，当幼儿听到别人批评自己喜爱的教师时，他们非但不会因此而改变对该教师的喜爱之情，相反，还会努力为该教师辩护。当幼儿喜爱某位教师时，他们就对该教师逐渐产生了兴趣（如积极关注、主动了解等）以及亲近、喜欢、依恋、爱戴、关心、崇拜甚至迷恋等情感倾向。

## （三）这样的教师幼儿最喜爱

为了弄清楚幼儿喜爱什么样的教师，笔者和学生分别到广西南宁市的12所幼儿园，对326名幼儿进行了关于如下问题的访谈：

A. 你喜爱哪位老师？为什么喜爱她？

B. 你不喜爱哪位老师？为什么不喜爱她？

幼儿给出的回答多为具体特征，笔者将其概括为以下几个方面：

- ◆ 性格方面：幼儿喜爱那些关心他们，对他们友善、热情、温柔、富有幽默感的教师；不喜爱那些讨厌他们，对他们态度冷漠、凶恶甚至粗暴的教师。

◆衣着和外貌方面：幼儿喜爱那些仪容仪表好、能给他们带来美感的教师，不喜爱那些长得相对不美的教师。

◆认知方面：幼儿喜爱那些教学技巧高、才艺出众的教师，不喜爱那些没有出众才能的教师。

◆社会交往方面：幼儿喜爱那些尊重他们的意愿、赏识他们、经常与他们一起玩耍、为他们提供自我表现的机会、给予他们自由自主的权利或者与他们有"私交"的教师；不喜爱那些强迫他们、忽视他们的各种需要或者剥夺他们自主表现机会的教师。

结合此次调查结果，我们可以得出如下几点启示：

### 1．喜爱赢得喜爱

幼儿喜爱教师的前两种理由分别是：一、"她喜爱我"；二、"她不凶"。幼儿不喜爱教师的前两种理由分别是：一、"她好凶"；二、"她不喜欢我"。

心理学研究表明，决定一个人是否喜爱另一个人的最强有力的一个因素，是另一个人是否喜爱他。"被他喜爱"与"喜爱他"是互为因果的。因此，要想获得幼儿之爱，教师就要用幼儿能理解的方式向他们表示喜爱之情。教师"凶巴巴的"，只能让幼儿产生恐惧心理，而不能让幼儿产生喜爱之情。

由于态度不同，同样的教育行为也会有不同的情感结果。比如，同是"喂幼儿吃饭"，有的教师因为"喂幼儿吃饭"而得到了幼儿的喜爱，有的教师则让幼儿觉得讨厌——原因在于：前者是友善地、充满爱地喂幼儿吃饭，后者是不顾幼儿的意愿强迫幼儿吃饭甚至"塞饭"。对幼儿而言，教师对他们做什么不重要，重要的是教师是否尊重了他们的意愿。

### 2．充分关照幼儿需要是获得幼儿喜爱的关键

调查中，仅有16名幼儿（占被调查幼儿的4.9%）因从教师那里学到本领而喜爱教师。这说明师幼之间的"教与学"关系对增进幼儿对教师的情感并不是最重要的，最重要的是教师如何关注和满足幼儿的各种合理需要——有283名幼儿（占被调查幼儿的86.8%）因教师很好地满足了他们的各种需要而喜爱相关教师。因此，要想获得幼儿的喜爱，仅仅满足于向幼儿

传授知识技能是不够的,教师的工作重点应放在在充分关照幼儿各种合理需要的前提下组织教学活动、传授知识和技能上。

### 3."教学效果突出"并没有成为教师获得幼儿喜爱的理由

调查发现,没有一个幼儿因教师带领他们在各项比赛(如"体操比赛""运动会比赛""舞蹈比赛""唱歌比赛")中获得好名次或其他奖励而对教师产生喜爱之情。

为什么教师很看重的各种比赛活动,在幼儿脑子里没有留下任何值得回忆的痕迹呢?这应引起教师的反思。我们后来对一些经常在各项技能比赛中获奖的班级进行调查发现:幼儿对这些比赛没有"好感"是因为"太辛苦了""训练中教师骂人""不好玩""我不得参加"等。这也和我们平时观察到的赛前训练情况基本一致:这些项目的比赛及其准备过程,没有给幼儿带来多少快乐,相反还给幼儿带来许多压力;为了出"成绩",教师对幼儿的态度也比较粗暴。如,幼儿园准备举行舞蹈比赛,每个大班都得有一个且只能有一个节目参赛,因此,小朋友们平时除了上课外,其余所有的时间都得出去排练——小朋友们喜欢的游戏活动、自由活动没有了;排练的气氛又十分严肃紧张,教师一直都在对幼儿大声吼叫,反复强调幼儿的表情要到位:"你们已经大班了,还不懂得表演时要笑眯眯的吗?看你们现在的样子,不笑就像甲虫、蝗虫一样,知了才像小朋友,你们懂不懂呀?"这样高压力的活动,虽然能为班集体争得所谓的荣誉,但这些荣誉对幼儿来讲又有什么意义呢?幼儿更关注的是活动的过程是否快乐、是否好玩。由于压力过大、不好玩,幼儿会有意无意地遗忘这种不轻松、不愉快的经历。

### 4. 要让幼儿生活在充满爱的环境里

在调查中,回答"所有的老师都喜爱"的幼儿有32人,占被调查幼儿的9.8%;回答"所有的老师都不喜爱"的幼儿有22人,占被调查幼儿的6.7%。前者的幼儿园生活是幸福的,因为他们在充满爱意的环境里学习和生活;后者则是最令人感到担心的,因为他们生活在一个感觉不到关爱的环境里,其日子是何等的难熬!

**5．要让幼儿在批评中感受到爱**

调查发现，许多教师以"骂""吼""瞪眼睛"等"凶"的方式来批评幼儿——尽管这些方式是"为了幼儿好"，但幼儿并不领情，这些没有让幼儿感受到爱的批评方式不仅不能让幼儿因此而喜爱教师，反而让幼儿因此而对教师产生反感甚至厌恶的情绪。如何在批评中让幼儿感受到教师的教育之爱，让批评像表扬一样也能成为幼儿乐于接受的一种教育手段，这值得我们去研究。

**6．"幼儿最喜爱的教师"由谁来评选**

调查中，我们了解到，"幼儿最喜爱的教师"评选活动的评委都是由教育行政官员、教育专家、媒体工作者或有资历的教师同行组成，唯独没有"喜爱"这一情感体验的主体——幼儿，这就像父母代替儿女去相亲，父母因喜爱对方而为儿女决定"相爱"对象一样，此"爱"非彼"爱"。

了解了幼儿喜爱什么样的教师，教师就应该按照这些标准和要求去塑造自己，提升自己的素质，让自己在幼儿面前变得更加"可爱"、更具魅力。

### （四）幼儿对教师喜爱之情的特点

幼儿对教师的喜爱之情，像幼儿的其他情绪情感一样，具有外露性、易变性和易迁移性等特点。

**1．外露性**

幼儿的情绪情感是外露的，幼儿对教师的喜爱之情也具有外露性的特点。当幼儿喜爱某位教师时，他们往往不会隐藏这种感情，而是自然而然地将其表现出来。因此，教师可以通过幼儿外显的言行、表情来判断他们是否喜爱自己。下面就介绍一些能反映幼儿喜爱教师的言行表现，以帮助教师更好地了解幼儿。

**（1）主动亲近教师**

当幼儿喜爱某位教师时，他们往往会利用一切机会与该教师"套近乎"。比如，有一天，赵老师和小朋友们去参观军营，上车时小朋友们在她身边挤来挤去，这个说"我要靠着赵老师"，那个说"我也要靠着赵老师！我也喜欢她"……小朋友们喜欢与某位教师亲近，说明该教师平时平易近人，深得小朋友们的喜爱。相反，如果小朋友们不愿意甚至不敢亲近某位教师，则说明该教师平时对小朋友们太严厉了。在幼儿园里，这样的场面并不鲜见：一些教师的出现会让小朋友们欢呼雀跃；而另一些教师的出现则让小朋友们由快乐活泼的"小鸟"变成哑然无语的"木头人"。

教师应该经常反思：当自己在小朋友们面前出现时，他们是想方设法、争先恐后地来与自己"套近乎"呢，还是"木然不动"甚至敬而远之呢？如果是后者，教师就应该努力改变自己对小朋友们的态度，增强亲和力，让他们觉得自己是可亲可爱的，而不是可怕的。

**（2）心中有教师**

案例1-1　　分享喜糖

班里无论哪个小朋友参加婚礼得了喜糖，总是会带几颗来给我吃。有一次，丽娟拿喜糖来给我吃，我知道那是她省下来留给我的，便有点于心不忍地说："谢谢你了！老师不吃，还是你自己吃吧。"听我这么说，丽娟脸上露出了失望的表情，还是坚持要给我吃。于是，我也不再推辞了："那好吧！我们分一下，一起吃，好吗？"丽娟这才欣然接受，拿着分到的糖一蹦一跳地走了。

小朋友给教师带回来的这几颗糖可不是一般的糖，而是她对教师沉甸甸的爱呀！

幼儿心中有教师，不仅表现为他们时时想着教师，还表现为他们非常听教师的话，把教师的话当作日常行事的"准则"。我们常听家长说："还是老师行呀！无论老师说什么，孩子都听。""许多时候，孩子想干什么事或者不想干什么事，总是把老师的话搬出来作为理由——'我们老师说……'。"

案例1-2　　小铧最听吕老师的话

在一次教育经验交流会上，一位姓吕的老师说："周末在家中我接到了小铧妈妈的电话。小铧刚来我们班两个月。他妈妈说：'由于天气变化，小铧感冒了，正在医院打点滴，可他不听话就是要找您！吕老师，您赶紧和小铧说说话让他配合治疗吧！我在这里谢谢您了！'当时我听了以后，心里说不出是什么滋味：一方面为孩子担心；另一方面又为自己在这么短的时间内就能'虏获'孩子的'芳心'，在孩子心目中占有这么重要的位置而感到无比开心和幸福……"

作为幼儿园教师，我们应该经常问问自己：我心中有孩子们吗？孩子们心中有我吗？如果答案是很少有或者是没有，那么，我们就应该努力以自己的言行让幼儿感觉到教师心中有他们，总有一天，幼儿的心中也会有教师。师幼间你心中有我，我心中有你，这是何等和谐、何等温馨的幼儿园教育景象呀！

### （3）关心教师

幼儿如果喜爱某位教师，就会主动地关心该教师，向该教师表达自己的喜爱之情。

**案例 1-3　暖入心扉的小手**

近几天，天气转冷。一次晨练时，我穿得较少，只好不停地搓手取暖。这时，王美艳跑到我的身边问我："杨老师，你很冷吗？"我点点头说："是呀。杨老师今天穿的衣服太少了，以后你们要记得天冷的时候多穿衣服，不然，就会像杨老师现在这样。知道吗？""嗯。杨老师，那我给你暖和暖和手吧！""不……"还没等我说完，我的手已在她的小手中了。这一双肉乎乎、暖融融的小手给了我一股暖流，它直通心脏，然后随血液流向全身。我的眼眶湿润了，一句话也说不出来，因为再多的语言都不能准确地表达我的感受。我只有用力去抱住这可爱的孩子，许久，许久……

（杨琼，2004）

教师应该经常问问自己：我得到过小朋友们的关爱吗？如果从未得到过

小朋友们的关爱，说明教师对他们关爱得还不够，或者说，教师的关爱未能得到他们的认可和回应。这就需要教师真正地了解幼儿的被关爱需要，发自内心地去关爱他们。

**（4）留恋教师**

幼儿如果喜爱教师，那么，在与教师分别时他们往往会表现出留恋之意。

### 案例1-4　泪别

得知张老师要离开幼儿园，一开始我并没有多想什么，总觉得现在的通信手段那么先进，不必太过伤感。可当张老师最后一次走进教室向我们告别时，她的脸上满是泪痕，我的心也酸酸的，可我忍住了泪水，也许是怕孩子们看到我脆弱的一面吧。当孩子们一个一个地拥抱亲吻张老师时，张老师的泪水落到孩子们的脸上。张老师就要走了，我组织孩子们全体起立，和孩子们一起说出："张老师，祝你一路顺风、工作顺利。我们很爱你，我们会永远记住你的。"

这时孩子们不约而同地哭了，我的泪水也忍不住了，我被这种场面深深打动。孩子们的哭声中带有太多的不舍，这哭声让张老师的脚步变得沉重，她不敢再回头看孩子们一眼了。我虽然只能看到张老师的背影，可我了解一个老师的心，她怕自己会走不了。

当张老师走出教室时，孩子们哭得更厉害了。这时我不知该说些什么，所有的语言都显得那么苍白无力，我哽咽地对孩子们说："孩子们，张老师很爱你们，她会回来看你们的。"孩子们擦着眼泪说："真的吗？张老师会回来吗？""会的，一定会！"我点着头说。看着孩子们哭红的双眼，我又一次被他们深深地感动了。

临别时，小朋友们对教师表现出了深深的留恋之意，说明教师得到了小朋友们的爱戴。如果临别时小朋友们毫无留恋之意，说明他们对教师还没有形成深厚的感情，教师没有赢得他们的喜爱。

**（5）喜欢教师组织的教育教学活动**

有一天早上，笔者朋友的孩子有点低烧，朋友叫孩子在家休息，不要去幼儿园了，由爷爷奶奶带他在家玩。可孩子却说："今天有白老师的科学活动课，我一定要去。"当轮到另一位教师带班上课时，朋友的孩子却时常装病不想去幼儿园。

幼儿喜欢某位教师，一般会"爱屋及乌"地喜欢该教师组织的教育教学活动。因此，我们可以把幼儿是否喜欢教师组织的教育教学活动作为他们是否喜欢教师的一个评判指标。

**（6）快乐地与教师交往**

幼儿的情绪具有外露性的特点。当他们与自己喜爱的教师在一起时，他们的表情往往是愉悦的，他们的情绪体验往往是快乐的；反之，当他们与自己不喜爱的教师在一起时，他们的表情可能是忧郁的，他们的情绪体验可能是压抑的。因此，教师可以很容易地通过幼儿的外显表情和情绪了解他们对自己喜爱与否。比如，在一次户外活动时，筱玉站队没有站好，杨老师看见后批评了她。从那以后，在遇到杨老师时，她既不说话，也不笑，看也不看杨老师一眼……筱玉的表情透露出了她对杨老师的不满。

教师平时与幼儿交往时，应该及时留意幼儿的表情及其变化，并据此来判断幼儿对自己的感情，及时调整自己的行为与态度。

**2. 易变性**

幼儿的情绪情感往往具有不稳定性、易变性的特点，幼儿对教师的喜爱之情也是如此。他们可能因为教师一句亲切的话语、一个亲昵的动作而喜欢上教师。比如，家长 A 说："孩子回来后很得意地告诉我，今天早晨走进教室时，老师抱了她一下。她很高兴。"家长 B 说："昨天晚上莉莉很高兴地对我说：'今天老师对我笑了！'"他们也可能因为教师一个疏离的眼神、一句不当的批评而对教师产生厌恶之情，由爱生厌。请看下面的案例。

**案例1-5　一句话让爱消失**

大班的明俊本来很喜欢叶老师，但是一次偶然的事件让他开始讨厌叶老师。那天，他不小心摔了一跤，可他没有哭，没想到这时候叶老师跑过来，非但没有安慰他、表扬他的坚强，反而不分青红皂白地大声喊："你干什么呢？谁叫你跑来跑去的！你摔伤了我还要被扣工资！"这让明俊感到非常委屈，于是他大哭起来。之后好长一段时间里，明俊看到叶老师时不再像以前那样有说有笑，他的神情也变得特别冷漠。

幼儿对教师的喜爱之情除了受教师的言行影响外，还容易受到其他人及外界的影响和暗示。请看下列案例。

**案例1-6   胡老师，我也喜欢你**

一天早上，带领小朋友们做完操后，胡老师开始整顿队列。这时候，一个男孩不知为什么突然大声地对胡老师喊："胡老师，你真漂亮！我喜欢你！"班上许多孩子，特别是男孩也都不约而同地对胡老师喊："胡老师，我也喜欢你！"

幼儿对教师的喜爱之情是不稳定的、易变的，因此，教师要细心呵护、不要轻易伤害他们对自己的喜爱之情。在教育教学活动中，教师要注意用幼儿能感受得到的方式去爱他们，长此以往，幼儿对教师的爱就会积淀成一种恒定的情感。

### 3. 易迁移性

由于经验和能力的限制，一旦幼儿喜爱某位教师，他们就很容易将这种喜爱之情迁移到教师的其他方面，即盲目地"爱屋及乌"，对教师的"一切"都会不加批判地喜爱甚至模仿。

**案例1-7   我要染像童老师那样的头发**

年轻的童老师头发中有许多白发，去理发店理发时，理发店的老板说："你的白头发这么多，干脆你也赶个流行——全染成黄色好了。"当时，她也没多加考虑，就把头发染成了黄色。第二天她来到幼儿园时，许多孩子见了她都说:"童老师,你真漂亮!"听着孩子们的赞美,童老师心里很高兴。可没想到第三天早上,当她迎接孩子入园时,晶晶的妈妈却把她从教室里叫了出来,对她说:"童老师,你真的染了头发!昨天下午,我们家晶晶非让我带她去理发店染发不可!还说:'我们童老师都染了。'我好说歹说,连拉带劝,才把她弄回了家……"

上述案例说明,幼儿对他们喜爱的教师是全盘接受的,他们喜爱的教师的一言一行、一颦一笑都会成为他们盲目模仿的对象。他们往往以与他们所喜爱的教师有共同的"特征"——共同的"语言"、共同的"行为"、共同的"发型"、共同的"衣服款式"等——而感到自豪。这就提醒幼儿园教师,在努力让幼儿喜爱自己的同时,还要注意自己的一言一行对幼儿的影响,努力发挥自己的榜样示范作用。

### (五)幼儿喜爱教师的意义

幼儿喜爱自己的带班教师,无论对于幼儿自身的心理健康发展,还是对于其家长、教师和幼儿园来说,都具有非常积极的意义。

**1. 幼儿喜爱教师对于幼儿的意义**

幼儿喜爱教师,对于幼儿来说有如下三个方面的积极意义:

**(1)有利于幼儿形成爱上幼儿园的心理倾向**

幼儿对教师产生喜爱之情,这种情感会成为幼儿上幼儿园的一种推动力量,促使他们爱上幼儿园。

**案例1-8　师爱让晓云爱上幼儿园**

一天早上,雨下得很大。晓云的妈妈送他来幼儿园时,对廖老师说:"今天我本来不想送晓云来幼儿园了。我跟他说:'雨下得太大了,今天就不去幼儿园了。'一听我这么说,他就哭了,吵着闹着要来幼儿园。我问他:'为什么下这么大的雨还非要去幼儿园?'晓云告诉我:'去幼儿园可以见到廖老师。我喜欢廖老师。'"

因此，有爱在，幼儿园就会成为孩子向往的地方！

**（2）有利于幼儿心理的健康成长**

幼儿喜爱教师，说明他们在幼儿园里已经有了可依恋的对象，也说明他们在幼儿园里找到了归属感和安全感。这样，他们在幼儿园里就会生活得安心和轻松；反之，幼儿如果不喜欢教师，他们在幼儿园里就会感到孤独、压抑和失落。因此，幼儿对教师喜爱与否，既关系到幼儿的心理健康，也关系到幼儿在园的生活质量。它是衡量幼儿在园生活质量的一个重要指标。

**（3）有利于幼儿接受教师的正面教导**

幼儿如果喜爱某位教师，那么他们就很容易接受这位教师的教导；反之，如果幼儿不喜欢某位教师，面对该教师的教导，他们就很可能产生逆反心理或者抵触情绪。

**2. 幼儿喜爱教师对于教师的意义**

幼儿喜爱教师，对于教师来说有如下几个方面的积极意义：

**（1）让教师体验到职业的快乐和幸福**

幼儿对教师的关心与想念，是他们喜爱教师的一种表现。被幼儿喜爱是教师职业幸福感的一个重要源泉。

### 案例1-9　褚老师，我们带你去医院

孩子们让我体验到了生命中许多的第一次，让我体会到了他们给予我的那一份深情，更让我无数次地感受到作为教师的幸福和快乐。有一次，我站在叠在一起的两张桌子上面，准备把孩子们制作的东西挂在天花板上。结果，我一不小心踏空，摔到了第一张桌子上，疼痛使我趴在那儿一动也不能动，连话都说不出来。这时，孩子们围了上来，叫着："褚老师，褚老师，你怎么了？""老师，你哪里摔疼了？我帮你揉揉！""褚老师，我们带你去医院！"（他们肯定不知道医院怎么去，不过，这并不影响他们表达对我的关心。）可是，疼痛使我根本没有力气回答他们的问题……终于，我强忍着疼痛从桌子上爬了下来。此时，不知是谁说了一句："我们给褚老师揉揉吧。"话音刚落，

我马上感觉到无数双温暖的小手在我腰间抚摸。我只感觉心中热潮翻涌，眼前顿时模糊了。如果你没有做过教师，你恐怕难以体会我当时的那种心情，但那一刻确实是一个教师最值得骄傲的时刻。这是我用满腔的爱换取的一份厚礼——一份世俗的天平无法衡量的感情，一份别人无法得到的幸福。

（褚媛，2007）

**案例1-10　范老师，我们好想你呀**

由于工作需要，我外出学习了三天。当我回到幼儿园时，我们班的小朋友兴高采烈地跑到我面前，你一言我一语地说："范老师，你到哪里去了？""你好几天没来幼儿园了，我们好想你呀！"……

我为小朋友们的"我们好想你"所感动——能让纯洁无瑕的孩子们想着，我很幸福。看着孩子们纯真的笑脸，听着他们的欢声笑语，我心里感到无比欣慰。老师也想你们呢！孩子们的心中想着老师，老师心中更牵挂他们。多么纯洁可爱的孩子呀，老师喜欢你们！

**（2）激发教师的工作热情**

幼儿对教师的喜爱，可以让教师忘却工作的辛劳，让他们怀着一腔热忱投入到工作当中。

**案例1-11　老师，我想亲亲你**

那天上完早班，我整理好背包，准备离开教室。快出门的时候，我习惯性地对孩子们说："宝贝儿们，再见了！老师下班了，我们明天见！"孩子们热情地挥舞着小手，高兴地和我说着再见。然而就在我转身之际，我忽然听到一个小小的声音："老师，我想亲亲你！"是谁想亲我呀？我循着声音望去，原来是小宇。只见他伸着小手，边说边向我跑来。看着他急切的样子，幸福和感动盈满我的心间……我蹲下身，伸出双臂，用我的怀抱迎接这个可爱的小人儿。

工作十余年，每每听到这样的话语——"老师，我想亲亲你！"，我都会从心底涌出满满的幸福。的确，作为一名幼儿园教师，日常的工作真的让人感到很累。每天与孩子们朝夕相伴，一起生活、一起游戏，样样都要为他们考虑得细致、周到，生怕他们出一点点闪失。不过，孩子的亲亲却让我觉得一切辛苦和汗水都是值得的。尽管我的脸上、身上、手上沾满了孩子们亲亲带来的鼻涕和口水，然而在我的心里，这些鼻涕和口水却是让我引以为自豪的勋章！每当孩子们亲我的时候，我感觉自己就像一个得到了表扬的孩子，心情是那么的喜悦。

"老师，我想亲亲你！"能够听到这句话，作为一名幼儿园教师，我今生无悔！

（摘自一位幼儿园教师的教育笔记）

**（3）让家长容易认可并接受教师**

在与园长们、老师们研讨家园合作时，有园长说："搞不定家长，可以搞定孩子，孩子喜欢你喜欢得不得了，家长也没办法不喜欢你。"有老师说："家长越是不信任我，我越对他的孩子好，结果孩子见到我就想让我抱，时间久了，家长就不得不信任我。"

确实是这样，只要孩子喜欢上幼儿园、喜欢老师，家长的很多担忧都会打消；只要孩子喜爱他的老师，家长对老师的信任就会逐渐建立起来。要努力让孩子喜欢你及你所设计和实施的活动，这样，许多家园冲突就不会发生，家长对幼儿园和老师的不信任感就会消失。

**（4）好教师一定是获得幼儿喜爱的**

"播撒爱的种子，才能收获爱的果实。"某些教师得到幼儿的关心和喜爱，是因为他们在教育教学活动中对幼儿施予了爱的教育：关心他们的成长，关注他们的需要，全心全意地爱他们。让幼儿学会爱他人，比让他们学唱一首儿歌、学背一首童谣、学算一道数学题更有价值和意义。因此，优秀的幼儿园教师不仅要专业技能高超、专业知识广博、教学成果丰富，还要赢得幼儿的喜爱。能否获得幼儿的喜爱，应该成为评价幼儿园教师教育工作质量优劣的一个重要指标。

## 3. 幼儿喜爱教师对于家长的意义

### 案例1-12　哭别

我的女儿不愿上幼儿园，每天早上都要上演一幕"哭别"。早上一起床，她就开始央求："好妈妈，不上幼儿园好吗？"吃完早饭，她怎么也不肯出门。好不容易出了门，还没到幼儿园门口，她的眼泪就开始往下淌。等下了车，她更是拖着我的腿不让我走，哭着不肯进幼儿园。每天早上送她去幼儿园，对我来说简直是一种折磨，孩子痛苦，大人也痛苦。

### 案例1-13　爱可以改变孩子

开学已有一周，罗文斌早晨入园时仍牵着妈妈的手，不肯松开。只见他一边嘴里咕哝着，一边用怯生生的目光看着我这个新来的老师。于是，我主动迎上去，伸出手对罗文斌说："来，方老师和你一起去玩，让妈妈早点上班去。"罗文斌妈妈也附和说："乖，听话。"罗文斌迟疑着伸出手，终于，我们的手牵到了一起。看到罗文斌有这样的表现，我真的很开心。罗文斌妈妈离开后，我忍不住摸摸罗文斌的脑袋，搂住他说："罗文斌真懂事，老师喜欢你。"

令我没有想到的是，不经意间的一句话竟让罗文斌在第二天有了巨大的转变。

第二天，罗文斌一早就来了。他妈妈说，他昨天一天都很开心，回家还说："老师表扬我了，老师说喜欢我！"

也就是从那时起，罗文斌早晨入园时逐渐不再过度依恋妈妈，并且开始主动向老师问好，主动走近老师……

（摘自一名幼教实习生的见习日记）

从上述两个案例中，我们可以看出，幼儿是否愿意来幼儿园，与带班教师有很大的关系。幼儿若在带班教师那里得到了表扬和情感支持，获得了安全感，就会对带班教师产生喜爱之情。情感有了依托，他们就不再畏惧上幼儿园了。这样，家长每天在送孩子上幼儿园的时候，就不再受折磨，送完孩子后也可以安心地工作，相信这对密切家园关系会有很大的帮助。

**4. 幼儿喜爱教师对于幼儿园的意义**

对于幼儿园来说，家长的口碑是很重要的。有园长说：办好一所幼儿园，金杯银杯不如家长的口碑。我认可这样的观点。

幼儿喜爱教师，一般就会喜欢上幼儿园；幼儿喜欢上幼儿园，家长就可以安心；家长安心，就会对幼儿园心生好感；家长对幼儿园心生好感，就会不自觉地在家长中宣传幼儿园，促使幼儿园获得良好的口碑；幼儿园口碑好了，就会吸引更多的生源和优质资源。这个"多米诺骨牌效应"给幼儿园带来的最终影响是提高了幼儿园的综合效益。

因此，幼儿喜爱教师，是关乎各方共赢的大好事。教师、家长和园领导都应该努力创造各种有利的环境和条件，为培养幼儿对教师的喜爱之情而努力。

## 二、教师获得幼儿喜爱的途径

我想，没有哪一位教师不想赢得幼儿的喜爱。然而，赢得幼儿的喜爱并不是一蹴而就的，也不是单靠个人的力量就可以实现的。教师除了用心观察幼儿，投其所好，满足他们的合理需要，提高自身的魅力，用魅力折服他们外，还需要同班其他教师和家长的积极配合。

### （一）投其所好

心理学理论认为，情感是人对客观事物是否符合自己的需要而产生的一种内心体验。情感总是和人的需要密切相关，需要是情感和情绪产生的基础。也就是说，产生什么样的情感，取决于事物能否满足人的需要。当需要得到满足时，人就会产生积极情感（如满意、兴奋、喜悦、热爱等）；当需要得不到满足或者为满足需要而付出的努力遭到挫折时，人就会产生消极情感（如失望、忧虑、愤怒、憎恨等）。

由此可见，幼儿对教师的喜爱之情是建立在教师能否满足以及能在多大程度上满足他们需要的基础之上的。这就要求幼儿园教师关注并努力满足幼儿的合理需要，如安全需要、归属需要、交往需要、关爱需要、尊重需要、成就需要、自我表现需要、自由自主需要等。

### （二）魅力感人

什么是魅力？商务印书馆2016年出版的《现代汉语词典》（第7版）中将"魅力"解释为"很能吸引人的力量"。据此，我们可以给幼儿园教师的魅力下这样的定义：幼儿园教师的魅力就是幼儿园教师所具有的特别吸引幼儿的一种力量。一个有魅力的幼儿园教师，幼儿喜欢和他交朋友，乐于为他做事，乐于听他的教导。

**案例1-14　老师，我们结婚吧！**

小阳正在和郭老师聊天，聊着聊着，小阳突然说："郭老师，我们结婚吧？！"

有一次班上圣诞晚会演出的时候，郭老师在上面跳舞，小阳看呆了，不管妈妈怎么叫他，他都不理。直到郭老师跳完舞下来，他突然"哇"的一声，然后说："我要和郭老师结婚！"

上述案例中的郭老师对小阳而言就是一位很有魅力的教师，小阳希望能天天和郭老师在一起——按小阳的理解，和郭老师结婚了，就可以天天和郭老师在一起了。

在一个有魅力的教师面前，幼儿就像着了魔一样，深深地身不由己地被教师及其所组织的活动吸引，并由此对教师产生喜爱、钦佩甚至盲目崇拜，以至于希望自己今后成为像教师那样的人。

因此，为了获得幼儿的喜爱，我们要研究：对幼儿而言，幼儿园教师的魅力来自哪里？我们应该如何做才能快速地具备这些魅力？

## （三）主配协作

幼儿园通常为每个班配备 2～3 名带班教师，同班教师之间要相互配合，注意在孩子面前维护彼此的威信，以增进幼儿对教师的情感，获得幼儿对教师的喜爱。具体说来，可以做如下的尝试：

### 1．互说对方的优点

主配班教师平时要多了解对方的优点（包括才能、性格、品德等），然后在班级各种教育活动（教学和游戏活动等）以及家园联系活动中适时地向家长和幼儿展示对方的优点。这种给教师"镶金"的做法既有利于树立配班教师在幼儿及其家长心目中的威信，增进幼儿及其家长对配班教师的敬佩之情，也有利于主班教师从更积极的角度来认识和对待同事。同时这种行为又赢得了配班教师的尊重和感激，融洽了同班教师间的人际关系。

互说对方的优点，比教师自说自话更具说服力。但是，必须坚持实事求是的原则，不可任意夸大，也不可无中生有，教师的这些优点必须是家长和幼儿能够看得见、感受得到的，必须是客观存在的。

教师不要在幼儿及其家长面前诋毁同事。要知道，幼儿园里的每个教师，代表的不是教师个体，而是整个教师群体。每个教师的一言一行、一举一动体现的是幼儿园教师的整体素质，关系的是幼儿园的整体形象。诋毁同事非但得不到家长的尊重和认同，反而会让他们觉得该教师人格卑下，让他们觉得幼儿园教师的整体素质低下。

### 2．互说对方的趣事和"糗事"

幼儿园教师是幼儿离开家的安全港湾、离开父母的百般呵护后求学生涯中的第一任教师，是幼儿的重要他人。在幼儿眼里，教师是高高在上的，是威严的，是无所不能的。他们用敬畏的夹杂着仰慕的目光仰视着老师。这仰视的夹角拉长了师幼间的距离，阻碍了幼儿了解教师、教师走进幼儿心灵的步伐。没有人会真正喜欢一个自己不了解的人，因此要想让幼儿发自内心地喜爱自己，幼儿园教师必须要走下"神坛"，给予幼儿了解自己的机会。

同班教师择机在幼儿面前互说对方的逸闻趣事或者"糗事"就是一个不

错的方式。教师的逸闻趣事或者"糗事"会让幼儿感觉到自己的老师也是活生生的平常人，也会犯一些无伤大雅的小错误，做一些无伤大雅的"蠢事"；同时，这些逸闻趣事或者"糗事"会让幼儿觉得老师是那么"好玩"和"有趣"，看到老师，快乐之情油然而生，久而久之就会喜爱自己的老师。

在向幼儿说同事的逸闻趣事或者"糗事"之前，一定要征求同班教师的意见。因为它们可能涉及同事的"隐私"，贸然说出来，可能会伤害对方的感情，也有可能引起同事间关系的紧张甚至恶化。

### 3．注意维护彼此的威信

教师的威信是幼儿接受教师教育的基础和前提，也是教师获得幼儿喜爱的基础和前提。对于有威信的教师设计和组织的教育活动，幼儿会充满期待并热烈欢迎；对于有威信的教师的教导，幼儿会言听计从，而对于没有威信的教师的教导则会有意无意地抵制。因此，在平时的师幼互动中，幼儿园教师要注意维护彼此在幼儿心目中的威信。

"金无足赤，人无完人。"幼儿园教师在教育教学过程中也难免会出现一些不恰当的言行举止而不自觉。这时候，同事间有必要相互"提醒"。但是，给对方"提醒"的时候要尽量避开幼儿，私下沟通，沟通的时候态度要诚恳，高高在上或者盛气凌人的态度只会引起对方的抵触情绪，达不到帮助他人、促其进步的目的。如果当下情况需要即时提醒，也要掌握一定的技巧。这样做，既有利于维护同班教师在幼儿心目中的威信和形象，保证该教师以后的教育教学工作能够顺利开展，又表达了自己对该教师的尊重，融洽了同事间的人际关系。

**案例 1-15    júzi 与 juézi**

一天，我经过中（2）班教室门口的时候，发现带班的王老师正在用一张画有5个橘子的图片教幼儿学习5以内的序数。忽然，我听到不知谁大声说了一句："普通话不是这么说的。"我仔细一听，原来王老师无意中错将"júzi"说成了"juézi"，可她还没意识到，仍然很投入地讲着。我赶紧走进教室跟全班小朋友打招呼："对不起，打扰一下，我跟王老师说件事。"然后，我跟王老师耳语道："júzi júzi 真好吃。"王老师点点头说："好。我下课再去。"再说橘子时，她已悄然地将不正确的发音改了过来。

事后，王老师感激地说："今天谢谢你了。""谢我什么呀，我可什么也没干呀。"我故意装糊涂。对视片刻，我俩哈哈大笑。

（周兰梅，2008）

### 4．愉快合作

同班教师之间关系融洽、合作愉快，幼儿在这种和谐的班级环境与氛围中学习和生活也会感到快乐、安全和放松，久而久之，自然就会衍生出对自己班级、对教师的喜爱之情。相反，如果同班教师间明争暗斗、相互拆台，甚至在幼儿面前大吵大闹、相互辱骂，在这种"硝烟弥漫"的环境中学习和生活，幼儿必然会感到压抑和恐惧，他们须事事小心、处处留意，唯恐被"战火中的流弹"击中，久而久之，自然就不会喜欢这样的班级和教师了。

除了常规的教育教学活动外，主配班教师还可以在户外活动时间、节假日期间共同组织一些趣味性强的、师幼可以共同参与的活动，以此来活跃班级气氛，进而增进幼儿对教师的感情。

### 5．引导幼儿关心配班教师

教育的灵魂是爱——教师要用无私的爱教会幼儿去爱。现在的孩子予取予求惯了，认为"人人爱我，人人为我"是理所应当的，不知道珍惜别人，不会感恩与回报别人的恩情。因此，教师有必要采取一些措施来激发幼儿爱的意识，引导他们学会爱他人。比如，教师可以利用一些偶发事件来引导幼儿关心配班教师，表达对配班教师的喜爱之情。

配班老师孟老师生病了，主班老师何老师在班上对小朋友们讲述了孟老师平时是如何辛苦地为小朋友做这做那的，小朋友们听了之后都非常感动。随后，何老师又让全班小朋友通过自己的手机向孟老师表示问候。第三天孟老师来上班，刚走到教室门口，小朋友们就不约而同地出来看孟老师，一双双眼睛关切地望着孟老师，这个问："孟老师，你好一点了没有？"那个问："孟老师，你是怎么啦？"……小朋友们的关切之情溢于言表，感动得孟老师泪水在眼眶里直打转……

在一个班集体里,教师自己在付出爱的同时,也要学会教幼儿去爱和智慧地"回收"幼儿的爱。这样才能让他们懂得关爱他人。

### (四) 家园配合

家庭和幼儿园是幼儿学习与生活的主要场所,父母是幼儿的第一任教师,他们的一言一行都影响着孩子。因此,家长对教师的态度尊重与否、喜爱与否,直接关系着孩子对教师的情感态度。研究发现,孩子对教师的喜爱之情与家长对教师的喜爱程度有密切的正相关。如果家长喜欢某位教师,认可该教师,经常在孩子面前夸奖该教师,那么,他的孩子也比较容易接纳该教师,喜爱该教师。相反,如果家长不喜欢某位教师,经常在孩子面前说该教师的"坏话",那么,他的孩子肯定也不会喜爱该教师,更谈不上尊敬该教师了。

因此,教师要想赢得幼儿的喜爱,必须注意与家长密切配合,要努力赢得家长的尊敬和喜爱。

**1. 密切家园联系**

教师平时要多关注孩子,多了解孩子,多思考和研究孩子的具体教育问题;要经常性地与家长就其孩子的发展和教育问题进行沟通,适时地为家长提供一些科学的育儿知识、育儿观念以及个性化的指导(不仅要指出孩子存在的问题,还要为家长提出矫正孩子问题的方案)。教师与家长沟通的方式除了一般的家长会、家园联系册/栏、家长学校、电话交流以及家访外,还有一种新的形式——借助班级博客、微博、微信公众号、QQ群、微信群等免费的网络交流平台进行沟通。这些网络平台能够提供经济、便捷、及时、高效的家园沟通方式,为越来越多的幼儿园和幼儿园教师所采用。通过这些网络平台,我们可以设立如下栏目:

◆ 亲子活动:为家长开展亲子活动提供理论和实践方面的指导。这方面的内容包括亲子活动的基本理论、基本原则、亲子游戏、亲子教育活动方案等。

◆ 家庭教育咨询:为家长提供个性化的家庭教育指导。家长可以在此栏目中向教师提出关于孩子教育和发展的各种问题,教师要注意及时给予答复。

- ◆ 家庭教育经验：为各位家长提供家庭教育经验交流的平台。这方面的内容包括各位家长的家庭教育故事、家庭教育感悟等。
- ◆ 孩子趣事：让家长了解孩子在幼儿园里的趣事，也让教师了解孩子在家里的趣事。可以是孩子"有趣的语言""有趣的想象"，也可以是他们"有趣的思维""有趣的行为""有趣的表情"；可以是文字材料，也可以是图片材料。
- ◆ 家庭教育观念：为家长进行家庭教育提供理论上的指导，主要包括四个方面——帮助家长认识幼儿期家庭教育的重要性；帮助家长树立正确的家庭教育观念；宣传科学的育儿知识；帮助家长为幼儿的健康成长创设良好的家庭环境。
- ◆ 班级活动：让家长了解班级开展的活动，包括活动的照片、每周的活动计划等，以便更好地配合幼儿园对孩子进行教育。
- ◆ 热点讨论：让家长参与家庭教育热点问题的讨论，提高他们对家庭教育的认识。热点问题可以是家庭教育中的普遍性问题，也可以是本班幼儿家长特别关心的问题。

一个密切联系幼儿家长的教师无疑是关心幼儿的、认真负责的教师，这样的教师很难不让家长喜欢。

### 2．热情接待幼儿家长

调查表明，幼儿家长与教师关系融洽、和谐，幼儿就容易受到家长的影响而喜爱该教师。因此，教师在和幼儿家长见面时，要主动热情地与他们打招呼，及时就孩子的情况（如进步与期待，问题与对策）与他们进行交流，以形成积极的家园关系，从而促进孩子对教师的喜爱之情。

#### （1）笑脸相迎

微笑是教师最美丽的语言。对幼儿家长来说，教师的微笑不仅是一种礼貌的行为，也是家园关系的润滑剂。以微笑迎接每一位幼儿家长，会让他们放心地把孩子交给教师。教师真诚的、善意的、发自内心的微笑会让幼儿家长觉得温暖和亲切，会打消他们的种种顾虑，会鼓励他们与教师主动进行交流，进而拉近家园间的距离。

（2）主动沟通

教师热情接待家长并不是一句简单的问候就可以了，教师还需要利用家长每天来园的时机就其孩子的问题与他们进行沟通。沟通的时候，教师要坚持一个原则：以退为进、欲抑先扬。一个总是向家长"告状"的教师是不会得到家长的尊重和喜爱的。相信每位家长都希望从教师这里听到孩子的进步和优点，听到对孩子的褒奖和表扬，而不希望听到教师对孩子的批评和负面评价。因此，在向家长反映孩子问题的时候，最好先肯定一下孩子的进步和优点，再指出孩子目前存在的问题。教师对孩子的称赞会让家长感到欣慰和愉悦，有这样一种心理情绪作为铺垫，下面的沟通就会容易得多。

### 3. 平等对待每位幼儿家长

千差万别的孩子背后是千差万别的家长。一个教学班通常有几十名幼儿，这些幼儿的家长在学历、职业、收入、社会地位等方面各不相同。有的家长可能是普通工人、农民，有的家长可能是私企的老板、经理，还有的家长可能是政府机关的领导或者高校的教师。然而，无论他们的社会地位如何，他们在教师面前都只有一种身份，那就是幼儿的家长。他们有职业、职务之别，却没有人格上的高低贵贱之分。因此，教师对所有的家长要一视同仁，同等看待、同样尊重，不能因为家长的地位高低而亲疏有别，更不能"势利眼"或者"看人下菜碟"，只有在彼此尊重的基础上进行交往，才能得到家长的完全信任。

### 4. 让家长感觉到你很爱他的孩子

让家长感觉到你很爱他的孩子，这是幼儿园教师获得家长认可、接纳和支持的前提条件。为了获得家长的认可和支持，幼儿园教师平时要努力通过各种方式让家长感受到教师对孩子的爱，比如，每天早上来园和下午离园时，教师要当着家长的面亲热地拥抱每个孩子，这些亲热的拥抱会让家长感受到并确信教师是爱他的孩子的。

**5. 让家长感觉到你很专业**

为了获得家长的认可和尊敬，幼儿园教师在家长面前必须通过各种方式表现出自己是受过专业训练的，自己是有专业思想和专业能力的。比如：每周向家长推出一个实用的亲子小游戏并告诉家长这些游戏背后的教育理念；时不时向家长传授一些解决幼儿常见心理行为问题的技巧；每学期给家长开办两次家庭教育讲座；指导家长解决他们所面临的棘手的教育问题等等。这些活动体现出的专业理念和技能会让家长感受到你是专业的，如此，他们对你的崇敬之情就会油然而生。

## （五）宣传影响

为了提高幼儿园教师的影响力，幼儿园要做好对教师的宣传工作。这种宣传工作不仅可以让幼儿及其家长对教师产生敬佩之情、喜爱之意，还可以不断地激励教师们努力追求上进。

**1. 教师宣传栏：展示教师获得的荣誉**

在幼儿园显眼的地方，如幼儿园门口处，设立一块"教师宣传栏"，介绍教师们在园内外各种比赛活动中获得的荣誉证书和荣誉称号以及在幼儿园里担任的教学职务，如教学能手、教玩具制作能手、最有魅力的教师、某某领域首席教师、形象大使、学科带头人、课题负责人、骨干教师、学科组组长等，让家长和幼儿了解教师光荣的现在和过去，了解教师的专业特长和优秀的专业品质，进而对教师产生崇敬之情，增进他们对教师工作的信任。

**2. 教师才艺展：展示教师的才艺**

幼儿园可以每年举行一次教师才艺展，如唱歌、跳舞、讲故事、弹钢琴比赛，小品、小魔术表演以及时装、厨艺、手工作品、绘画作品展等，为教师搭建展示才能的平台。才艺展时，幼儿园可以邀请家长和幼儿观看。为了增强活动的趣味性，还可以设立若干个有趣的奖项，比如最有创意奖、最具人气奖、最搞笑奖等，请教师、家长和幼儿一起评选。幼儿园如果规模比较大，每年可以以年级为单位举办活动；如果规模比较小，则以幼儿园为单位举办活动，保证每个教师都有参与展示的机会。

**3. 网络宣传：全方位展示教师**

幼儿园可以通过免费的网络平台——微博、博客、微信公众号等，建立本园、本班对家长、社会开放的网络平台，给每位教师开设独立的窗口。这些网络窗口可以展示教师的简介、照片、文章、事迹、专业活动视频、专业技能视频，也可以展示教师的荣誉、教育理念以及业余生活的风采，为家长和幼儿全面了解教师以及家园沟通搭建平台。

相信经过教师、家长和园领导的通力合作，一定能让幼儿喜欢上教师。

# 第二章

# 做贴心的幼儿园教师

"如果孩子生活在批评中,他便学会谴责;如果孩子生活在恐惧中,他便学会忧心忡忡;如果孩子生活在鼓励中,他便学会自信;如果孩子生活在受欢迎的环境中,他便学会爱别人;如果孩子生活在受尊重的环境中,他便学会尊重他人。"如果孩子生活在快乐中呢?那么他便会觉得自己生活在一个美好的世界。研究表明,幼儿的快乐体验与需要的满足程度有直接的关系。只有幼儿渴望的安全感、成就感、自豪感和归属感得到满足了,幼儿渴望的有尊严、有"面子"、自由自主的生活实现了,他们才能体会到幼儿园生活的快乐,幼儿园才能真正地成为孩子们的乐园。这一切,只有贴心的幼儿园教师,只有对幼儿心理需要充分关切的教师才能给予。

幼儿对教师的喜爱之情是建立在教师对幼儿心理需要充分关照的基础之上的,只有在心理需要上给予幼儿充分关照的教师,才能获得幼儿的喜爱。

# 一、让幼儿有安全感

心理安全需要是指人们期望稳定、安全、受到保护、有秩序、能免除恐惧和焦虑等，从而获得安全感的需要。心理安全需要包括对安全、稳定、依赖、免受恐吓、焦虑和混乱的折磨，对体制、秩序、规律、界限的需要，等等，主要指人对生活无威胁、能预测、有秩序的环境的欲求。心理安全需要得到满足后，幼儿内心就会产生安全感。

如果儿童在幼年期获得了安全感，他就会变成坚强的人，在以后的生活中，无论遇到何种困难和威胁，他通常都能保持安全感和坚强的性格。那些内心拥有充足安全感的人会觉得自己被人喜欢、被人接受，与人交往时也能感受到他人的温暖和热情；对他人抱有信任、宽容、友好、热情的态度；将世界和人生理解为惬意、温暖、友爱、仁慈；具有乐观倾向；倾向于满足；开朗，表现出客体中心、问题中心、世界中心倾向，而不是自我中心倾向、自我接纳、自我宽容；为问题的解决而争取必要的力量，关注问题而不是关注对他人的统治；对人生的态度坚定、积极，有良好的自我评估能力；以现实的态度来面对现实；关心社会，乐于合作，充满善意，富于同情心。

如果儿童在幼年期没有获得安全感，他们往往会有悲观倾向，表现出强迫性内省倾向、病态自责、自我过敏、罪恶和羞怯感甚至自杀倾向等；不停息地为更安全而努力，表现出各种神经质倾向、自卫倾向、自卑等；在与别人的交往过程中，往往会感到被拒绝、被遗忘、被抛弃、不被接受，感到受冷落，感到孤独、被遗忘、被遗弃，对他人往往抱有不信任、嫉妒、傲慢、仇恨、敌视的态度，很难与人建立亲密的关系，甚至长大后，也很难与异性建立亲密的关系。

在对幼儿的调查中，我们发现，他们喜爱那些对他们态度友善、能给其带来心理安全感的教师，不喜爱那些蛮横粗暴、让其感到不安的教师。

**幼儿语**

喜爱教师的理由：

"她不凶。""她不大声对我说话。""她善良，她经常对我笑。""她很温柔。""她不罚我。""她不骂人。""她对我们很好。""她总是轻声地和我们说话。"

不喜爱教师的理由：

"她发起脾气来好可怕！""她凶凶的，她都不笑的。我怕她。""她爱吼小朋友。""她总是骂人，一点都不温柔。""她有时很凶，我们都怕她。""她太厉害了！""她打我。""她上课时老盯着我。"（被人盯上，会有一种不安全感。）"我做得有一丁点儿不好，她就骂我。"

要想做受幼儿欢迎和喜爱的教师，就必须努力为他们创造安全的心理环境，满足他们的安全需要。

## （一）了解幼儿缺乏安全感的行为

安全感，是幼儿心理健康的基础，也是幼儿心理健康的标准。幼儿园教师要了解幼儿缺乏安全感的行为表现，这样，才能更好地关照幼儿的心理安全需要。

幼儿年龄小，语言能力发展不足，即使遇到让自己不安、焦虑或者恐惧的事情，恐怕也无法用清晰的语言表达出来，这就要求我们有善于观察的眼睛，能通过幼儿的外显行为来了解其心理安全状态。

研究表明，如果幼儿缺乏安全感，那么，他就会经常有如下的行为表现。

**1. 生理上的反应**

当幼儿心理不安时，他们生理上往往容易出现心跳加快，肌肉紧张；手心出汗，双膝颤抖；头痛，没胃口；失眠，睡眠不稳，夜惊（从睡梦中突然惊醒甚至坐起）；排便无规律；常常嚷着头痛或肚子痛等生理反应。

## 2. 行为上的反常

当幼儿心理不安时，他们往往容易出现如下反常的行为：

① **逃避性行为**，如：不出声，独来独往；不想上幼儿园；沉默不语，暗自掉泪；哇哇大哭；喜欢模仿别人；避免参加竞技性游戏；不愿与别人目光接触；做白日梦，等等。

**案例 2-1　再动我就打死你**

有一天，一位老师问一个5岁多的小男孩："你爸爸还打你妈妈吗？"（因为他的爸爸是附近闻名的脾气暴烈的酒鬼，酒后经常打人，小男孩很想帮助妈妈，可又无能为力。）小男孩说："他再也不敢了！因为警察叔叔借给我一支枪，每当他想打妈妈时，我就用枪对着他说：'不许动，再动我就打死你。'"孩子说完后脸上露出了一丝忧郁的笑容。

当幼儿产生不安感却又无法摆脱时，他们往往会让自己暂时离开现实，在幻想的世界中追求内心的平静。

② **破坏性行为**，如：故意捣乱，打人骂人，抢别人的玩具，不听大人的解释，故意损坏东西等。

③ **倒退性行为**，如：行为举止和年龄不相称，做更小的孩子做的事情；吮手指、吮被角、吮衣角、咬指甲；口吃，说话结结巴巴；健忘；尿床或尿裤子等。

④ **强迫性行为**，如：出现仪式性强迫行为；霸道，以强凌弱；努力使自己滑稽可笑，经常尖叫，爱做鬼脸；玩弄自己的生殖器；紧紧抓住成人的手；小偷小摸，有盗窃行为；持续（用力地）眨眼睛、挖鼻孔，面部或四肢肌肉抽动；不能控制自己地笑，常常傻笑；有残忍行为（欺负比其弱小的同伴或虐待小动物，来宣泄和缓解内心的不安情绪）；喜欢"黏人"（由于缺乏安全感，"黏"能满足他心理安全需要的人，会使他获得心理上的安全感）；有恋物行为（离开某样陪伴惯了的东西便忐忑不安。如，一个3岁的男孩从来没有离开过他襁褓之时用过的旧包被，一旦把包被从他的怀里拿走，他就会烦

躁不安、哭闹不休）；有洁癖等。

> **案例 2-2**　*对摁钮有恐惧心理*
>
> 我的一位中学同学，她的孩子 6 岁时力气已经特别大了。为了到电视机后面找乒乓球，孩子不小心把电视机碰到地上，电视机摔碎了。那个时候电视机还没有普及，是个贵重的东西，我同学的妈妈、妹妹以及亲戚朋友都说她：这么大的事，你怎么不打孩子，也不训孩子，你会把孩子惯成什么样？她说："不，我决不训我的孩子，我只对他说'没关系，你是不小心的'。"她说，她小时候动了收音机，她妈妈训她，不让她动。每次都这样，结果搞得她有了心理障碍，她现在就不敢动音响上的摁钮，一动就恐惧。
>
> （孙瑞雪，2004）

⑤ 其他问题行为，如：喜欢炫耀自己（内心不安的孩子喜欢在别人面前炫耀自己的本领和所有物，以提高自己的地位，减轻内心的不安）；寻求别人的注意。

**3. 情绪上的变化**

当幼儿出现心理不安时，他们在情绪上往往容易出现这样的变化：一整天闷闷不乐；消沉、喜欢赌气；感觉恐慌，一个小动静也会吓得跳起来等。

**4. 性格上的改变**

当幼儿出现心理不安时，他们在性格上往往容易出现这样的变化：孤僻，很少或者几乎没有什么朋友，总是喜欢一个人待着；脾气很坏，易暴怒；不听劝告，爱钻牛角尖，抓住别人的一点小错误不放手；自卑，退缩；孤僻，不合群，不能融入同伴的游戏之中；沉溺于自己的兴趣和爱好之中；爱说假话等。

发现幼儿经常出现上述心理行为时，教师应该努力关照他们的安全需要。

### （二）正确对待心理处于不安状态中的幼儿

当幼儿出现上述问题行为时，教师应该意识到幼儿正处在心理的不安状态中,他们需要的是帮助而不是惩罚。有些教师没有认识到这一点,每当幼儿出现类似的心理行为问题时,不但没有给予幼儿相应的帮助,反而以惩罚手段强迫幼儿改正这些问题行为,这不但不能减轻幼儿内心的紧张,反而加重了幼儿心理的不安,进而使相应的心理行为问题发生的频率更高。如,喜欢吸吮手指的幼儿,如果在吸吮手指时被批评、打骂,那么以后他吸吮手指的频率可能会更高。

所以教师在处理幼儿这类心理行为问题时一定要慎重。当幼儿出现这类行为问题时,教师要意识到,幼儿正处在心理不安的状态;然后找出引起幼儿处于这种心理不安状态的原因;最后对症下药,消除幼儿的不安,进而使幼儿改正上述的心理行为问题。

### 案例2-3　再尿床,我就把你的小鸡鸡割掉

一天午觉起床时,只有乐乐不肯起床,等小朋友们都出去了他才起来。李老师在叠被子时发现乐乐尿床了。李老师咆哮道:"别的小朋友都没有尿床,就你尿床,你丢不丢人啊?!"乐乐很委屈的样子,他刚想开口,李老师马上又吼道:"你下次再尿床,我就把你的小鸡鸡割掉,听到没有?!"乐乐被吓坏了,哭着说:"我不敢了,我不敢了!"

本来幼儿尿床就跟其内心紧张和不安有密切的关系,幼儿尿床后,教师如此吓唬幼儿,其内心更加紧张和不安,这不仅不能解决幼儿的尿床问题,有可能还会增加其尿床的频率。正确的做法应该是在幼儿尿床后,想方设法地减轻他的心理负担,消除他内心的不安。

### 案例2-4　吮手指上瘾的晓光

小(2)班里,晓光小朋友经常将手指放在嘴里津津有味地吮吸,吸得手指头脱皮,大拇指关节处都变形了。

有一天睡午觉时,小朋友们都进入了梦乡。这时,只听见寝室的一个角落里传出轻轻吮吸的声音。是谁呢?带班的朱老师循声走过去,发现发出声

音的正是晓光。只见他一边甜甜地睡着，一边嘴里含着大拇指津津有味地吮吸着。于是，朱老师从桌子的抽屉里拿出一只手套套在晓光的手上……

下午组织小朋友们进行户外活动时，朱老师碰到隔壁班的王老师。王老师问她："你们班的晓光还在吮手指吗？"朱老师马上很气愤地说："怎么不吮？！甚至变本加厉地吮呢——上课、吃饭、睡觉都在吮！无论我怎么制止也不行。"听朱老师这么说，王老师马上将正玩得兴奋的晓光拉过来，指着晓光的头说："你再吮手指，我就拿菜刀来把你的手指头砍掉。"朱老师在一旁附和道："对，再吮手指，我就打电话跟你妈妈说不要你了……"还没等朱老师说完，晓光就吓得大叫起来："不行！不行！……"

在随后的活动中，晓光静静地站在一边，脸上再也没有露出过笑容……

显而易见，案例中，朱老师采取的一系列措施不但不能杜绝晓光吮吸手指的行为，还有可能引发晓光其他的问题行为。为什么呢？接下来让我们一起来分析一下朱老师的言行不当之处：

① 戴手套、言语恐吓——采取的方法治标不治本。这也是让很多教师感到困惑的地方："为什么我用了那么多办法，都不见效呢？"原因只有一个，那就是这些方法治标不治本。幼儿的很多问题行为是由于其情感需求得不到满足或者内心紧张焦虑所致，要想纠正，教师要做的是补（关注、关爱他们，满足他们的情感需求）和疏（让他们把内心紧张焦虑的能量通过合理的途径释放出来），而不是堵（强制禁止他们的相关行为），因为后者虽然有可能制止儿童眼前的问题行为，却很有可能引发其他类似的问题行为。比如，在教师的强制命令下，吮手指的幼儿可能不吮手指了，却可能出现吃衣角被角、咬嘴唇、拔头发、爱发脾气、强迫性行为，甚至会出现残忍行为和攻击行为等。

② 当面呵斥——伤害幼儿的自尊。幼儿的很多问题行为是"偷偷地"进行的。之所以偷偷地，是因为他们知道这种行为是不好的或者不被成人允许的，是会遭到成人责备或者被他人耻笑的。既然如此，教师为什么不可以"偷偷地"对他们进行教育呢？教育追求的是"有心而无痕"，强调的是无声

胜有声,注重在保护幼儿"面子"的基础上帮助其纠正不良行为。当面呵斥谩骂或许可以泄教师的一时之火,却有可能让教师永远失去幼儿的信任和爱戴。要知道,幼儿的心灵犹如清晨荷叶上的露珠,晶莹剔透而又敏感脆弱,一旦碰碎,则很难拾取。

**案例 2-5　让孩子公开吮手指**

5岁多的晓妍有吮手指的毛病。晓妍的父母每次看到她吮手指,都会批评并制止她。于是,晓妍就躲着爸爸妈妈背地里偷偷地吮。晓妍父母为此烦恼不已。

后来,心理学家建议:不要强行禁止晓妍的吮手指行为,并且规定晓妍每天在三个时间段内可以随意吸吮手指,其他时间不能吮。

父母和晓妍商定的吮手指时间为:早上 8:30—9:00;下午 3:00—3:30;晚上 8:30—9:00。

最初几天,吸吮手指时间到了,晓妍就迫不及待地在客厅里使出吃奶的劲儿开始吮她的手指,吮得啧啧有声。可是,有一天,她吮着吮着一抬头发现爸爸妈妈正站在一旁盯着她看,她的脸倏地红了,随后扑哧一声笑了,她父母也笑了。

从此之后,晓妍对吮手指这事儿就没了兴趣。

人许多时候就是这样,当别人禁止他的某种行为时,他从事该行为的欲望就会很强烈,但当别人不禁止甚至支持他时,他的兴趣反而会下降甚至消失。

### (三)为无助的幼儿伸出援助之手

教师应该是幼儿心理安全的坚强后盾,教师不能放弃自己的责任,教师要努力保证每个幼儿心理的安全,让幼儿感觉到在幼儿园里,他是受到教师保护的。因此,当幼儿因受同伴或其他人欺负而不安时,教师要及时伸出援助之手——教会他们自我保护;当他们无法自我保护时,教师则要帮助他们摆脱心理不安的困境。

### (四) 注意幼儿园教育的心理安全性

平时教师要注意教育内容、教育手段、教育方法的心理安全性，幼儿园教育不应该引起幼儿的内心不安，特别是不要引起幼儿的长久不安。

**1．温和地对待幼儿**

笔者到一所幼儿园调查时，曾有一位园长向笔者夸奖该园的一位"优秀教师"在组织和管理幼儿方面"如何如何'有方'"。她说："不管多'乱'的班级，只要让她去'管理'，她很快就能把小朋友们'镇住'。别的不说，只要她往教室门口一站，小朋友们立刻就会变得乖乖的——一动不动地安静坐好……"这样的教师或许让幼儿园领导很满意，但是从幼儿的角度来看，这样的"优秀教师"还是少一点好，没有更好。因为这样的"优秀教师"只会让幼儿每天生活在不安中，感受不到生活的自由和快乐。

笔者在某幼儿园曾看到过这样的场景：

晨间活动时，一个小朋友带来许多可爱的小蝌蚪，其他小朋友都好奇地围上去观看。"不要动，老师要骂的！"人群中突然传来这样一句警告，霎时，那些正要抚摸小蝌蚪的小手缩了回去……

"老师要骂的"短短的五个字，在我们听来是多么沉重！如果幼儿在从事任何一项活动前都有一种顾虑——担心被老师骂，这说明幼儿园教师的"发火相"是多么深刻地印在小朋友们的脑海里；在幼儿眼里，教师发脾气的形象是多么可怕！长此以往，幼儿会逐渐地形成谨小慎微的性格，做事总是缩手缩脚，这不敢尝试，那也不敢动，严重的还会产生心理学上的"无差错症"，即惧怕犯错误，不能容忍自己有一丁点儿过错，偶有小的差错就会惴惴不安，惶惶不可终日……面对这样态度粗暴的教师，相信幼儿只会有畏惧感而不会有亲切感，只会产生恐惧心理而无法产生喜爱之情。只有当教师态度和蔼地跟幼儿交流时，幼儿才会觉得教师是可爱的、是可以亲近的、是值得信赖的。

有一次,我去幼儿园,小朋友们一见到我就跑了过来(因为我是男老师,男老师在当时的幼儿园里是很少见的,而且我曾在他们班代过好长一段时间的课)。可是,就在这时,当天带班的唐老师双手往腰上一叉,吼道:"回去!!!"小朋友们风一样地又掉头回去了。

面对这么粗暴的教师,小朋友们心里肯定只有畏惧和不安。

### 案例 2-6　学样

小明和小东向老师"申请"要当一回老师,而老师也想看看这两个小朋友是如何当老师的,便答应了他们的"申请"。只见小明找来笔和点名册,清了清嗓子说:"大家安静了,老师点一下名,娟娟?惠惠?"点到的小朋友都一一喊"到"。可当点到小虹时,由于小虹是一个内向、胆小的孩子,她的声音很小,小明禁不住提高了嗓门又喊了一遍,可小虹却不敢吱声了。小明和小东相互对视了一下,然后,两个人走到小虹面前,小明大声吼道:"老师点你的名,你为什么不作声?如果再不说话,就把你关到小房子里和老鼠做伴!"小明一边指着隔壁的小房子,一边和小东去拉小虹,小虹全身紧缩着往后退,流着泪却又不敢哭出声⋯⋯

表面上看,小明和小东是在"玩游戏",但这"游戏"却是他们生活经历的真实反映——平时,他们的老师就是如此粗暴地对待小朋友的,内向胆小的孩子在这样的班级里一定会诚惶诚恐。

教师对幼儿说话时声音要轻柔一些,对幼儿的态度要温和一些,动作要柔和一些,绝对不能粗暴地对待幼儿,否则,教师在幼儿心目中永远是可怕的、令幼儿内心强烈不安的形象,幼儿园也会成为幼儿的地狱。

### 2. 请不要在幼儿面前发火

在幼儿看来,爱发脾气的教师是可怕的,也是丑陋的。

### 案例 2-7　教师咆哮的后果

有一天,早点是豆浆和面包,吃完早点,李老师收拾餐具时发现,摞起来的碗中有一只碗渗出了许多豆浆——满满的一碗豆浆没喝就丢掉了。李老师端起剩下的豆浆,很生气地问小朋友们:"是谁还没喝完豆浆就放到这里的?"小朋友们看见李老师生气的样子,个个都说:"不是我,不是我放的……"无论老师怎样问,小朋友们都是同一个答案。

李老师越来越生气,大声吼道:"要是没人承认,以后全班都不要吃早餐了!"小朋友们被吓得连声音都不敢出,此事最后只能不了了之。

咆哮、生气、发怒,只能让幼儿感到恐惧不安,而不能让幼儿承认错误,更不能让他们改正错误,相反还让他们学会了隐瞒错误。

### 案例 2-8　我不告诉你

午睡结束后,冯杰穿完衣服到我身边看我画画,我便和他聊了起来。

"冯杰,你这几天表现得好像不是很好哟,你觉得呢?"

冯杰歪着脑袋想了想,点了点头。

"你最喜欢和谁讲话呢?你们喜欢讲些什么呢?"

冯杰撅起嘴巴,不高兴地说:"不知道,忘记了。"

"你不听话,邵老师很生气,你知道吗?"

"知道!"

"那你为什么不听邵老师的话呢?"

"……"

"邵老师看见你上课不认真最生气了,你要是乖乖的,像现在这样,那该多好呀!"

"嗯。"

"你还没告诉我,为什么我生气时,你还是不听我的话呢?!"

"邵老师,你生气的样子真难看!"

"什么?"我停下手中的笔,有些吃惊地看着他。

"你那么凶,那么丑,我们都不理你了!"

"'我们'是谁呀?还有谁说我丑了?"我好奇地问。

"嗯……"冯杰用手指抠着桌子,"不告诉你!伟伟不让我告诉你!"

"那就算了!不过,你喜欢邵老师怎么做呢?"我暗地里直笑。

"你好好地对我们说话,不要发脾气。"

"好吧,不过你也得答应我做个听话的好孩子!"

"好!拉钩!"

"拉钩!"

(邵晓燕,2006)

有些老师会在幼儿"不听话"时或者自己心情不好时对他们发火。这种发火,将会使得教师的"发火相"深深地印在小朋友们的脑海里,使他们觉得"某某老师真可怕",进而会让他们长时间处于心理不安的状态,甚至老师发火过后,他们还是一见到该教师就觉得害怕。

不过,教师不是圣人,总会有生气的时候,但是为了更好地促进幼儿的健康发展,教师"有气"时要注意发泄的策略(比如,实在忍耐不住时,可先暂时停下"教育活动",等到心平气和时再重新组织教育活动,等等),尽量避免给小朋友们留下一个"可怕的印象"。

心理专家建议:

◆当你生气时,请从1数到10。

◆当你很生气时,请从1数到100。

在数数的过程中,你的"气"会随着时间的推移而逐渐减弱甚至消失。

### 3. 不要用威胁性手段来教育幼儿

威胁性教育会让幼儿内心长久不安。请看下列案例:

**案例 2-9　我会罚你的**

有一位作家在其小说中用非常精彩的笔墨描写了一位在惩罚方面表现出

了"卓越的才华和出众的想象力"的张老师,以至于"我们一见到他就胆战心惊":

一次,一个名叫小勇的孩子因为给其他小朋友起外号,受到了张老师的惩罚——每隔一段时间,张老师就会笑眯眯地对小勇说:"我会罚你的。"或者,她会笑眯眯地问小勇:"你说我该怎么罚你呢?"

这个过程足足持续了一个月。在这一个月里,小勇每天都过得暗无天日,因为张老师总是在小勇忘记了处罚这件事而兴高采烈时,突然来到他身旁并轻声提醒他:"我还没罚你呢!"这种引而不发的处罚使小勇整日提心吊胆。在那些日子里,这个可怜的孩子在幼儿园里只要一听到张老师的声音,身体就像风中的树叶一样开始颤抖。只有在放学回家时他才略感安全,可是第二天来幼儿园时他又会胆战心惊……

如果让小勇自己选择接受"即时的"处罚还是这种"悬而未决的"处罚,我想小勇肯定愿意选择前者。因为没有人想过一种压抑的、小心翼翼的生活,尽管对于教师来说,后一种教育手段可能更有效。

## 案例2-10　谁更难受

许老师将刘勇拉到跟前,然后对他说:"刘勇,你来说说刚才你哪里做错了?"

刘勇怯怯地回答说:"我不应该在老师讲课时讲话。"

许老师问:"还有呢?"

刘勇说:"不应该和萌萌聊天。"

听罢,许老师转而对其他小朋友说:"还有谁刚才乱说话呀?丁大牛,你下次注意了,不要下回轮到你……。所有的小朋友坐好了!"

刘勇今天已经受到了直接的批评教育,明天他大概就可以快乐了。可是丁大牛呢?从此以后,他就很难感到快乐了,因为老师已盯上他了,他随时都会有被老师揪出来批评的危险。怀着这种不安,丁大牛或许会吃不好、睡不香，玩得也不会开心……

除了威胁性语言外，还有威胁性的肢体语言，如：背手——讲话或在观看小朋友们活动时双手放在背后——使教师显得威严、高高在上、盛气凌人，这在心理上会给幼儿造成一种压力；双臂胸前交叉——给幼儿一种"目中无人""唯我独尊"的感觉，容易使幼儿对老师产生害怕的感觉；批评时伸出食指无意识地点幼儿的头——这种体态更使幼儿畏惧，同时这也是一种极不尊重孩子的动作。

**4. 不要迁怒于幼儿**

不迁怒，即不把怒气宣泄到不相干的人身上，不使他人无辜受牵连。"不迁怒"一词出自《论语·雍也第六》（一天，鲁哀公问孔子："弟子孰为好学？"孔子对曰："有颜回者好学，不迁怒，不贰过。"）。颜回是孔子最得意的学生，在为孔子所称道的优点中，不迁怒就是其中的一条，可见不迁怒不是一件容易的事。教师可以试问一下自己：是否曾经把家里的不愉快情绪带到了教室？是否把对家长的不满情绪发泄到了幼儿身上？是否因个别孩子不听话而迁怒于全班的孩子？

**案例2-11** *最终受气的那只耗子*

某个大企业的老板，有一天不知道从哪儿来的一股无名火，导致他从早上上班开始就很不开心。

碰巧他看到公司的一个高级白领员工，于是把他叫过来，劈头盖脸地骂了一顿："你拿着这么高的薪水还不努力工作！"骂完了白领员工，他的火就消了。

但是，这个莫名其妙地被老板乱骂了一通的白领，心中却窝了一肚子火。他想：凭什么我一上班就挨一顿骂呢？可面对的是老板，自己什么也不敢说，只好听着……

然后，这个窝了一天火的白领回到家时，一眼看见自己的太太，就劈头盖脸地骂了一顿："我在外面辛辛苦苦地挣钱，你连一个家都管不好！"

太太为这个家操劳了一天，却莫名其妙地被先生骂了一顿，也很不开心。

但是先生要在外面挣钱,自己又不能顶撞他,于是只好压着火……

压了一会儿,太太看见儿子放学回来了,上去就劈头盖脸地把儿子骂了一顿:"妈妈辛苦成这样,你还不好好学习,对得起我吗?"

儿子一回家就莫名其妙地挨了骂,很是郁闷,于是在家里钻来钻去,碰巧看见家里的小狗,上去追着小狗就乱踢了一顿。

狗也很委屈,但是又不能对小主人怎么样,就撒腿跑出去了……

狗跑出去后,就满街找能发泄的对象,终于找到一只比它弱小的野猫,于是就追上野猫……

那野猫无端地被狗咬了一口后,就跑出去拼命地找耗子,因为它一定要找到耗子,才能发泄出自己的怒火……

教师有时难免和同事、领导、家人以及幼儿家长发生冲突,发生冲突后自己的不良情绪怎么才能排遣出去呢?领导、幼儿家长惹不起,同事和家人不好惹,于是只有转嫁到弱势的幼儿身上。尤其是幼儿家长和教师发生冲突后,不理性的教师往往更容易将冲突中产生的不满情绪向无辜的幼儿发泄,这时幼儿就成了那只受气的"小耗子",因为莫名其妙地遭到教师批评而开始害怕教师。

### 案例2-12　我不要去幼儿园……

见习时的某一天,小微的父母很晚了还没有来接她,我心生怜爱之心,本想带小微去吃点东西,给她点安慰。谁知道当天带班的王老师却大声地对我说:"不能带她去,现在都几点了?!谁叫她的爸爸妈妈不早点来接,饿死她算了。平时她爸爸妈妈也总是到9点多才来接,老师下班后就没别的事情做了吗?再看看她,平时一副闷葫芦样,看了就讨厌。"王老师这么一说,我还能说什么呢?!第二天小微来幼儿园刚好是王老师接她,小微怎么也不肯进幼儿园,还哭闹着说:"我不要去幼儿园……"

幼儿园教师对家长有意见,应该与家长沟通,而不应拿孩子来出气。拿孩子来出气是缺乏职业道德的一种表现。

### 案例2-13　家长气我，我气他孩子

6岁的小鹏是某幼儿园大班的孩子，在幼儿园表现一直很乖，他所在班级的老师都夸他是个好孩子，也都很喜欢他。可自从上周末爷爷接小鹏时与老师发生口角后，老师对小鹏的态度就发生了很大的变化。老师把怨气发泄在无辜的小鹏身上，对他采取了一系列"教育"措施：老师说小鹏上课捣乱，他的座位从第一排被调到了最后一排的角落里；上课时，老师在讲台上用粉笔画了一个圆圈，让小鹏站在圈里不许动，一站就是一节课；放学后，小鹏对老师说再见，老师却对他吼道："给我滚回去，明天不要来了！"从此以后，小鹏再也不愿上幼儿园了，一提起幼儿园就吓得瑟瑟发抖。

孩子是无辜的，教师要学会理智地看待自己与幼儿家长之间的矛盾，寻找适宜的时机与其沟通，同时要学会克制自己的不良情绪，不要随意迁怒于孩子，必要时可以采取回避的方式，自己暂时离开教室，请其他教师帮忙带班，直到自己情绪稳定下来再继续教育教学活动。

有所幼儿园在落实新纲要方面有一项新举措：教师因家庭突发事件而情绪失控，可暂不带班；教师在处理与同事、家长、园长的矛盾中因矛盾激化而情绪失控，可暂不带班……其带班工作由其他教师来顶替，自己则可以去做些不直接面对幼儿的工作，以调整其心态。

该园园长说，他们这样做的目的主要是想减少教师负面情绪对幼儿心理的消极影响，同时也可以避免教师的负面情绪对教育活动过程及其效果造成不良影响。

我支持给老师请情绪假！！

### 5．幼儿园教师要有宽容之心

幼儿园应该是一个宽松、宽容的地方。幼儿园不同于军营，也不同于监狱，更不同于医院，幼儿园应该是舒展心灵、放飞个性的地方。由于幼儿能力和经验有限，他们经常会犯一些"低级的错误"，甚至屡屡犯同样的低级错

误。这就需要教师有宽容仁慈之心，要心平气和地接受幼儿的错误，并将之当作孩子不断进步所必需的阶段；而不要总是严厉苛刻地对待屡犯错误的幼儿，不能原谅幼儿所犯的任何错误。

幼儿犯错误后，教师应该确立如下几点认识和态度。

◆幼儿犯的所有错误，都是可以被原谅的。教师不应该因幼儿犯错误而记恨幼儿，要以积极的心态去看待幼儿的犯错误——犯错误，说明幼儿在不断尝试新的事物，说明幼儿会因此而不断地进步；犯错误是幼儿成长所必需的，教师不仅应允许幼儿犯错误，还应鼓励幼儿犯他们这个年龄应该犯的错误。

◆敢犯错误，不怕犯错误，是幼儿心理环境安全的一种表现。

◆教师不应该因幼儿屡犯低级错误而对他说："我恨死你了！"当然也不能为此而对他怀恨在心。

◆教师不应该因为幼儿犯错误而对他发火，而应该让幼儿从犯错误中获得发展。

专家建议，小朋友犯错误后，教师应该对小朋友说如下一些温暖的话。

◆老师相信你一定能行。
◆做了错事没关系，改正了就是好孩子。
◆你又改正了一个小缺点，我真为你高兴。
◆摔倒了，没关系，勇敢地爬起来。
◆做了错事没关系，以后我们怎么样才能不犯这样的错误呢？
◆你心里是怎么想的，跟我说说行吗？
◆你能不能说说，为什么这样做呢？你觉得今后应该怎样做？
◆你做错了……心里一定很难过，愿意和老师谈谈吗？

## 6. 教师适当隐没于幼儿的视野之外

观察幼儿以了解幼儿，是对幼儿进行正确教育的前提条件。观察幼儿的主要目的是了解幼儿的发展状况和发展需要，了解幼儿发展所遇到的困难并及时给予适当的帮助和支持。然而在现实中，有些教师观察幼儿不是为了实现上述目的，而是为了了解幼儿犯了什么错误、做了什么违纪的事以及有什么"坏毛病"，然后在他们认为必要的时候一一列举出来教育幼儿。长期在教师"火眼金睛"的监控下生活，幼儿感受到的不是幸福而是巨大的压力。

有位教师在向实习生介绍她的工作经验时自夸说，不管她在场还是不在场，她们班的孩子都是乖乖的。她的经验就是在外出办事时，这样对小朋友们说："老师的眼睛可尖了，耳朵可灵了。老师不在时，谁离开座位，老师都能看见；谁说话，老师也都能听见。"

教师在现场，看得见活动室里发生的一切；教师不在现场，也看得见活动室里发生的一切——教师有如此的"千里眼""透视眼"，幼儿哪还有身心自由的时空呀，他们偶尔背着教师做了一些"蠢事"后，也会陷入长久的不安之中。

教师在幼儿面前不妨傻一点，不妨来点装聋作哑，你虽然应该让每个孩子每时每刻都在你的监控之中，以确保幼儿的生命安全，但你更应该想方设法地让你的监控从孩子的意识中消失，以便孩子有自由的时间和空间，在这些自由的时间和空间里，幼儿可以想自己的心事，可以做自己感兴趣的事，头脑里可以有些"坏念头"，有时甚至还可以做些自己感兴趣的"坏事""蠢事"。在宽松的环境里，幼儿才会有真正的安全感。

### 案例2-14　老师像恶魔般缠绕着幼儿

有个小女孩从自己的家来到外婆家，她非常想开草地上的喷头玩水，但又矛盾、犹豫着。外婆说："你可以开。"但是她说："不，我不能开。因为老师告诉我们不可以玩水。"她外婆说："老师不在呀，外婆让你开。"她说："不，那也不行。"

严厉的教师对幼儿的影响无处不在，让幼儿长时间地生活在不安之中。

### (五) 每天都明确地向每个幼儿表达教师的关爱

幼儿安全感的产生有赖于成人持续的、稳定的、持之以恒的、前后一致的、合理的、表里如一的、不求回报的、完全接纳的爱。教师应该努力以各种形式明确地向幼儿表示对他们的爱与关注，并且尽可能地做到每天都有所表示，哪怕只是微笑地看他们一眼或关切地说一句话，或轻轻地抚摸或亲一下他们的小脸蛋，或者每天抱一抱刚来园的幼儿，或者拉拉他们的小手说上几句话，这种爱与关注的表示可以增加幼儿内心的安全感，让他们安心地在幼儿园里生活和学习。

### (六) 家庭要为孩子创造安全的心理环境

家庭要为孩子的健康成长提供安全的空间。为此我们向家长提出如下建议：

- ◆父母感情不和，不要在孩子面前表现出来。
- ◆任何时候都不要对孩子说："不要你了！"
- ◆不要用吓唬的方式来教育孩子。
- ◆不要把自己内心的不安传递给孩子，如：不要时常在孩子面前做出愁眉苦脸的样子；不要在孩子面前无缘无故地发脾气等。
- ◆经常通过亲密动作，如拥抱、亲吻、抚摸等来密切亲子关系。
- ◆每天都要抽出时间来陪孩子玩、陪孩子聊天。
- ◆不要因为孩子犯错误而打骂他。家庭仅仅满足孩子的物质需要是不够的。他们需要亲情，需要心理安全。然而，在日常生活中我们经常会看到另一种情景——父母大发脾气，以惩罚恐吓孩子，大声斥责、推拉孩子，甚至施以体罚。有些父母认为，这样对孩子进行教育，是为了不把孩子惯坏。事实上，当父母这样做的时候，往往会引起孩子的恐惧和痛苦，并未达到应有的教育效果。此时，许多孩子感受到的是对失去父母之爱的恐惧。我们常常看到，被父母痛打了一顿的年幼孩子还会抱着父母不放，此时他们可能纯粹是为了安全而寻求保护，而不是希望得到爱。

◆ 放弃吓唬式的家庭教育。在制止孩子做某些事情时，父母常常连骗带吓，比如："不听话，魔鬼就来了！""不听话，爸爸妈妈就不要你了！""你……，大灰狼就会来把你吃掉。""你……，我就打'110'叫警察来把你抓走。""你……，我就叫医生来给你打针。"由于小孩子承受压力的能力很低，大人不经意的一句话往往会使他们睡不好、吃不香。有位网友为了不让孩子吃口香糖，就说口香糖吃下肚会死人。哪知孩子记住了，有一天他吃下口香糖之后情绪十分低沉，弄得她进退两难，只得对孩子说吃一片口香糖问题还不至于十分严重，但这仍然不能消除孩子的不安情绪。

心理安全感是幼儿心理健康发展的基础，它是决定幼儿心理健康的重要因素之一，是否具有心理安全感还是判断幼儿心理是否健康的一个重要标准。

幼儿有了心理安全感，才会产生爱的需要；才能有自信、有自尊，能与他人建立信任的人际关系；才能在与人交往中体验到交往的乐趣，才能在幼儿园的各种教育活动中积极地表现自我、发展自我，其主体性、创造性才能得到充分的表现和发展。具有安全感的幼儿在与教师、同伴的交往中往往能感到被人喜欢、被人接受，并能从他人处感到温暖和热情，能感到自己是群体中的一员，对他人抱有信任、宽容、友好、热情的态度，比较开朗，非自我中心，容易与他人合作，较多地表现出善意的行为和富有同情心。

## 二、让幼儿的生活充满爱

幼儿的关爱需要就是幼儿希望被同伴和教师关注、喜爱以及对他人表达关爱的需要。幼儿都渴望得到同伴和教师的关爱，同时也渴望能给别人以力所能及的关爱。关爱对幼儿的心理健康成长具有十分重要的意义。一个充分享受到教师和同伴关爱的幼儿，总是心情愉快、积极向上，幼儿园便是他们向往的地方，是他们的乐园；反之，如果被教师和同伴漠视，被关爱的需要得不到满足，幼儿就会通过各种手段甚至不惜通过不符合常规要求的行为来引起人们的关爱。而攻击性行为、恶作剧、毁坏物品、故意捣乱、生病、对抗、退化行为等，许多时候只是幼儿用来引起人们关爱的一种手段。

### 案例2—15　一个美丽的故事

有个塌鼻子的小男孩，他2岁时得过脑炎，智力受损，学习起来很吃力。打个比方，别人写作文能写二三百字，他却只能写三五行。但即便是这样的作文，他同样能写得很感人。

那是一次作文课，作文题目是《愿望》。他认真地想了半天，然后写了下来，那篇作文极短，只有三句话：我有两个愿望，第一个是妈妈天天笑眯眯地看着我说："你真聪明。"第二个是老师天天笑眯眯地看着我说："你一点也不笨。"

就是这篇作文，深深地打动了老师，那位老师不仅给了他最高分，在班上朗诵了这篇作文，还一笔一画地写下了批语："你很聪明，你的作文写得非常感人，请放心，妈妈肯定会格外喜欢你的，老师肯定会格外喜欢你的，大家肯定会格外喜欢你的。"

他捧着作文本，笑了，蹦蹦跳跳地回了家。但他并没有立马把作文本拿给妈妈看，他是在等待一个美好的时刻。

那个时刻终于到了，是妈妈的生日——一个阳光灿烂的星期天。那天，他起得特别早，把作文本装在一个亲手做的大信封里，信封上画着一个塌鼻子的男孩咧着嘴笑得正甜。他静静地看着妈妈，等妈妈醒来。

妈妈刚睁开眼，他就甜甜地喊了声"妈妈"。然后笑眯眯地走到妈妈跟前说："妈妈，今天是您的生日，我要送给您一份礼物。"

妈妈笑了："什么礼物？"

他笑笑："我的作文。"说着双手递过去那个大信封。

果然，看着这篇作文，妈妈甜甜地涌出了两行热泪，然后一把搂住了小男孩。

是的，智力可以受损，但爱永远不会，它朝气勃勃，永远开着明媚的花，结着芳香的果。

（张玉庭，2010）

每个幼儿都渴望得到教师和家人的关爱，就连智力低下的孩子也不例外。

在对幼儿的调查中，我们发现：幼儿是否喜爱教师与他们能否感受到教师的爱有直接的关系。拥有一颗纯正善良之心的教师、懂得如何去爱孩子的教师才能得到幼儿的喜爱。

### 幼儿语

喜爱教师的理由：

"胡老师说，她喜欢我。""孙老师对我好。""于老师给我梳头、扎辫子。""钟老师很喜欢我，她经常摸我的头。""邓老师很爱我，总是亲我。""我住院时，丁老师去看我。""在我不开心的时候，胡老师总会抱抱我。""韩老师打电话叫妈妈来接我。""利老师带我去她家玩。""游老师去过我家。""我尿了裤子，许老师会帮我换。""她经常对我笑，还经常弯下腰来跟我说话。"

不喜爱教师的理由：

"玉老师不爱我。""邓老师不喜欢我，还打电话叫我妈妈也不要喜欢我。""牛老师说，她不喜欢我，讨厌我！""曾老师没有抱过我。"

幼儿的心既是敏感脆弱的，又是最容易被打动的。因此，让他们爱上教师是很容易的一件事情，不需要大费周折或者百般讨好，不经意间的一个关爱的动作、一个关心的表情、一句关怀的话语就足够了。

### 案例2-16　从地狱到天堂

一位年轻漂亮的老师很不喜欢我，嫌我丑，嫌我脏，嫌我穿戴土里土气。我总是默默地看着她一会儿抱抱莎莎——莎莎的爸爸很有钱；一会儿抱抱艳艳——艳艳长得特别漂亮……我多么希望老师也抱我一下，亲我一下。于是，我鼓足勇气，怯生生地挨到老师身边，低声说："老师，您也抱抱我好吗？"谁料她却厌烦地一把将我推开说："去去，看你那两筒鼻涕，脏样儿！"

我幼小的心一下凉到冰点，认为自己是世界上最难看、最不幸的孩子。我放声大哭起来……

这时，另一位漂亮的、好心的老师快步来到我身边，抱起我，用她干净、柔软、带有香味的手帕给我擦眼泪、鼻涕，又抱我到她房间给我洗脸、抹香香、点胭脂、梳头、扎小辫子，然后抱我到镜子前，甜甜地亲一下我的脸颊说："看，励励是个多么漂亮可爱的孩子……"那时，我感到我是世界上最幸福的小女孩。

（周励，2003）

周励虽然年近五十了，但是她对自己在幼儿园里的这段生活经历仍然记忆犹新——第一位老师对她的伤害她没有忘记，第二位老师施予她的心灵安抚她心怀感恩、铭记在心。如果想做让幼儿永远心存感激的教师，就应该想幼儿之所想、急幼儿之所急——在幼儿遇到疑惑时，及时用温柔的话语提醒他；在幼儿感到自卑时，不忘记用他的"闪光点"燃起他的自信心；在幼儿感到痛苦时，尽量给予他温柔的抚慰；在幼儿不被小伙伴认可时，帮助他融入集体。只要能经常地给予幼儿贴心的帮助，我们一定会成为深受幼儿喜爱的教师。

## （一）关爱，应该成为幼儿园的一种内在文化

幼儿园应该是一个充满爱的地方。幼儿园里每一个人都应该发自内心地关爱周围的人、关爱一切生命，幼儿园里的每一个角落都应该充满着关爱的气息。在营造关爱氛围的过程中，园长、教师应起主导作用。因为富有爱心的园长才能营造出富有爱心的幼儿园，富有爱心的教师才能营造出富有爱心的班级，当然，在这样的环境里成长的孩子，才能自然地获得别人的关爱，同时也能学会关爱别人。

### 案例 2-17　心中的好老师

有一天，我的朋友张小莉生气地告诉我："我女儿在幼儿园里没有朋友。更可气的是，她的班主任不仅没有加以引导，反而在其他老师和家长面前说'随她妈妈'。"原来，张小莉和该班主任曾有过一次不愉快的合作，但是在孩子入园的时候，她考虑到该班老师的艺术技能比较好，同时相信该老师会对所有孩子一视同仁，可没想到……现在张小莉很后悔，她担心的不是孩子能否在幼儿园里学到技能，而是孩子会不会在这人生的第一阶段就对学习活动甚至人际交往产生恐惧和焦虑。

在为朋友感到愤愤不平、指责该老师缺乏职业道德的同时，我想到了我所在幼儿园某个班的两位老师。这两位老师都是聘用教师，虽然离人们心目中传统的幼儿园教师形象——能歌善舞——有一定的距离，但是她们对工作非常认真负责，对孩子也非常关心。她们每天都会热情地接待入园的孩子和家长。对那些因病没来幼儿园的孩子，她们也会及时地打电话，送去自己的关心和问候。尽管这个班的孩子在艺术方面的表现不是那么突出，但是他们在老师满满的爱意包围中生活得很开心。

这个学期，其中的一位老师生病住院了。她生病期间，该班的小朋友多次向家长提及"我们的老师病了""我们的老师在哪儿住院啊""得的什么病啊""我要买个西瓜去看看老师"等。这位老师康复返回幼儿园时，孩子们正在做操，看见该老师，他们都欣喜地向她招手。其中一个不善言谈的孩子走到她面前说："杨老师，你抱抱我，看看我有没有变重。"孩子们以自己的方式表达对老师浓浓的爱。同样在这个班，在一次"找朋友"的游戏活动中，扬扬小朋友找到了锴锴（一个新生），不是因为"他漂亮"，而是因为"他没有朋友"。该班小朋友的这些表现正是这两位老师的人格魅力在幼儿身上的延伸。让幼儿学会关心他人，其意义远胜过学会唱一首儿歌、跳一个舞蹈！

（摘自一位幼儿园教师的博客）

教师营造一种互爱的班级氛围、让幼儿学会关心他人，比教授幼儿知识、让幼儿获得认知上的发展更重要。一个称职的幼儿园教师不仅要有高超的教学技巧、娴熟的教学技能，更要有一颗宽容、体贴、关爱幼儿的心。教师只有以身作则关爱他人、发挥榜样的示范作用，才能在幼儿心中播撒关心他人的种子，也才能赢得幼儿的喜爱。

爱应该成为幼儿园教育的底色，没有了爱，幼儿园教育就失去了教育的基础，迷失了教育的方向。

### 1．关爱一切生命

这包括关爱每一个人，爱护一切花草树木，善待一切动物。在小朋友们面前，不要无情地消灭人类以外的其他生命体，比如消灭所谓的"四害"，可以采取驱赶的方式来减少它们对人类的伤害。当我们的爱博大到对自身以外的生命体进行关切时，爱才能真正成为幼儿园的一种文化。

### 2．关爱不仅要撒向远方，更要撒在眼前

许多幼儿园的关爱总是在远方——他们时常发动教职员工和孩子为福利院、敬老院、灾区、贫困山区献爱心，可是很少有幼儿园发动教职员工和孩子为本园、本班遭遇困难的孩子献爱心。只有幼儿真切地感受到其周围暖融融的爱时，关爱才能真正成为幼儿园的一种文化。

### 3．关爱应该成为每个人的一种习惯

我曾经在报纸上看到过如下的案例。

**案例 2-18　*无爱心的幼儿园***

在一个幼儿园里，年轻貌美的老师正和小朋友们玩"闯关"的游戏。"哎呀！"一个小女孩的尖叫声将大家的视线拉回现实。操场边上，一个手持拐杖的乞丐正一瘸一拐地向小朋友们乞讨。"行行好吧！行行好吧！"小朋友们惊鹿般地四散逃开，有的眼里还流露着厌恶与鄙夷。但那老人还是苦苦地乞讨着。"叮当"一声，一个男孩将刚拉开的易拉罐环扔进了乞丐手中的铁罐子里。年轻的老师远远地大吼一声："干什么？老头子出去！"老人惊恐地拄着拐杖，一瘸一拐地离开了。在幼儿园门口，园长皱起眉，声色俱厉地将乞丐驱逐了出去。门卫冲着乞丐的背影大声呵斥："下回再来，打断你的另一条狗腿！"幼儿园的铁门严严实实地关上了，小朋友们依然笑啊、闹啊……

关爱应该成为每个人的一种习惯，关爱不仅在幼儿园里，更在幼儿园外，只有教师在园里园外都表现出富有爱心时，关爱才能成为幼儿园的一种文化。也只有在这样的幼儿园里，幼儿才能真正体会到爱，他们也才会喜爱幼儿园和教师。

**4．师爱应该是神圣的和无条件的**

教师对幼儿的关爱应该是神圣的和无条件的，但我在幼儿园里却时常看到教师的爱"被收买了"。

### 案例2-19　被操控的师爱

一个漂亮的小女孩给两位老师带了两个苹果，她们高兴地抚摸她，还不停地说："真懂事！"我看在眼里，记在心里。平时她们对那个女孩就关爱有加，而且她参与各种活动和表现的机会最多，即使是做错了事老师也会原谅她。

一位网友时常给幼儿园老师送点礼物，每次老师都坦然、毫不客气地收下。"投桃报李"，他的孩子也受到了一些照顾。后来，她忙于工作，有一段时间没顾得上给老师送礼，某天孩子放学后很委屈地对她说："妈妈，老师现在对我不好了。"她听了心里很难受，赶紧买了礼物给老师送去，随之她的孩子就恢复了"待遇"。

与此形成鲜明对照的是，另一位网友的孩子在日本上幼儿园，老师把孩子照顾得无微不至。他回北京时，顺便给老师带了一点茶叶，可老师说什么也不收，并告诉他，照顾孩子是她的本职工作，心意领了，礼物坚决不能收，态度之坚决，让该网友非常感动。

师爱是神圣的，同时又是无价的，师爱不可以被收买，通过"交换"而显露出来的所谓的师爱，不是幼儿园精神文化所要彰显的关爱。

### 案例 2-20　*被私利左右的师爱*

赵老师从隔壁班一个小朋友的生日会上讨回半个蛋糕，对全班孩子说："你们看，老师这里有半个蛋糕。现在请女孩子们下一个'横叉'给新老师看，我就请你们吃蛋糕。"所有的女孩子都离开小椅子到圆圈中间下横叉，晓莉刚想下，就被赵老师制止了："晓莉，你不是舞蹈兴趣班的，你下不了，谁叫你不跟我学舞蹈，不跟我学我不请你吃。"晓莉马上低下头，默默回到位置，一声不吭，看到小伙伴们都吃上了蛋糕，眼泪在晓莉的眼眶里打转……

## 5．关爱应该发自每个人的心灵深处

幼儿园精神文化中的"爱"，不是反映在张扬的标语和口号上，而是反映在幼儿园全体教职员工和幼儿持有并发自内心地认同的价值观念和行为方式上。只有那些深入幼儿园每个人的心灵深处，并在他们的行动中自觉表现出来的爱，才能真正称得上是幼儿园的精神文化。我曾到过一所大门口写有"爱孩子是我们的天职"的幼儿园，见到一个男孩站在入口不远处大哭了20多分钟却没有人去关爱他：园领导匆忙地从他身边走过，不管他；老师们觉得不是自己班的孩子，也不理他；小朋友们走过的时候，对正在哭泣的小伙伴做鬼脸……这些都说明，爱，只是该园的一个标语和口号而已，而非幼儿园的精神文化。

谈到关爱要成为幼儿园的一种文化，我想起了作家龙应台采访过的瑞士的一所幼儿园——猫川幼儿园，该园经费短缺，教职员工的收入远远不及其他行业的从业人员。由于他们有设备、有专业人员、有品质，因此要求入园的孩子特别多。一般来讲，10个要求入园的孩子中只有1个会被接受。因为他们认为孩子的数目越少，得到的照顾越周全。那么，他们的接受原则是什么呢？那就是优先接受单身妈妈和移民的孩子。因为幼儿园认为，单身妈妈必须出去工作赚钱，孩子得有人为她照顾；移民家庭的孩子应该有一个学习语言的环境，免得孩子长大后因为语言的关系而受排挤，成为受欺负的下一代。令我感动的是，幼儿园这样做并不是出于外部的规定，而是园长很自然地认为：幼儿园本来就不是营利的地方，而是需要良心和爱心的地方。

我们现在太需要像猫川幼儿园园长这样拥有博爱精神的园长了。我深信，拥有博爱精神的园长平时一定会关爱教师、关爱孩子，进而孩子们也爱教师、爱幼儿园。

## （二）了解幼儿的"求爱"信号

每个幼儿都渴望得到教师的关爱，他们以获得教师的爱为荣。教师对他们爱的言行会让他们觉得自己是受教师喜欢和肯定的，这种认识会让他们变得更加自信和开朗，同时可以让他们更加安心地在幼儿园里学习和生活。但是，由于目前我国幼儿园的班级规模普遍较大，师幼比例严重超标，导致教师无法顾及所有的幼儿。这样，一部分幼儿就会觉得自己被教师忽视了。为了获得教师的关注和爱，他们会想出各种各样的方法。

### 案例2-21　天天给老师带糖吃

自由活动时间，范老师正在亲切地和琨琨聊天。这时，晗晗跑到范老师的面前对她说："范老师，你为什么喜欢琨琨而不喜欢我呢？"范老师非常惊讶："你怎么会这么认为呢？范老师喜欢琨琨，也喜欢晗晗呀。""可是，范老师从来没有和我聊过天。"晗晗委屈地说。真的是这样吗？范老师在脑海中努力地搜索着自己与孩子们交往的画面，可是怎么也搜索不到与晗晗亲密交往的场景——从未抱过她，从未跟她聊过天，从未拉过她的手，从未拍过她的肩……

想到这里，范老师感到十分内疚。她蹲下身，把晗晗抱了起来，对她说："晗晗，老师也非常喜欢你。以前老师忽视晗晗了，对不起！以后老师会注意的。"晗晗听后，开心地说："范老师，我明天要带糖给你吃。你天天喜欢我，我就天天给你糖吃！"说完，她还向其他小朋友表现出非常得意的样子。

### 案例2-22　等待老师的爱

离园时间到了，其他小朋友都被接走了，只有德明还恋恋不舍地停留在活动室的窗前不肯跟妈妈走。

我走过去，摸摸他的头，问他："德明，为什么还不走呀？"他羞涩地笑了笑没说话，而是躲到了妈妈的身后……

这时，德明的妈妈对我说："德明不想走，非要在这里等老师，希望老师能抱一抱他。这段时间每天回家后，他都提起您，说老师总是搂着小圆圆。他希望老师今天也能抱一抱他……"

（吴晓燕，2000）

有些渴望被教师关爱的幼儿，如案例中的晗晗和德明，会以直接的方式向教师提出被爱的请求、表达被爱的心声；还有一些幼儿则会采取一些"隐蔽"的方式：他们会向教师发出"求爱"的信号，暗示教师关注自己、关心自己。这些"求爱"的信号主要有：

### 1."假无能"

"假无能"，是指幼儿突然"丧失"一些本来早已掌握的能力（如独立吃饭）和技能（如写字、画画）。有的幼儿甚至退回到"无能的婴儿期"，他们会说"我太小，我什么也不会"。其实，这种"无能"只是幼儿寻求教师关爱的一种表现。

莎莎今年5岁了。她在3岁多时已经会独立吃饭了，并且吃得又快又好，但是现在她变得"不会吃饭"了——不仅吃得很慢，而且撒得到处都是饭菜。最后，老师忍无可忍，只好每餐都喂她……

### 2."假生病"

"假生病"，是指幼儿本来没生病，却声称自己生病了，甚至装得很逼真。幼儿之所以这么做，是因为他们知道，一旦自己"生病"了，教师就会放下手中的工作来照顾他们、呵护他们。因此，"假生病"也是幼儿寻求教师关爱的一种表现。

### 3．故意捣乱

故意捣乱，是指幼儿在活动中一会儿站起、一会儿发出怪叫、一会儿又去打扰其他小朋友的学习或者活动的行为。故意捣乱往往是幼儿处心积虑地想引起他人的关爱,特别是想获得教师关爱的一种"伎俩"。

在一般情况下,幼儿会采用自我表现等积极的方式来引起教师的关注,获得教师的认可和表扬。但是一旦发现这种方式没有引起教师的关注,他们就有可能产生自卑、抵触等负面情绪,进而做出一些在成人看来异常"怪诞"的举动,如上述的"假无能""假生病"和"故意捣乱"。目的是给教师发出这样的"信号":我不想被冷落。

当幼儿出现了上述三种问题行为时,首先,教师要学会忽视,责备或者过分关注只会强化幼儿的这些负面行为。当这些行为没有达到预想的效果时,他们也就失去了将这些行为持续下去的动力。其次,教师要经常反省:自己是不是真的忽视这些幼儿了?如果是,就要给予他们适当的、合理的关注。

### 4. 明知故问

明知故问,是指幼儿明知教师在干什么,却还是不停地询问。一位幼儿园教师在教育日记中写道:

> 当幼儿园教师久了,会经常遇到这样的事情:当你在给小朋友梳头时,会有孩子天真地问:"老师,你在干什么?"当你在写字、画画时,会有小朋友跑过来探个究竟:"老师,你在干什么?"当你正忙着给小朋友们准备点心或者削水果时,也会有小朋友凑过来关心一下:"老师,你在干什么?"……
>
> 想到自己这么忙,小朋友还来添乱,你可能会没好气地说:"你没有看见吗?还要问?!"言下之意是你没时间搭理他的这种"明知故问",这时小朋友可能会一脸无趣地走开。

"明知故问"也是幼儿发出的想主动亲近教师、想获得教师关注的一种"信号"。教师如果没有接收到或者没有正确解读这种信号,便会在无意中伤害幼儿,他们下一次就不会再对教师热心了。

当幼儿明知故问的时候,教师应该如何应答呢?或许可以这样说:"你是个聪明的孩子,请你再仔细看看老师在干什么,然后告诉你的好朋友,好吗?"或者也可以这样说:"你想过来帮老师的忙,是吗?"然后,给幼儿布置一些诸如拿东西、捡东西、叫某某小朋友过来之类的看起来微不足道却让他们觉得自己备受重视的任务。教师这样做,既可保护幼儿的自尊心,又能满足幼儿的情感需要。

## (三)爱要公平,让爱的阳光照耀到每个孩子的心田

### 1."能干"的孩子也需要教师的关爱

讲一个我女儿成长中的故事。

为了方便梳理,我们给刚入幼儿园的女儿剪了个短发,可是1个月后,当我们想再给女儿剪短发时,却被她拒绝了。我问女儿为什么要留长发,女儿说:"留长发,老师就会在我起床后帮我梳头,帮我扎头发。""我现在剪短发,起床后,老师不理我,只顾帮其他小朋友梳理头发。"

女儿刚去幼儿园时,吃饭吃得又快又好,因而放学时经常能得到小红花。可是后来,她却吃得越来越慢……。我们问她原因,她说:"我想老师喂我吃饭。"原来如此!女儿上园不久就发现,老师会哄着、逗着吃得慢的小朋友吃饭,对此她很羡慕,为了得到老师的逗和哄,为了和老师亲热,女儿采取了"慢吃"策略,因而她也得到了老师的关爱。虽然我们多次批评她吃得慢,但她总是不以为然地说:"我就是吃得慢!"

所有的孩子都希望得到教师的关爱,"能干"的孩子也不例外,对"能干"的孩子有意无意的疏忽,很可能会让孩子产生心理上的不平衡,甚至导致孩子行为上的"退化"。

### 2.偏爱不利于幼儿心理的健康成长

偏爱是指教师不能把爱公平地撒向每一个幼儿、厚此薄彼的一种情感偏向。偏爱导致教师对不同的幼儿采取不同的态度和不同的教育行为,而这些

又影响着幼儿心理的健康发展。

在幼儿园见习时,我就曾见到过几个平日受到教师冷落的孩子围攻一个得到教师过分宠爱的孩子。我问那几个孩子,为什么要围攻人家。他们的回答很干脆:"谁叫老师那么喜欢他!"——这都是教师对幼儿偏爱所造成的恶果。类似的事件还有很多,如,在幼儿园里,我们时常可以见到被教师冷落的孩子通过偷取或毁坏教师偏爱的孩子的物品来求得心理上的平衡。我想,教师的偏爱对所有孩子的心理健康发展来说都是不好的。

教师的偏爱不仅会使被冷落的孩子产生心理异常,同时也会使受宠爱的孩子在心理发展上出现偏差。比如,在我曾经见习过的中班里,有一个特别调皮的小孩,他喜欢跟别人争吵,还经常违反课堂纪律,教师多次警告他,他都熟视无睹。是什么原因使这个孩子变成了这样呢?经过了解,我们才知道,原来该班的保育员是他姑姑,犯错误有人"撑腰",所以他才有恃无恐。我们不禁要问,这是在爱孩子吗?这分明是在害孩子呀!

由于偏爱而导致教育行为失当,进而影响孩子心理的健康发展,是十分普遍的。例如,有个幼儿在跳舞、弹琴、讲故事方面的表现都很突出,为教师争得了不少荣誉,教师很喜欢她。有一次,那个孩子和别的孩子意见不一致,骂了粗话,教师不但不批评她,反而责怪其他孩子为什么不听她的话。又如,受教师喜欢的丁帆把小智弄哭后先去告状,说是小智先打他的。听完丁帆的诉说后,教师不分青红皂白地把受了委屈的小智批评了一番。而孩子们的眼睛是雪亮的,觉悟也很高,其他知道真相的孩子争先恐后地帮助澄清事实,教师却听不进去,对孩子们说:"那你们就别惹他!"……

教师应该明白,偏爱对所有的孩子都是一种伤害!为了孩子心理的健康发展,我们应该公平地关爱每一个孩子——不管他们的个性如何、长相如何、能力如何、社会背景如何,他们都是祖国的未来,都需要我们的关爱!

为了让每个幼儿生活得安心,我们应该努力给予每个孩子公平的爱,让孩子们在爱的沐浴下健康快乐地成长。

### 3. "不可爱的"幼儿也需要教师的关爱

我们在调查中问幼儿"老师最喜欢班上哪些小朋友,最讨厌班上哪些小朋友"时，很多幼儿能毫不犹豫地说出被老师喜欢的幼儿和被老师讨厌的幼儿的名字。当问到"为什么老师最喜欢他们"时，幼儿回答说，因为他们"乖""听话""睡觉很安静""吃饭吃得快、吃得好""跳舞跳得好""长得漂亮""爱学习""不与其他小朋友吵架"等；当问到"为什么老师最讨厌他们"时，幼儿回答说，因为他们"不乖""不听话""喜欢打人"等。

从幼儿的回答中可以了解到：其一，教师尽管在观念上可能已经认识到要平等地对待每个幼儿，但是在教育实践中，在对待幼儿的态度上却明显地表现出自己的好恶。他们更喜欢那些"可爱的"，即聪明乖巧、长得漂亮、能力强的幼儿，讨厌那些"不可爱的"，即调皮捣蛋、不听话的孩子。其二，从教师的日常言行中，幼儿已经认识到怎样才能做一个让老师喜欢的孩子。那么为什么他们做不到呢？一是幼儿的心理发展还不成熟，不能有效地控制自己的行为；二是某些被老师喜欢的特质，比如长相，是先天决定的，后天无法改变。因此，我们要怀有一颗宽容之心，要用"可爱的"眼光看待那些"不可爱的"幼儿；更要有一颗关爱之心，用表扬的话语、微笑的表情、亲昵的拥抱感动幼儿、教育幼儿。

### 案例 2-23　来，让老师抱抱你

下课后，我抱着梦叶小朋友逗她玩。梦叶是个很讨人喜欢的小姑娘，既聪明文静，又漂亮可爱。正玩得开心，我无意间瞥见曹星星小朋友正静静地站在旁边看着我们，一脸的羡慕。

曹星星平时上课不守纪律，下课到处乱跑，非常调皮。说心里话，我不大喜欢他，更别说抱他了。现在看他那眼巴巴的样子，一定也想让我抱抱他。我为什么以前就没想过要抱抱他呢？就因为他上课不守纪律、调皮吗？作为教师，我们应该无条件地关爱每一个孩子。想到这里，我连忙放下梦叶，走到曹星星身边蹲下，亲切对他说："来，让老师抱抱你。"他听后马上开心地张开双臂，坐到我的腿上，我边抚摸着他的头，边和他聊起来。

这一天，曹星星表现得特别好。离园时，望着他那欢快的表情，我禁不住再次提醒自己：平等对待每个孩子，让孩子们在幼儿园的生活充满阳光。

往后的日子,我经常对孩子们说那句话——"来,让老师抱抱你!"

(摘自一位幼儿园教师的教育笔记)

一个"紧紧的拥抱"让一个调皮的小朋友一整天都表现得出奇的好。可见爱的力量是多么神奇!可见这些"不可爱""不起眼"的孩子是多么渴望得到教师的关爱!希望教师在教育教学活动中能够经常"抱抱""亲亲""摸摸"那些"不可爱"的孩子。

**4. 特别的关爱送给"特别的幼儿"**

前面提到,不要偏爱幼儿。但是有时候一些处境特别的幼儿确实也需要教师特别的关爱。如,一位老师有一次跟我讲起她是如何对待班上的小朋友的:有个单亲家庭的孩子,她妈妈总是没时间、没心情亲近她,所以老师就有意识地每天花一点时间把那个孩子抱在怀里,有时是讲一个故事,有时是带她唱一首歌;还有一个刚刚从边远山区来的孩子,讲的话谁也听不懂,没有小朋友跟他玩,老师就先教了他几个班上小朋友最喜欢的游戏,让他能尽快地和小伙伴们玩到一起。

对于这些特别的孩子,教师不仅要特别关爱他们,也要发动其他孩子一起去关爱他们。因为这种特别的关爱不仅对被关爱孩子的健康成长有利,对其他孩子的健康成长也是有利的。

**(四)每天都让每个幼儿感觉到教师对他的关爱**

**案例 2-24　老师不爱我了**

一向喜欢上幼儿园的晓玉突然不想上幼儿园了,妈妈问她:"怎么不想去幼儿园了?"晓玉回答说:"老师不爱我了。"妈妈经过细问才了解到:原来昨天晓玉上幼儿园时,老师因为忙于其他的事而忘记了对她微笑,她就认为老师不爱她了。

幼儿对教师的关爱是敏感的,每个孩子都渴望教师的关爱,因此,教师

对幼儿的爱不能仅仅埋藏在心中,而应每天都以幼儿能感觉到的方式对每个幼儿明确地表示出来:

**1. 通过亲密动作表示对幼儿的关爱**

能让幼儿感受到关爱的动作有:拍一拍他的肩膀,摸一摸他的额头,抱一抱他,亲一亲他的小脸,拉一拉他的小手,微笑地看着他,当他完成一项具有挑战性的任务时对他竖起大拇指。

建议:每天早晨安排一名教师在班级活动室门口迎接每个幼儿的到来,在迎接幼儿时尽可能高兴地和每个幼儿说说话,并且配以一些表示爱的亲密动作。

### 案例 2-25　拥抱会让孩子心满意足

我在幼儿园见习时曾听到一位教师介绍,她为她们班的孩子设计了一个特别的游戏:她告诉小朋友们,如果哪位小朋友需要别人抱抱心里才好过,只要走到老师的面前说:"老师,今天你抱过我了吗?"老师就会伸出双手抱住他。然后师幼紧紧拥抱,心里一起数数:"1、2、3……"这位老师还说:每次小朋友们离开她的怀抱,都是心满意足的。

如果幼儿能够在这种师幼间亲密的、充满爱意的气氛中度过每一天的生活,那么相信他们对自己、对教师甚至对整个世界都会感到安全和满意。

### 案例 2-26　让世界充满爱

有一位老师为了稳定新入园幼儿的情绪,在幼儿入园的前3个月中,每天早上迎接幼儿时都和他们玩一个"猜数字"的游戏。游戏是这样进行的:

幼儿走进教室时,双手握拳、伸直双臂跑向老师,对老师说:"你猜猜,今天我给你带了几块'糖'?"老师会说出一个数字,接着幼儿会说:"不对。"他们会一直玩这个猜数字游戏,直到幼儿说:"是的,我今天给你带了4块糖。一块在我的鼻子上(老师会轻吻他的鼻子),一块在我的耳朵上(老师会轻吻他的耳朵),一块在我的脸上(老师会轻吻他的脸颊),最后一块正好在我的头发上（老师会轻吻他的前额）。"

幼儿的健康成长需要教师的亲密拥抱，这样可以让幼儿感觉到教师的关爱，进而感觉到幼儿园的温暖。

**案例 2-27   富有爱意的点名**

为了能在点名的过程中和小朋友们拉近距离、增进感情，我决定以游戏的方式点名。

晨谈时，我先让全班幼儿围坐成一个大圆圈，然后用清晰、温柔的声音问他们："××，你在哪里？"（这种刻意寻找的语气特别能让幼儿感受到教师在关注他。）继而鼓励被点到的幼儿大声回答："袁老师，我在这里。"幼儿回答完毕之后，我会冲他微笑着点点头或者伸出手去摸摸他的头，然后根据这个幼儿的性格、能力、爱好特点，提出各种问题，如"今天早饭吃了什么？""谁送你来幼儿园的？""有没有让妈妈抱呀？""你喜欢哪些动物？""昨天老师给你讲了什么故事？"等。

（高美娇，2004）

这种伴随着教师亲密动作和关爱语言的点名方式，使整个点名过程活泼亲切，充满浓浓的亲情，并且让幼儿感觉到了教师对他们的喜爱。

### 2. 通过语言表示对幼儿的关爱

幼儿教师可以通过以下语言来表示对孩子的爱：

◆ 关心幼儿心情的语言："某某小朋友今天怎么没有看见你笑呀，是不是有什么不愉快的事情？跟老师说说好吗？""今天有什么高兴的事？能不能说出来让我听听？""能不能告诉老师，昨天晚上在家里有什么高兴的事情？""你心里很难过，愿意跟我谈谈吗？""别担心，我来陪你。"

◆ 关心幼儿日常生活的语言："你喜欢跟班里哪些小朋友一起玩？为什么？""轻轻地吹一吹再喝。""还有时间，慢慢来，你今天真能干，可以自己吃完饭了。""再试试，将旁边的衣服塞进去就整齐了。""要换牙了吗？吃慢点儿，换个位置嚼可能会舒服些。"

◆关心幼儿进步成长的语言："做了错事没关系，改正了就是好孩子。""你又改正了一个小缺点，老师真为你高兴。""别着急，你一定能学会的。"

### 3. 时常检视自己

教师时刻要有关爱的意识，不断反思自己的关爱是否到位并及时抓住机会对幼儿表达关爱。

◆某某幼儿今天生病没有来园，晚上给他打个电话……

◆今天还没有和某某交流过，过去和他说几句话或者拉拉他的手、抱一抱他……

◆某某幼儿两天没来幼儿园了，打个电话问候他。

◆某某幼儿一个星期没来幼儿园了，去他家看看。

◆我昨天好像没和这个幼儿说过话，现在过去和他说一说。

### 4. 批评中的爱要让幼儿感受得到

**（1）不要对幼儿说"老师不喜欢你了"**

无论幼儿犯了多大的错误，都不要对幼儿说："老师不喜欢你了。"否则，幼儿就会认为你真的不喜欢他了。请看下列案例：

**案例 2-28　等待老师的爱**

今天户外游戏活动时，小朋友们玩得正高兴，忽然听到薇薇小朋友的哭声，我赶紧走过去询问。原来是"调皮鬼"航航抢走了薇薇的木马。我拉过航航对他说："你抢别人的东西，以后老师和小朋友都不喜欢你了。"然后，我又安慰了薇薇几句，小朋友们便各玩各的去了。

一天的活动结束了，离园时间到了，小朋友们都由爸爸或妈妈带着高高兴兴地走了。航航慢腾腾地走向妈妈，还一边走一边回头看我，我向他挥了挥手说:"航航再见。"他却跑回来认真地问我:"张丽丽老师,你还喜欢我吗?"我说:"喜欢呀,老师一直很喜欢你的。"听了我的话,他才一蹦一跳地跟着妈妈走了。这时我恍然大悟,原来是户外游戏活动时我不经意的一句话他还记在心上。

因为教师不经意的一句"以后老师和小朋友都不喜欢你了",航航郁闷了一整天。如果幼儿没有胆量与教师沟通验证,那么,在整个幼儿园阶段他都有可能在忧郁中度过。请看下列案例:

**案例 2-29　老师不喜欢你这样的孩子**

一天,利老师在上数学课,小松不仅不认真听课,还在下面讲话,利老师就提问他:"小松,池塘里 3 只小鸭子,又游来了 2 只,现在池塘里共有多少只鸭子?"小松站在那儿答不出来,羞得满脸通红。利老师就脱口而出:"上课不认真听课,从明天开始你就不要来幼儿园了,老师不喜欢你这样的孩子。"第二天小松照常来幼儿园,有些小朋友就取笑他:"老师不是让你不要来幼儿园了吗,你干吗还来?老师又不喜欢你,厚脸皮……"说得小松头都不敢抬了,也不再和其他小朋友说话、玩耍了……

教师公开说不喜欢某某小朋友,即使本意不是这样,也会让被点名的幼儿和其他幼儿认为教师真的不喜欢某某小朋友了,这样会让幼儿在"失爱"的同时还倍感压力,对其心理的健康成长极为不利。

其实,教师说"我不喜欢你了"的真正含义是"我不喜欢你这样做""我不喜欢你做这样的事",而不是真的不喜欢这个孩子了。因此,在批评幼儿时,语言表达一定要准确,免得幼儿产生误解,影响他们的心情,甚至影响他们的发展。

### （2）掌握批评中爱的技能

**案例 2-30** **李老师，你还喜欢我吗？**

有一天，幼儿园放学了，晓明已经和妈妈走到幼儿园大门外了，但他就是不肯离开。妈妈问晓明："为什么还不肯走？"晓明回答说："我要在这里等李老师。"妈妈又问："为什么要等李老师呀？"晓明很坚决地回答说："我就是要等李老师！"妈妈只好留下来和晓明一起等李老师……等了近20分钟，李老师终于出来了。远远看见李老师，晓明就喊："李老师，你还喜欢我吗？"李老师被问得莫名其妙。最后李老师想起来了，下午晓明因恶作剧被她狠狠地批评了一顿。

由于经验的影响和能力的限制，许多幼儿认为：被老师骂了，被老师批评了，老师就不喜欢他了。在幼儿的观念里，被老师批评等同于老师不喜欢他——老师喜欢他的话就不会批评他，更不会骂他。

因此，教师在批评幼儿时，要努力让幼儿感受到批评是基于爱的。为此我们给幼儿园教师的建议是：

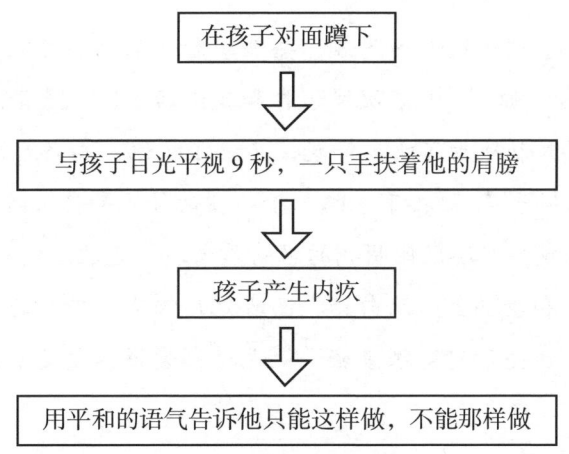

**基于爱的批评流程图**

让幼儿园处处充满爱，让幼儿时时感受爱，那么，幼儿园就会成为幼真正向往的乐园。

### （五）爱要持之以恒

**案例 2-31　执着的爱感动孩子**

嘉嘉是我班新来的一个孩子，性格倔强，不喜欢与人打招呼，总是独来独往。每天早晨，见到他来园，我都会微笑着对他说："嘉嘉，早上好！"可他却对我不理不睬。

时间一天天过去，嘉嘉的爸爸灰心了，说："老师，别费心了，我这'哑巴'儿子，你别理他算了！"但我仍然坚持每天早晨主动向他问好，平时也给予他很多的关心和鼓励。

一天午睡起床时，我发现嘉嘉在穿裤子的时候遇到了困难。他先穿上里面的裤子，然后开始穿外裤。可当他把外裤穿好后，里面的长裤子却全卷到大腿上了，怎么拉也拉不下来。看到这种情况，我走过去，亲切地对他说："我帮你好吗？"边说边帮他脱下外裤，然后教他先用袜子套住里面裤子的裤脚，再穿外裤，这样，里面的裤子就不会卷到大腿上了。他按我教的方法穿好了裤子。

……

终于，在一个栀子花开的早晨，嘉嘉拿着一朵小小的栀子花，跑到我跟前说："老师，送给你！"小家伙终于肯和我说话了，他是借着这朵小花向我敞开了心扉。我激动地吻了吻栀子花，又吻了吻他，高兴地说："谢谢你，嘉嘉！哇！好香的栀子花。"接下来的日子，嘉嘉每天早晨入园时都会带一朵小小的栀子花送给我，然后用他明亮的眼睛看着我，羞涩地叫一声"老师"，平时他也会跑过来和我说上一两句话，而我则用惊喜、赞赏的表情回应他。渐渐地，嘉嘉和我的关系变得很亲密，他也变得爱说、爱笑了，也爱和同伴交往了。

（高美娇，2004）

师幼之间的互爱行为，可以由幼儿发起，也可以由教师发起。当幼儿对教师还缺乏爱的时候，教师有责任和义务不断地向幼儿发出爱的信息，以持之以恒的爱赢得幼儿对教师的爱。教师绝不能因为幼儿的"无情""冷漠"而放弃关爱幼儿的责任和义务。

幼儿园教师要相信，坚定不移的爱定能感动幼儿并最终赢得幼儿的喜爱。

### （六）家庭应该是一个充满爱的地方

家庭应该是一个充满爱的地方，父母爱长辈、爱孩子，孩子爱父母并能感觉到家庭的爱和温暖。父母的爱对孩子的健康成长很重要，因此，我们可以向家长提出如下建议：

◆ 工作再忙，也要安排时间陪孩子玩、陪孩子说说话；
◆ 保姆、玩具、电视、电脑、电子游戏、宠物等不能代替父母的作用；
◆ 出差在外，要记得经常给孩子打电话表示对他的爱与关心；
◆ 去外地出差，要记得买点小礼物给孩子——让孩子觉得你心中有他；
◆ 爱要大声说出来、要有所表现，如给孩子拥抱、爱抚，哪怕是轻轻地拍拍头、拍拍肩膀或拉拉手也可以；
◆ 父母感情不和，但对孩子的爱应该不变，并且父母要告诉孩子，父母虽然感情出了问题，但还是非常爱他的；
◆ 父母离婚后，抚养孩子的一方要告诉孩子，父亲（或母亲）仍然深爱着他，同时教育孩子要关爱不直接抚养他的父亲（或母亲）；
◆ 在家庭中形成关爱社会弱势群体的倾向，如给面临困境的人（如乞讨者）提供帮助；
◆ 帮助一名贫困地区贫困家庭的儿童——为他送衣物、送学费，让孩子与其通信沟通，有机会带孩子去探望他；
◆ 不管哪里发生大的天灾，都带孩子为灾民捐点钱物，让关爱成为家庭的一种习惯。

**案例 2-32**　*爱孩子是无条件的*

国外有一个4岁的小孩，他父亲长期吸毒，母亲因此被气死了。后来，他父亲又因酗酒去世。孩子只能在福利院里生活，但他长大后成为了商业精英。当记者问童年生活给他留下了什么样的阴影时，他却说："没有。其实，我一直觉得自己很幸福。"

原来，这个孩子的父亲虽然吸毒又酗酒，但他每天一定要做一件事情，就是在孩子临睡前亲吻和拥抱孩子。

（杜红梅，2007）

不管家庭发生什么变故，也不管自己做了什么事，我们对孩子的爱应该是不变的，这是最基本的人性。

幼儿园里要有爱，家里也要有爱，要让幼儿沐浴在爱的阳光下健康成长。

## 三、让幼儿过一种有尊严的生活

幼儿年龄虽小，但同样有做人的尊严，同样希望被他人尊重，特别是希望得到教师和同伴的尊重。

尊重幼儿，也是教师获得幼儿喜爱、感激和尊敬的一个重要因素。在日常生活及教学活动中，教师能否让幼儿在幼儿园里过一种有尊严、有面子的生活，是决定幼儿对教师喜恶的一个重要因素，请看下面的案例。

**案例2-33　为孩子保面子而获得感激**

一天，我正在上课，忽然发现辰辰涨红了脸，手指不停地搓着衣角。"哎呀！"我暗叫不好，"她又尿裤子了，怎么办，停下课给孩子换裤子？不行，众目睽睽之下，她会觉得'出丑'了。"我与配班老师"暗号联系"后，便顺手拿过身边的腰鼓故作神秘地说："我和小朋友们玩个游戏，大家快快闭上眼睛，我敲五下鼓，我们班就会有一个小朋友被变'没'。"孩子们好奇地闭上眼睛，我敲着鼓，孩子们数着"一、二、三、四、五"。"五"的话音刚落，孩子们就睁开了双眼。"看，谁不见了？"我看着辰辰的位子问。

"辰辰不见了？真奇怪！"

"啊！我也想被变没。""她到哪里去了？"孩子们七嘴八舌。

"辰辰，快出来让小朋友们看看！"换了一条干净裤子的辰辰从帘子后面走了出来。孩子们鼓起掌来。在欢乐的游戏氛围中，原本不知所措的辰辰也被感染了，笑成了一朵花。

从此，辰辰见到我时总是用充满感激的目光看着我。

辰辰尿裤子后最希望的就是将她的这一"丑事"捂住——不让任何人知道，特别是不让小伙伴们知道，否则小伙伴们会笑话她，她会觉得很没面子。教师了解并满足了辰辰的需要，在发现辰辰尿裤子后，不但没有张扬，反而通过"高超的手法"保护了辰辰的隐私，让她在小伙伴面前保住了尊严，因此，教师也赢得了孩子的感激和尊敬。教师的这种保护孩子尊严的意识和做法值得肯定。

另外，孩子担心因犯错误而被小伙伴取笑，这说明该班相互尊重的氛围不够好。如果孩子"尿裤子"了，就算小伙伴们都知道了，也不会取笑，这才说明孩子们学会了尊重别人。

尊重不仅意味着教师对幼儿的尊重，更意味着幼儿相互之间的尊重，意味着幼儿学会了尊重别人，特别是尊重那些"犯错误"的人。

在幼儿园见习时，我曾遇见这样一件事：

### 案例 2-34　因自尊受损而怒发冲冠

因带班老师忘了提醒，午睡时小韬又尿床了。起床时间到了，小朋友们纷纷起床穿衣服，却见带班老师气冲冲地把还在熟睡的小韬拉起来骂："你怎么不知道起来上厕所；老师不叫你，你自己就不知道起床去尿尿吗？！又尿床了，真讨厌！"

后来，所有的孩子都进活动室了，老师大声地在全班小朋友面前说："今天'癞尿虫'又尿床了，我们来羞一羞他。"然后，其他小朋友齐声喊："癞尿虫，癞尿虫，不知羞！"……

小韬在下面气鼓鼓地站着，双手攥着拳头，小脸涨得通红……

后来，许多小朋友都用"癞尿虫"来称呼小韬，这令他很难堪，有时气愤不过，听到谁这样叫他，他走过去就是一拳……

小韬"犯错误"，本来特别需要尊重，可是，教师不仅没有给予小韬应有的尊重，还发动全班幼儿来羞辱他，这怎能不让小韬感到愤怒呢？失去了尊严，使得小韬恨幼儿园的老师，恨幼儿园的小朋友，甚至恨整个世界！

因此，在平时的教育教学活动中，教师应关注并努力满足幼儿的尊重需要，让幼儿过有尊严的生活。

### （一）营造一种相互尊重的氛围

在幼儿园里，教师应该营造一种相互尊重的心理氛围，相互尊重的理念应该深入每个人的心灵深处，幼儿园的领导与领导相互尊重，领导与教师相互尊重，教师与教师相互尊重，教师与幼儿相互尊重，幼儿与幼儿相互尊重，教师与幼儿家长相互尊重……相互尊重应该成为幼儿园的一种内在文化，幼儿园里的领导、教师、幼儿随时随地都能发自内心地、自然而然地表现出对他人的尊重。在这种相互尊重的文化氛围中生活的孩子，自然而然就学会了尊重别人，同时也获得了他人的尊重。

在这样的环境里，尊重别人是无条件的。一个人不管出身如何、性别如何、性格如何、家庭经济条件如何、家庭社会地位如何、漂亮与否、可爱与否、聪明与否、犯错误与否、听话与否、才能高低、缺点多少，都应该无条件地受到尊重。教师要无条件地尊重每一个幼儿，幼儿也要无条件地尊重每一个小伙伴，包括尊重他们的缺陷和不足。为了在班级里营造一种相互尊重的氛围，应该注意以下几点：

**1. 教师要做尊重他人的模范**

幼儿是好模仿的，模仿是幼儿学习和发展的一种重要方式。教师要模范地尊重每一个人，包括尊重自己、尊重同事、尊重家长、尊重每一个孩子，这不仅会让幼儿感受到被尊重，同时也会让幼儿受到潜移默化的影响，进而形成尊重自己、尊重别人的意识和行为。据我了解，幼儿园里许多尊重别人与不尊重别人的事情，都是由教师引起的。请看以下案例：

### 案例2-35　大家羞一羞他

上课时，小牛犯了错误，当班的张老师就把小牛拉到讲台前，对其他小朋友说："今天小牛不乖，大家羞一羞他。"于是，孩子们用手比画着羞辱小牛。接着，张老师又大声地对小朋友们发出号召："大家不要他了，叫他出去。"接着，所有的小朋友异口同声地吼道："出去，出去！我们不要你了！"最后，张老师把小牛拖出了活动室。

这样公开羞辱孩子的事例时不时会在幼儿园里见到，特别是在素质低下的教师所带的班级中，这种现象特别常见。

### 案例2-36　怎么又尿湿床铺了

贾老师发现胡鹏小朋友尿床后，对胡鹏大声咆哮："中午睡觉前不是叫你尿尿了吗？怎么又尿湿床铺了？你怎么这么笨？上课不会回答问题，也不会做作业……"胡鹏满脸通红地站在那里，想哭又不敢哭，周围的小朋友都捂着嘴偷笑。

教师是幼儿成长中的重要他人，教师对待别人的一言一行、对待别人的态度，都会直接或者潜移默化地对幼儿产生影响。幼儿犯错误不但不应成为教师不尊重他们的理由，而且犯错误的幼儿更加需要教师和同伴的尊重。

为了能给孩子们树立尊重自己、尊重他人的榜样，教师应该以下列问题来反思自己的实践：

★保育员刚刚拖过教室里的地板，地板有点湿滑。你提醒孩子们：地板比较滑，请不要在教室里乱跑和打闹。可是，小双和大双就是不听你的话，结果在教室里疯跑时她俩狠狠地摔在了地上。所有的孩子都笑了，请问，你笑还是不笑？

★ 有孩子报告班里一直比较调皮的孩子又犯错了,你是不是连问也不问直接就把孩子拎出来开始数落,然后还会说"我不要你了,你走吧!来,小朋友们,我们一起来把他送走,我们不要他了"?

★ 在集体教学活动中,你向某个孩子提问,当他回答的不是你想要的答案时,你是否会立即打断他再让别的孩子回答?

★ 玩建构游戏的时候,孩子请老师欣赏他搭建的作品,你会不会看了看说"你搭的什么呀,一点都不像"?

★ 罗老师总是抱怨地说:"我们班的王强'1+1等于几'都还不懂,真伤脑筋!"谭老师说:"真的啊?!那么笨?!"你会像这两位老师一样评价幼儿吗?

★ 下列现象中有你的影子吗?

◎ "老师我想帮你做事。"孩子兴高采烈地说。老师质疑地回应:"你?不行!"孩子黯然低头离去。

◎ "学了这么久,你还不会?你真是个榆木脑袋!"

◎ "你简直是个废物。""你的脑子是猪脑子!""你真是不可救药!""我现在都成养猪专业户了,教了你们这群蠢猪!""我当那么长时间的老师,还真没见过像你这么笨的小孩,真是笨得没治了。""什么坏事都有你,你真是坏透了!""你爸你妈是近亲结婚吧!"

◎ "你真笨,这点小事也做不好。""你又做错事了。""你把我的脸都丢光了!""就你给班级丢脸!""我一看见你就不高兴。"

◎ "我说不行就不行。""你给我去做。""不许你说不行!""闭嘴!你怎么可以不听我的话?!""不许哭!""不许……"

◎ "我对你完全失望了。""对你我没法管了!""你真是笨得没法教了。""你真是笨得没治了!"

◎ "你将来肯定没出息!""你要是能学好,太阳会从西边出,公鸡会下蛋。""你一辈子都不会有出息!""这孩子不是读书的料。"

◎ "傻瓜。""没用的东西。""人渣。""蠢猪。""神经病。""坏蛋。""笨蛋。""讨厌。""白痴。""别给脸不要脸。""你连猪都不如。""吃人饭,不干人事。""整天跟白痴似的。""你怎么这么笨啊!""告诉你多少遍了,你就是记不住,没长脑子啊?脑子进水啦?""我说话你听见没有,没长耳朵啊?"

◎ "亏你想得出这种蠢办法,你可真聪明!""你画的什么破画啊,简直就是四不像!""就你五音不全,还想当歌唱家,门儿也没有!""你看看,数学这么差,钟帆比你强多了!这辈子我看你是学不好了,长大后只能当清洁工了。"

★你更像是A老师,还是B老师?

A老师:"做错事情不要紧。"
B老师:"再犯错误就不要你了。"

A老师:"对不起,老师讲错了!"
B老师:"你懂什么,老师还会讲错吗?"

A老师:"别着急,你一定能学会的!"
B老师:"别人都会了,你怎么还不会?你真是愚笨透顶!"

A老师:"你真爱动脑筋,能发现这么多问题。"
B老师:"烦死了,就你问题多。"

A老师:"我知道你能和大家一样遵守纪律。"
B老师:"就你管不好自己!"

A老师:"每样菜都有营养,吃了这些菜身体好。"
B老师:"就你挑食!你不吃完这些菜,我叫你妈妈今天不来接你了。"

A老师:"闭上眼睛,你一会儿就睡着了。"
B老师:"不睡觉,下午别起床了。"

A老师:"没关系,老师帮你换上。"
B老师:"谁叫你把小便尿身上的?"

A老师:"如果你能把东西收回原处就好了。"
B老师:"你总是丢三落四,你太笨了。"

A老师:"讲脏话可不礼貌喔。"
B老师:"谁教你讲的,嘴巴这么臭!"

尊重应该渗透在日常的一言一行之中,尊重应该成为一种习惯、一种内在素养。我很欣赏这样一句话——"别人尊重我们,不是因为我们优秀,而是别人优秀!"。优秀的人总是尊重别人,尊重是优秀者的一种品质。希望教育者都能成为优秀的人,更希望在我们潜移默化的影响下,孩子们都能成为尊重别人的优秀的人。

### 2. 教导幼儿不要取笑他人的"不幸"

引导幼儿,在别人遭遇"不幸"(如比赛失利、不慎跌倒、遭到批评等)时要尊重别人——不仅不应取笑,还要关心、同情甚至帮助别人。例如,有一天,一个小朋友走路时不小心摔倒在地,教室里发出了哄堂大笑。针对这种情况,带班的老师组织了相关的教育活动——让小朋友们讨论:"如果我是小丽,摔倒后会有什么感觉?""如果我是小丽,摔倒后被别人笑,我又会有什么感觉?""我应该如何对待别人的'不幸'?"小朋友们由此认识到取笑别人的"不幸"是不对的,进而学会同情和尊重处于不幸中的同伴。

### 3. 教导幼儿不要取笑他人的缺陷

**案例 2-37　吃那么多，长肉不长脑**

我在见习时曾见过这样一件令人痛心的事：我所在班级的小毅长得胖胖的，并且有点轻度智力障碍。有一天，一个小朋友对小毅说："吃那么多，长肉不长脑。"之后，全班的幼儿便一起大声地对他说："吃那么多，长肉不长脑。"小毅知道小朋友们是在说自己的坏话，便呜呜大哭着去找老师，谁知当班的老师不屑一顾地对小毅说："你本来就是这样，还怕别人说？！"后来，其他小朋友经常对小毅说："吃那么多，长肉不长脑。"吓得小毅不敢再来幼儿园了。

"吃得多、长得胖、脑子笨"并不能成为我们不尊重别人的理由。在这方面，教师的态度一定要明确，并且应该为幼儿树立良好的榜样，同时还要注意对幼儿的正确引导，不能拿别人的身心缺陷（胖、笨、身体残缺、长相畸形、动作不协调、口吃、胆小、吃手指、害羞、内向、笨手笨脚等）来取笑别人，要尊重所有的人，包括尊重有缺点或者有缺陷的人。

### 4. 全面接纳每一个人

对一个人的尊重应该体现为对其整个人的尊重：既尊重他的优点，又尊重他的缺点；既尊重他的成功，又尊重他的失败；既尊重他的长处，又尊重他的短处。看看下列现象是否会存在于你的班级之中？

★ 能力较弱的孩子在与小伙伴一起玩耍时，时常受到小伙伴的嘲笑、冷落、欺负等。

★ 班里最笨的孩子，笨手、笨脚、笨口、笨思维，时常成为大家的谈资和笑料。

★ 几乎所有孩子都能轻而易举地学会某一技能，只有宋明怎么也学不会，这时大家都笑宋明笨。

……

### 5. 形成尊重他人的意识、态度和行为

教师和幼儿都应该知道尊重别人和如何尊重别人。为此，应树立以下观念：

- ◆ 让无条件地尊重别人成为大家的共识。任何人都不因为别人不尊重你而不尊重对方，否则，你就和他一样是缺乏基本道德素养的人；别人不尊重我们，不能成为我们也不尊重他的理由。
- ◆ 尊重别人的权利、人格、特点、个性和情感。
- ◆ 所有的人都有充分表达自己观点、意愿和情感的机会。
- ◆ 只要不伤害他人，不同的观点、不同的行为方式在幼儿园里都应得到充分的尊重。
- ◆ 我们可以不同意别人的观点，但应尊重别人发表不同观点的权利、尊重有不同观点的人。

## （二）教育活动应该体现出对每个人的尊重

无论是幼儿园教育活动的内容，还是幼儿园教育活动的形式，都应该体现出对每一个人的尊重，包括对教育者的尊重和对受教育者的尊重；对身边人的尊重和对远方的人的尊重；对朋友的尊重和对非朋友的尊重；对机能健全的人的尊重和对残疾人的尊重。

### 案例 2-38　残疾人不应成为被取笑的对象

在活动中，教师首先播放了一段专业演员表演的纳孜尔库姆舞蹈，其中有模仿脊髓灰质炎患者跷着脚行走的片段；随后教师又给幼儿讲了一个古代王国的腿脚有残疾的小王子，在聪明的宰相纳孜尔的鼓励下，通过参与模仿各种动物等的游戏活动，最终改变病残命运的故事；再之后教师与幼儿一起创编模仿动物的舞蹈动作；最后是教师、幼儿以及参与观摩的客人一起自由舞蹈，在这一环节中，教师和幼儿在嬉笑中多次表现出模仿脊髓灰质炎患者行走的舞蹈动作。

教育活动中出现了对脊髓灰质炎患者不幸的取笑，并且教师与幼儿、主人与客人都不觉得有什么不妥，这就可怕了。这说明我们对类似的取笑他人（即内心不尊重他人）的观念和行为习以为常！

尊重弱势群体是一个社会文明的反映，不应该让那些对弱势群体不尊重的言行成为教育的内容和形式。在幼儿园中要营造对心障和身障孩子充分尊重的心理氛围——他们的愚笨、反应迟钝、身体发展不协调绝对不应成为大家的笑料。

在设计幼儿园的教育活动时，教育者一定要注意"尊重性原则"——不要让任何人在任何一项活动中成为大家的笑料。如，在设计与跑步有关的活动时，教育者应思考如何避免（由于先天因素或者其他因素）跑得慢的孩子成为大家的笑料；在设计与智力有关的活动时，教育者一定要思考如何避免（由于先天因素或者其他因素）智商低的孩子成为大家的笑料……让尊重成为教育设计与实施的第一要素。我曾在幼儿园观摩过这样的活动：

### 案例2-39　我们太胖了

匍匐越障碍——孩子们要匍匐前进，并且要穿越障碍（两把椅子间横架着一根竹竿，每2米设有一个这样的障碍物，总共有3个这样的障碍物）。孩子们穿越时，如果碰到了竹竿，就算冲关失败，要回到原点重新出发。

在这一匍匐越障碍的活动中，一次性成功穿越的有7人，第二次才成功穿越的有15人，第三次才成功穿越的有6人，其中有2人一直都无法成功穿越，因为他们太胖了，他们匍匐穿越障碍时臀部总是会碰到竹竿。

这两个胖小子最后非常沮丧，他们由此而成为本次活动中大家最大的笑点——孩子们都笑了，老师也笑了。

点评时，我严肃地指出了该活动的"先天不足"：教师缺乏教育活动的尊重意识，在设计和实施该项教育活动时，在设计障碍物的高度时，没有考虑到本班有两个小胖子，更没有考虑到他们会成为大家的笑料。

教师在教育活动设计和实施的过程中，一定要注意目标、内容及其形式、手段的"尊重性",否则,极易导致其中一部分幼儿的自尊心受到伤害。如,在同一班级中,不同幼儿的发展水平不同,如果教学目标要求整齐划一,就极易导致某些幼儿很容易达成预定的目标,而另一部分幼儿却极难甚至根本达不到预期目标,这就会对后一部分幼儿的自尊心造成伤害。再比如,《幸福拍手歌》对手有残疾的孩子可能就是一种打击;《布娃娃之歌》中的歌词"布娃娃,大眼睛,小嘴巴,真漂亮,真可爱"则可能会伤及"小眼睛、大嘴巴"孩子的自尊心;而《世上只有妈妈好》中的歌词"没妈的孩子像根草"则会直接刺痛因种种原因而"失去"妈妈的孩子。

### 案例2-40  她不会!她不会!!

一次,在幼儿园借班上课时,王老师向孩子们提出了一个问题,随即孩子们争先恐后地举起了小手。王老师请个子矮小的女孩A站起来回答,就在小女孩要回答问题时,班里有几个孩子七嘴八舌地叫了起来:"老师,我……,我……""老师,她不会!她不会!!"A一听也不说话了,低下头默默地坐下了。

课后,王老师了解到:原来A性格内向、说话慢、脑子有点笨,班里的老师请她回答问题,她都不会,时间一长,也就不叫她了。

孩子们的"老师,她不会!她不会!!"深深地刺痛了A的心,在各种教育活动中,特别是在老师提问时,在需要表现聪明、口齿伶俐时,她都会感受到压力和无地自容,这时她体会不到尊严。这是多么可怕的教育呀!据我观察,这种现象在幼儿园里相当普遍——愚笨的孩子、反应迟钝的孩子经常得不到充分的尊重,他们过着一种没有尊严、没有面子的生活。

我们的社会推崇"强者",但是作为教育机构的幼儿园不应对"弱者"表现出轻视和蔑视,否则这种对"强者"的推崇就是一种反教育。

每项教育活动都应该让不同特质的孩子、让每一个孩子都得到充分的尊重,无论是教育活动的目标、内容,还是教育活动的形式、手段,各个要素都应充分体现出对每一个幼儿的尊重。

幼儿在各种教育活动中享有免受羞辱的权利。不管出于何种理由，教育活动都不能羞辱孩子的人格尊严。这意味着，如果一种教育出于某种理由，哪怕是为了幼儿好而对幼儿采取了羞辱的手段，这种教育也不具备道德上的正当性。请看以下两个案例：

### 案例2-41  他是个坏蛋

晓东特别调皮，经常会做出一些违规行为。这天，他又与别的小朋友吵架，带班老师在处理时带有偏见地说："晓东，你是怎么回事？什么坏事都有你，小朋友们，你们说该怎么处理他？"下面的孩子就你一句我一句地说："把他送回小小班。""我们不要和他一起玩。""他是个坏蛋，总是打人，总是欺负我们。"

教育者贬损、侮辱幼儿的人格，不但是贬损和侮辱了幼儿做人的尊严，而且是一件不道德的事情。做不道德的事情本身其实是贬损和侮辱教育者自己作为人的尊严。人的尊严是一种自然的价值，受教育者不论在知识的学习中处于何种程度、何种水平，不论在道德学习方面存在着如何重大的过错，都享有免受侮辱的权利。教育者试图用贬损幼儿人格尊严的方式来提升幼儿的人格尊严感，而这不仅在实践上无法证明，在逻辑上也存在悖谬。很难想象根本不尊重幼儿尊严的教育会培育出具有人格尊严感的幼儿。幼儿园教育要保护每一个幼儿的尊严，其最好的方式就是平等地尊重和关怀每一个幼儿，让每一个幼儿在各项教育活动中都能够发现和体悟自身的价值。

应让幼儿有展现其才能的机会。在集体中、在小伙伴面前，有显现才能的机会、有发挥作用的机会，在别人羡慕的眼光中，幼儿便获得了一种被尊重的感觉。在我们对幼儿进行"在幼儿园里，你有什么希望和要求"的调查中，许多幼儿说："老师总不请我当升旗手，我很难过，我希望当升旗手。""我希望天天当值日生。值日生可以检查卫生、维持班级纪律、分玩具、还可以搬桌椅、分发碗勺、摆碗筷，可神气啦！""我画的画贴在走廊里了，我希望下次我的画还能贴在走廊里！""老师上课总不提问我，我希望老师能提问我。"……

### 案例 2-42　松松变了

李老师新接的中（2）班有个叫松松的小男孩，他是个出了名的调皮蛋，爱打架，常欺负班里的小朋友，老师越是批评他，他的这些问题行为就越严重，这让他原来的老师很头疼。

对于这样的孩子，李老师要让他感受到爱，感受到尊重，要用教师的爱去温暖他的心。通过观察，李老师发现松松特别喜欢恐龙，一说起恐龙，他马上滔滔不绝，什么冠龙、优头甲龙、鹦鹉嘴龙、翼龙……说得有声有色。于是，在一次"地球上的生物"主题活动中，李老师特地请他当一日小老师，给小朋友们讲一讲恐龙。李老师把这一计划告诉了松松，刚开始，松松不信任地看着李老师，好像在说："这是真的吗？"李老师向他点了点头，示意他这是真的。于是，松松非常认真地给小朋友们讲了起来。这天，松松一直很高兴，还主动帮助可露捡起掉在地上的手绢。

此后，李老师更多地关注松松，只要他有一点点的进步，李老师都会认真地肯定和赞扬他，慢慢地，松松变得对小朋友友善了，也懂事了。

上述案例告诉我们：当一个孩子有机会展示其才能、有机会发挥其作用、其才能和作用获得认可时，他就会获得一种受人尊重的感觉，他同时也学会了尊重别人。

### （三）要保护幼儿的自尊心

#### 1．不要将幼儿的过错进行累加

幼儿做错了事，有些教师喜欢借题发挥，算旧账，数落幼儿数周、数月甚至数年来的过失和不足，多次重复批评幼儿的缺点或错误，严重打击甚至摧毁幼儿的自尊心和自信心。看看能否从以下的言语中找到你的影子。

★上次你拿别人的东西吃，这次又抢别人的玩具，你到底是怎么了？

★你又说话了,上次一个中午都在讲小话,你看你有什么好啊?!

★上次你打小朋友,这次你又抢玩具,你看你有什么好!

幼儿犯错误时,只谈眼前,不翻旧账,做错的事已经批评过了就不应该再提,不要总是抓着以前犯过的错误不放,否则,那些"过失"就像滚雪球似的越滚越大,会让幼儿觉得自己一无是处,并且在教师或家长面前永无"翻身"之日,进而自暴自弃。

**2. 不要揭穿幼儿为保存尊严而使用的伎俩**

有时候,有些孩子为了尊严而使用各种伎俩来掩饰自己的过错,而这些伎俩一眼就能被教师看破,但为了让孩子在小伙伴们面前保住面子,教师只能看破却不能说破。

### 案例 2-43　下次没晒干的裤子茗茗不穿了

有一次自由活动时,茗茗玩得太投入了,忘了上厕所而尿湿了裤子,小朋友们纷纷告状说茗茗尿裤子,但为了维护自尊,她极力掩饰,说是下雨天妈妈没把裤子晒干,不是尿裤子。对于这种说法,王老师并没有当众揭穿,而是理解地说:"回家要告诉妈妈,以后裤子要晒干,茗茗穿上才不会湿湿的。"茗茗机灵地说:"下次没晒干的裤子茗茗不穿了。"

### 案例 2-44　出汗太多了

自由活动时间,信信小朋友告诉宾老师要去小便,可是信信回来后宾老师发现其裤裆处湿了一片。宾老师悄悄问信信:"是不是尿裤子了?"信信忙说:"不是,不是!是玩游戏时出汗,汗水湿透了裤子。"说着他坐到椅子上一动不动。没想到有几个小朋友听到了他们的谈话而吆喝了起来:"信信尿裤子啦!信信尿裤子啦!"信信的表情变得惊慌又难堪,他无助地望着宾老师不出声,但泪珠在眼眶里打转,双手紧紧捂住裤裆。宾老师赶紧走到他身边,蹲下来,边摸他的裤子,边对小朋友们说:"是真的,是信信出汗湿透了裤子,老师用手摸到了,有时候老师也会这样汗湿裤子。不要紧,一会儿换一下裤子就行了。其他小朋友是不是有时候也这样呀?"在小朋友们"是"的回答声中,信信放松了紧紧抓住衣服的手。

教师很容易看破幼儿为保护尊严所采用的伎俩,但为了让孩子有尊严地生活,教师不但没有必要揭穿幼儿的伎俩,而且应该为幼儿保守可能会让其在同伴面前失去尊严的"秘密"。

### 3. 不要因幼儿犯一次错误而对幼儿全盘否定

有些成人在幼儿犯错误后,喜欢夸大幼儿的缺点和过失,给幼儿下"死结论":"你总是说改正,但从来没有做到过。""你从来没有做过一件好事,怎么做坏事总是有你的份儿呢?""你将来一定……"等。

**案例 2-45** *碰翻一杯牛奶的心理代价*

5岁多的小牛不小心把一杯牛奶碰翻在桌子上,保育员杜老师马上大声叫嚷:"都这么大的人了,你总该知道怎样拿东西吧!叫你小心,小心!给你讲过多少次了,就是记不住!"当班的闫老师也凑上来训斥道:"连杯子都拿不住,笨手笨脚的,我看你呀,将来也不会有出息!"

幼儿受到指责后自信心、自尊心方面受到的损失,比一杯牛奶的价值不知要多多少倍。因为幼儿做错了事而否认其一生的发展是不对的,这样会使幼儿对自己失去信心,甚至会成为孩子今后发展难以逾越的心理障碍。

有的教师在批评幼儿时总爱带上"从来""每次""总是""没有一点"等夸大的字眼,对幼儿进行全盘否定,其结果是挫伤孩子的进取心、自信心、自尊心,使孩子自暴自弃,孩子的悔改之意也就荡然无存了。

### 4. 不要拿别人的缺陷来取笑

不能拿别人的身心缺陷(如胖、笨、残缺、动作不协调、口吃、胆小、吃手指、害羞、内向、笨手笨脚等)来取笑。幼儿园里要提高尊重意识,不仅是教师要尊重幼儿,幼儿也要尊重教师、尊重同伴,幼儿园里绝对不允许不尊重他人的现象存在。

### 案例 2-46　奇奇不是小皮球

午餐时，王阿姨给小朋友们分汤，分到奇奇时，王阿姨对我说："这个奇奇，太胖了，像个小皮球，还爱吃肉。"我注意到奇奇端着碗怔了一下，就默不作声地走开了。吃完午饭刚到活动室，就有小朋友来"告状"：奇奇剩饭了。我走近一看，小奇奇基本上什么也没吃，眼泪汪汪的。我轻轻地把他揽在怀里，柔声问："小奇奇，你不高兴了？"他一下子哭了，大声说："奇奇不是小胖子，不是小皮球。"

王阿姨给奇奇起了一个他不喜欢的外号——小皮球，并且"小皮球"与奇奇的胖身材有关，有取笑的意味在其中，这是对奇奇的不尊重，也大大伤害了奇奇的自尊心，当然会引起奇奇的不安和不满。

### 案例 2-47　张雷最笨了

一天，龚老师正在晨检，一向不爱说话、婴儿时期因患重病而大脑受损的张雷小朋友突然走到龚老师跟前，拉住她的手，眼里滚动着泪花，向龚老师喃喃地说："龚老师，我要回家！"龚老师忙于晨检，漫不经心地对他说："张雷，刚刚来到幼儿园怎么就要回家呢？"语音刚落，张雷甩开龚老师的手就向活动室外面跑去。

"张雷！张雷！"龚老师边喊边追了过去，抱住张雷低声问，"你告诉老师为什么要回家呢？"经过再三询问，张雷才说："有小朋友打我。"龚老师恍然大悟，最近几天是有几个小朋友常追着张雷跑，龚老师原以为他们在玩耍，便未加阻止，只是提醒他们小心摔倒。

后来，龚老师找来那几个小朋友想问个究竟。没想到小朋友们说："我们玩孙悟空的游戏，张雷最笨了，他就是'猪八戒'，我们要让他吃西瓜皮！"

上述案例中，小朋友们的快乐是建立在张雷的痛苦之上的，他们不仅对张雷有观念方面的不尊重，还表现出了羞辱性行为——"我们要让他吃西瓜皮！"——不尊重同伴是十分恶劣的行为，教师应该立即制止，并且努力避免类似情况再次发生。

### 案例 2-48　一位家长的控诉

儿子平时说话有些口吃，为此，小朋友们总是取笑儿子，这让儿子回答老师问题时，口吃的毛病更严重。儿子因此很自卑，我们家长也很烦心。

今年"六一"儿童节前夕，儿子的班级组织小朋友们彩排节目，儿子因口吃的毛病被排除在了一边。那一天，儿子回到家里伤心地哭了。我问他为什么哭，儿子说他非常希望能像其他小朋友一样站到舞台上表演节目，可是因患有口吃的毛病，他没有这样的机会。

孩子因口吃而被小朋友们取笑，说明该班缺乏尊重的文化，孩子们没有尊重别人的意识，同时也缺乏同情心；"六一"节活动的设计，不应将特殊的孩子排除在外，而应该设计与每个孩子，特别是与那些特殊孩子相匹配的角色，让他们也能体会到节日的快乐。

#### 5."犯错误"是孩子的隐私

孩子的过错、短处以及不光彩的经历，都是孩子的隐私，教育者不应该跟任何人透露，要让孩子在他人面前保住面子。如果教师不宣扬幼儿的"过错"，幼儿对自己的名誉就会愈加看重，他们觉得自己是有名誉的人，因而更会小心地去维护自己在别人心目中的形象；如果当众宣布他们的"过错"，使其无地自容，则会失去制裁他们的工具，他们觉得自己的名誉已经受损，从而缺乏维持自己形象的动力……

### 案例 2-49　谁也没有拿走彩笔

萨沙是5年级的学生，他的一个同班同学有几支彩色铅笔，这在当时是十分贵重的。这位同学把彩色铅笔放在教室的柜子里，有一天，彩色铅笔突然不见了。大家十分难过。毫无疑问，除了本班同学外，谁也不可能拿走。苏霍姆林斯基想，拿走彩色铅笔的可能是最喜欢画画的萨沙。

"谁也没有拿走彩笔，"苏霍姆林斯基竭力使孩子们相信，"只是出了个差错。有人忘了把彩笔放回柜子，他把彩笔带回家了，现在彩笔正在他家的桌子上，明天他一定会放回原处的。"

清晨，苏霍姆林斯基来到学校，突然听到有人翻篱笆进来了，是萨沙。"发生了什么事，萨沙？""彩笔……""放回柜里去吧。""教室门关着，该怎么办呢？"孩子绝望地问道。"给我吧。不要和任何人谈起这件事……也不要对别人讲你犯了错误。我把彩笔拿回家搁一天，使用一下。"

萨沙松了口气，紧张的心情缓和了下来。他们进入教室时，从孩子们的眼神中，苏霍姆林斯基看到了期待与不安。

"彩笔在我家里。"苏霍姆林斯基愉快地对孩子们说，"我自己也弄不清怎么会把彩笔放进了我的皮包，我要画一棵池塘旁的小白桦。明天我就把彩笔带回来。"苏霍姆林斯基和萨沙两人目光相遇了，萨沙的眼神流露着对苏霍姆林斯基的感激。

这是一个经典的教育故事。苏霍姆林斯基用教师深沉的悲悯、尊重之心和宽容的爱心融化并温暖着每一个孩子的心灵。

### 案例2-50　老师说我是个小偷

我的孩子今年5岁，前几天，我从幼儿园接他回家，到家后发现孩子的小书包里装着一只玩具熊，是他背着老师偷偷从幼儿园里拿回来的。我问他："为什么要拿不属于自己的东西？"他回答说："因为我喜欢小熊，想让小熊和我一起回家。"第二天，我把小熊交给老师，并向老师说明了情况。没想到，下午接孩子回来后，孩子哭个不停，说："老师说我是个小偷，小朋友们也叫我小偷。"看着孩子那难过的样子，我心里也不好受。

（摘自一位家长的博客）

与伟大的教育家苏霍姆林斯基相比，上述案例中的这位教师是如此缺乏教育艺术，缺乏对孩子的爱和尊重，她既不了解幼儿期孩子的特点，也不知道如何尊重孩子。

### 6. 幼儿犯了错误，不需要大家"帮助"

许多教师容易进入这样的教育误区，即一个幼儿犯了错误，便让所有的幼儿都来"帮助"他。其实，犯错误是幼儿的私事，有时更是幼儿的隐私，不需要大家都来关注，更不需要大家都来批判和"帮助"，否则，大家都参与进来，可能会让犯错误的幼儿在他人面前失去尊严。请看下面的案例：

**案例 2-51　大家来帮帮孙海**

一天中午，孙海把李老师和小朋友们辛辛苦苦做好没多久的贴在墙上的装饰弄坏了，许多孩子来告状。看到那惨状，李老师很生气，也很激动。李老师马上把孙海叫了过来，准备狠狠地批评他。可是，后来李老师冷静下来一想，也许让全班小朋友来帮助他效果会更好。

于是，李老师组织好小朋友，并让孙海来到其面前，然后说："今天孙海弄坏了大家的纸工，破坏了教室的环境，我们一起来帮助他改正缺点。"于是，小朋友们就议论开了，纷纷指出孙海的缺点："他吃饭掉饭粒，多浪费。""他上课不举手就发言。""他经常打小朋友。"……听完小朋友们的发言，李老师说："孙海，小朋友们给你提了这么多意见，你可要改正，否则，小朋友们就不喜欢你了。"孙海低着头，两只手在裤腿上拧来拧去，一声不吭地点了点头。整个下午，孙海都显得很安静，活动时也没像平时那样积极。

吃过晚饭，孙海妈妈来接孙海，小朋友们又拥上去告状："孙海妈妈，孙海弄坏了我们的蜗牛。""孙海专门欺负小朋友。""孙海上课爱捣乱，不听话。"有一个小朋友大声说了一句："孙海是个笨蛋。"一听这句话，李老师惊呆了，没想到小朋友会这么说。孙海妈妈连声说："我们孙海不是笨蛋，他会改正的。"孙海躲在妈妈的身后，紧紧地拉着妈妈的衣角……

（高美娇，2004）

当幼儿犯了错误的时候，教师应该和相关的幼儿私下"了结"，或者让幼儿自己"了结"，在别人不知不觉中自己改正；过于张扬幼儿所犯的错误，不仅不利于幼儿改正错误，也不利于幼儿的心理健康发展。

在幼儿园见习时，总会有孩子冲到我面前七嘴八舌："茵茵胆子很小。""小雨特别调皮。""小健老是抢别人的东西。""小凡老是爱哭。""小丛傻傻的。"……

我听了他们的这些汇报后，心里很不是滋味，过度关注别人的短处，说明孩子们的心里不够阳光；过度关注别人短处的孩子多了，班级的心理氛围绝不会和谐。

因此，教师不仅要在自己与孩子们接触时多给予肯定，而且要教会孩子们在交往时多看小伙伴的优点，多对小伙伴进行肯定。

### 案例2-52　"缺点"属于孩子的隐私

刘蒙的妈妈来园接孩子时，宋老师告诉她："你知道吗，你女儿这学期进步可大了，上课爱动脑筋，常常举手发言。"妈妈听后很高兴，因为刘蒙上学期从不举手发言。接着宋老师话锋一转："可她还有一个小小的缺点，要是改掉了，那就更好了。"妈妈听后着急地问道："什么缺点？"宋老师把刘蒙搂在怀里，神秘地说："这个缺点呀，我只告诉刘蒙，暂时对你保密，等刘蒙改正后，我再向你报喜，刘蒙你说好不好？"刘蒙愉快地点点头，妈妈语气平和地对女儿说："你要记住宋老师的话，尽快把缺点改掉。"

宋老师这种将教育与保护幼儿的隐私有机地结合起来的做法值得大家学习。把幼儿的缺点当作隐私来保护，是对幼儿的一种尊重，它将激励幼儿改正缺点，获得更大的进步。

在平时的教育过程中，教师要有保护幼儿隐私的意识，与幼儿有关的事情，只要会影响到幼儿的面子和尊严，都应该视为幼儿的隐私，都应该受到教师的尊重和保护。

教师们请以下列案例来审视自己的实践，看看有没有自己的影子：

★将尿湿的裤子当着孩子的面交给家长，并跟家长说：

A."这是你孩子的裤子。"

B．"这是你孩子尿湿的裤子。"

★孩子尿裤子后，来告诉你，你会说：

A．"你怎么会尿裤子？"说完后便将孩子尿湿的裤子在全班小朋友面前展示。

B．"没关系，我们悄悄地去办公室换上干净的裤子。放心吧，我会替你保密的，小朋友们不会发现的。"

## 7．成人的谦虚不要以牺牲孩子的尊严为代价

**案例 2-53　妈妈的谦虚让孩子受伤**

丽莹性格内向，是个聪明乖巧的女孩，大家都非常喜欢她，常常当着她妈妈的面夸奖她聪明、学习好。但是每每听到别人的夸奖，她妈妈总是谦虚地说："丽莹不聪明，很笨的，只是认真、听话罢了。"没想到妈妈谦虚的回答，在丽莹的心中留下了深深的烙印。有一次丽莹为爸爸讲述自己的画，讲得生动有趣，爸爸高兴地说："宝贝，你真聪明。"可丽莹一点都没有高兴的样子："哼！你骗我，我知道自己笨，我不聪明。"爸爸很吃惊："为什么？"丽莹马上嚷道："妈妈就是这样说的！"

幼儿的心智尚不成熟，别人特别是重要他人（如教师、父母）的评价对幼儿的自我认知起着决定性的作用，如果成人经常在孩子耳边说他笨，那么，孩子就真的会认为自己笨。

因此，为了满足幼儿的尊重需要，为了促进幼儿心理的健康发展，当别人对某个孩子给予肯定性评价时，不妨点头认同，而没有必要"谦虚"。

**案例 2-54　老师的谦虚让幼儿受伤**

两个老师交谈，利老师说："你们班东东小朋友很听话，又聪明，你是怎么教的？"莫老师说："哪有呀？他有时也很调皮的，管都管不了！"这些话刚好被东东听见，东东偷偷地哭了。

如果莫老师不是"谦虚"而是高兴地说:"东东确实不错,他……"那么,东东无意中听到后一定会深受鼓舞,因为他会知道自己在莫老师心目中是有地位的。

**8. 告诉幼儿"老师小时候也犯过同样的错误"**

当幼儿犯某种丢人的错误时,老师告诉幼儿"老师小时候也犯过同样的错误",会让幼儿觉得犯错误并不丢人,更不会因此而觉得失去了做人的尊严。

**案例2-55　老师小的时候也尿过裤子**

瑶瑶是中班的小女孩,在班内少言寡语,有过几次尿裤子的经历后,她显得更胆怯和自卑,几乎不与人交往。瑶瑶的妈妈给她报了舞蹈班,希望她能活跃起来。

在全新的环境里,舞蹈老师用全新的眼光去看待她,拉着她的手和她一起做动作,和她聊身边有趣的事儿,每次训练后总要找出一个闪光点来鼓励她。当她再一次因为尿了裤子躲在角落里哭泣时,舞蹈老师告诉她:"我小的时候也尿过裤子,没什么大不了的,下次想尿尿就赶紧跑到厕所……。"听完老师的话,瑶瑶破涕为笑。从此以后,她变得越来越开朗,连尿裤子的毛病也悄然不见了。

"老师小时候也犯过同样的错误"会让幼儿放松身心,"犯错误"后仍然能挺直腰杆做人,而不会因为"犯错误"而觉得低人一等,这才是面对错误的正确态度。

### (四)对幼儿要多些纵向评价,少些横向评价

纵向评价会让幼儿看到自己的进步,进而对自己充满信心,不断进步;横向评价——拿"落后"的幼儿与"先进"的幼儿进行比较,久而久之,"落后"的幼儿就真的会觉得自己什么都不行。

请看以下案例,有没有你的影子:

★你看小海表现得那么好,哪像你,整天就知道玩,一点都不动脑,这样下去怎么行?

★瞧亮亮画得多好,看看你都画了些什么呀?!

★人家有8颗五角星,你才3颗,真让我失望!

★看,小朋友们都去玩了,你也去呀。这孩子什么都不会。

★看,宏云上课多会回答问题!

★瞧,晨晨钢琴比赛得奖了。

★你看人家文焕,你怎么就做不到?

★小强的体育多棒呀,你看看你,唉……

★小军,像其他小朋友一样坐好!

★你怎么啦?说话这么大声,哪像个女孩?你看看人家雨珊,说话轻声细语的,多温柔呀!好好向人家学学。

当着幼儿的面,拿其短处和其他幼儿的长处做比较,以为给幼儿树立了榜样,其实只会让幼儿泄气,甚至连原有的一点兴趣也泯灭了。这种比较会使幼儿认为自己很笨、很差,进而怀疑自我的价值,给幼儿的自尊心和自信心造成严重打击。

教育者应该让每个幼儿树立这样的理念:任何人都有不懂或不会的地方,也都有比别人厉害的本领。例如,你唱歌跳舞不行,可你画画还不错;你画画不行,可你讲故事讲得好;你讲故事讲不好,但你认得很多字;你认不得几个字,但你动作灵敏;你动作不灵敏,但你心地很善良……

只要教育者足够细心,他就会发现,虽然每个幼儿都有不如同伴的地方,但他总会有那么一些项目比同伴优秀。对于弱项,只要他尽力而为就可以了;对于长处,就应该鼓励,使之更强、更好。

### (五)要善于发现幼儿的优点

应该用放大镜来看幼儿的优点,再差的孩子也有优点,关键是你是否善于发现。

**案例 2-56　要善于发现幼儿值得肯定的优点**

　　西方的老师，特别注意也特别擅长发现学生的优点和长处。一位同胞刚出国时，因为语言问题，其宝贝女儿不愿与班里的小朋友交流，总是怯生生的。她告诉妈妈，她不想上学。可女儿的老师很快就使形势发生了变化。仅几周时间，小家伙不仅变得活泼起来，还非常喜欢到学校去上课。原来，这位同胞的女儿喜欢画画，老师就把她的画贴到墙上，让小朋友们欣赏，还夸奖她是一个非常聪明的小姑娘；她的英文写得乱七八糟，可是老师挑出那屈指可数的几个"漂亮"的，鼓励她说："瞧，这几个字写得多好看啊！如果所有的字都能写成这样，那就更好啦！我相信你一定能做到。因为你是一个非常聪明的孩子。"老师的表扬和鼓励使小姑娘树立了自信心，学习上也更加努力了。她还告诉妈妈，老师说：她很聪明，她会比别的小朋友做得更好。

　　好孩子是夸出来的，而不是批评出来的。教师要养成一种习惯——不断地发现幼儿的优点和进步，并且不断地告诉幼儿他什么地方行，哪怕是那些能力稍欠或者品行方面存在某些"问题"的幼儿，教师也要学会用欣赏的眼光去看待他们身上每一点微小的、值得赞赏的地方。某幼儿园要求教师列出自己最不喜欢的 5 个孩子，并且强制要求相关教师努力找出他们每个人的 10 个优点，教师们普遍反映这些平时自己最不喜欢的孩子其实是很可爱的；教师发现了这些孩子的可爱之处，那么，今后这些幼儿将会得到教师不断地支持和鼓舞，他们定将不断地进步，进而树立起自信心和自尊心。

　　教师不是医生，不能总是只看到幼儿的不足与缺陷；教师不是警察，不能总是像盯着可疑的人那样，只看幼儿过去的"阴影"。教师应该是寻找宝藏的人，在幼儿心灵的土地上，寻找生命的精神资源，并把这种潜在的资源发掘出来，变成精神财富。教师不仅要发现幼儿的闪光点，而且要引导他们去发现自己的闪光点，使他们自尊自爱，相信自己就是最好的、自己有许多可爱的地方。我们经常教育幼儿要尊重他人、爱他人，可从来没有告诉他们要尊重自己、爱自己，导致幼儿常常因为找不到自己的可爱之处而放弃了追求。

### （六）尊重幼儿的愿望、想法和经验

**案例 2-57　你孩子说，他现在正忙**

幼儿园里，一个孩子正在投入地玩游戏，其父打来电话，当班老师叫孩子过来接电话，孩子说："我正忙，叫他过一阵子再打来。"老师将孩子的意思转告给家长："你孩子说，他现在正忙，你过一段时间后再打来。"

上述案例充分体现了成人对孩子意愿的尊重。如果孩子生活在充满尊重的环境里，他就会感觉自己是有地位和有价值的。

请看以下案例，有没有你的影子：

★ "你们怎么总是玩这种无聊的游戏？！"
★ 教师给幼儿放动画片，幼儿笑出了声，教师却说："笑什么笑，有什么好笑的！"
★ 班级开展区域活动时，一个平时非常调皮的孩子在美工区里认真地画画，但画面混乱，看不出内容。老师就问他："你画的是什么？"孩子说："我画的是怪兽的家。"老师说："可是我看不出怪兽的家是什么样子的。"
★ 孩子们正在搭建"飞机场"，老师走过来，见飞机场很小，于是对孩子们说："我们应该把飞机场搭得大一些，对不对啊？请你们都动脑筋想想办法，好吗？"
★ 教师引导孩子们分配角色："浩浩说话声音比较大，最像大灰狼；小丽声音小，最适合扮演小花猫。你们觉得这样安排可以吗？"
★ 好不容易搭建好的房屋被一名幼儿不小心碰到，顿时，积木哗啦啦地堆了一地，老师立即走过来引导："我们小朋友可以变成消防员，来帮助清理，好不好？"于是，小朋友们无趣地把积木收拾整理好放回了原处。

★ "老师叫你收拾玩具你就应该快点收。"
★ "我叫你不要画了,你为什么还要画?"

我们经常说:要尊重幼儿的世界。尊重幼儿的世界,就是成人克制自己,对幼儿的世界保持缄默不语。如果幼儿觉得有趣的东西总是被自己所信赖的教师否决,那么他就会在心理上产生一种错觉——自己很无聊、没有价值、没有趣味,自己的兴趣、需要、感觉和情绪都是错误的甚至是丢人的。这样,幼儿不仅会对教师失去信赖,还会丧失选择自己爱好的独立性,甚至会觉得做自己喜欢的事很丢人。

### 案例2-58　少数服从多数

活动开始前,教师向幼儿发问:"大家想玩积木还是橡皮泥?""积木……""橡皮泥……"小朋友们纷纷表达自己的意见。由于意见不统一,教师让幼儿举手表决。通过点数,想玩橡皮泥的幼儿比想玩积木的多2个,于是教师做出决定——玩橡皮泥。

"少数服从多数"是民主集中制的基本原则,但在教育领域中,它有时候可能会变成"多数人"对"少数人"的不尊重。少数人的权利、少数人的意愿也应该被尊重,特别是在教育过程中,万万不可将"少数服从多数"作为一种教育选择的普遍性原则。教师要尽可能地使教育成为对每个孩子兴趣、愿望的尊重,而不应仅仅是对部分或多数孩子的尊重。"为了一切孩子"应该是幼儿教育追求的一种理想。

### 案例2-59　尊重幼儿的物品

在一次手工活动中,幼儿跟教师学折纸飞机。先是教师示范,幼儿跟着教师的示范动作一步步地折,然后幼儿放飞自己折的纸飞机,最后幼儿将自己折的纸飞机赠送给客人老师。可令人尴尬的是:在最后一个环节中,好几个幼儿不愿意将自己的纸飞机赠送给客人老师,当班老师对他们进行的多次暗示均以失败告终……

　　幼儿自己的物品必须受到尊重。如果幼儿不愿意将自己的物品给别人，任何人都没有权利强迫他们，也不能用夸奖、赞赏或是批评甚至惩罚来刺激孩子把自己的物品给别人，让孩子感觉不将自己的物品按成人的意愿送给别人就是不好的，大家会笑他是个"小气鬼"，这对幼儿的成长是十分消极的。

　　一直以来，许多教师认为，为了促进幼儿语言能力的发展，为了促使内向的幼儿变得活泼开朗，对那些不想在小伙伴面前回答问题、怕回答问题的幼儿，应该多进行"点名"提问，让他们有更多的锻炼机会和发展机会。许多家长也是这样希望的，他们认为孩子的胆子太小，如果教师多给他们发言的机会，就是多给孩子锻炼的机会。

　　教师应该弄清楚幼儿到底为什么不愿意举手回答问题。如果能力比较弱而且自卑感比较重的幼儿出于保护自尊心和面子，在没有做好心理和相关知识的准备时不愿意主动举手回答问题，教师绝对应该保护其沉默权，否则，幼儿的自尊心和自信心将会受到冲击，孩子会变得更加内向、更加自卑。对于因能力差而自卑，进而不愿举手回答问题的幼儿，关键不是强迫其多"锻炼"，而是要为其创造成功的机会，使其树立自信心。

　　再如，幼儿为了尊严保持沉默，拒绝当众承认自己所犯的错误，这也是可以接受的。因为幼儿有羞耻感，有被尊重的需要，如果孩子连羞耻感都没有了，那才更可怕。

### 案例2-60　谁最不喜欢说话

　　在一次幼儿园大班的家长开放日活动中，程老师讲完故事《猫医生》后，问幼儿一些与故事有关的问题，很多幼儿举起了手，这时程老师说话了："在我们班平时谁最不喜欢说话？"幼儿异口同声地说："虹虹、诗雨、梦雨。"然后，程老师就说："那我们今天就请他们三个来回答问题，爸爸妈妈都看着你们呢！"结果三个孩子脸憋得通红，什么也没有答出来，只是不停地转过头去看父母。

教育活动后,我向上课的老师指出,这样做对那三个孩子是有害无益的。可是,程老师却强调自己只是想给胆小的幼儿提供更多的锻炼机会。

程老师的教育意图我能理解,但这种毫无准备的"锻炼",只能让这三个孩子遭受更大的心理挫败,在这么大的场面下,他们的自尊心和自信心再次受到严重的打击。另外,"不喜欢说话"是孩子的隐私,教师将其面向所有的家长和孩子公布,这也是对孩子的一种不尊重。对于不喜欢说话的孩子,教师应该激起他们说话的欲望,并且让他们从"说话"中获得成功的快乐——这就需要让他们具备相应的基础,如让他们对教师的提问有所准备、有所了解等。如果幼儿没有做好相应的准备,那么,还是让幼儿保持沉默则更有利于保护他们的自尊心。

### (七)通过细节表现出对幼儿的尊重

- 常对幼儿说"请""谢谢""可以吗?",也让他们学会对别人如此说。
- 为孩子布置一个发表园地——让每个孩子都有展示的机会——展示自己的才能,让别人欣赏自己。
- 经常告诉幼儿他的"当年勇"。
- 让幼儿教你一些"新"事物——给幼儿机会,让他教你一些他知道而你不知道的,这将令他神采飞扬。
- 做错了事,要勇于向幼儿说"对不起"。
- 让孩子拥有贵宾般的尊荣——孩子的自尊是在他人一次又一次的另眼看待和重视中建立起来的。
- 问问孩子的意见——在交谈中记得问问孩子:"你认为呢?""你的看法呢?""你对这件事的感觉如何?""你有其他意见吗?"
- 在幼儿园教育活动中,应该采取这种温暖孩子内心的做法:如果某个幼儿做得好了,就大声地告诉他的小伙伴和老师;如果某个幼儿做得不好,就只小声地告诉他自己。这种温暖的做法,体现了对幼儿的尊重。
- 要正确理解幼儿。理解幼儿是尊重幼儿的基础,也只有正确理解幼儿,才能真正尊重幼儿。不理解幼儿时，耐心询问幼儿并听其说完；不理解幼儿时，鼓励幼儿说出心中的想法；对幼儿的言行感到困惑时，耐心地等其表现完毕……

◆避免以下不尊重幼儿的行为：
◇不重视幼儿的看法和观点。
◇过多占用幼儿的时间。
◇没有停下手中的工作去专门倾听幼儿。
◇用不耐烦的口吻回答幼儿的提问。
◇使用与婴儿说话的腔调与已处于幼儿期的孩子交谈。
◇自己心里有事，借骂幼儿来出气。
◇打断幼儿间的交谈。
◇为赶时间而中断幼儿正在进行的活动。
◇忘了履行自己许下的诺言。
◇代替孩子回答客人提出的问题。
◆避免使用伤害幼儿自尊心的语言。

关注和满足幼儿的尊重需要，让幼儿在幼儿园里过上一种有尊严的生活，幼儿园就会成为幼儿向往的地方，教师就会成为受幼儿尊敬的人。

## 四、让幼儿有归属感

就幼儿园这个环境而言，幼儿的归属需要是指幼儿对同伴、教师及所在班集体的需要，是幼儿希望自己被同伴和教师认同与接纳的心理需要。如果幼儿能够和同伴、教师保持有意义的联系，自己的主张、能力、价值、贡献能够得到同伴和教师的认同，与同伴、教师间能够互相接纳并互相关心、互相帮助，那么他们的归属需要就能得到满足。幼儿对幼儿园，特别是对所在班集体就会有一种归属感。

一个对班集体有归属感的幼儿，往往能感受到班集体的温暖，能感受到自己在班集体中存在的意义和价值，会为自己能够为班集体做出贡献、为他人提供帮助而感到自信和自豪，因而在幼儿园里能充满热情地学习和生活；反之，如果一个幼儿对班集体没有归属感，那么，他就无法从幼儿园的学习和生活以及与同伴的交往中获得乐趣。

为了满足幼儿的归属需要，使其对班集体形成归属感，教师可以从以下几个方面做起。

### （一）塑造一种相互接纳的意识

为了让每个幼儿在班集体中都能找到归属感，教师应该在班级中塑造一种相互接纳的意识。

① 教师要无条件地接纳每个幼儿。这种接纳表现为：教师无条件地接纳每个幼儿的长处和短处——无论幼儿长相漂亮可爱与否、聪明与否、听话与否，也无论幼儿家庭出身高贵与否、性格内向还是外向、优点缺点如何，教师都应该无条件地接纳，特别是无条件地接纳幼儿的不足，不仅不能将幼儿存在的"不足"看作工作的负担，相反，还应将其看作工作的挑战和自己展示、发展教育才能的机会。这样，工作中教师就会乐于接受幼儿的"不足"，以接纳而非排斥的态度与每个幼儿接触、沟通与交流，给予每个幼儿以平等的爱、平等的交流、平等的接纳的机会。教师的这种接纳，不仅会温暖每个幼儿的心，让每个幼儿都感觉到自己被教师接纳（幼儿感觉到自己已被教师接纳，就不会刻意地通过种种符合常规或不合常规的方式去换取教师的接纳和认可），而且会给幼儿在接纳别人方面以良好的示范。

② 教师要完整地接纳每个孩子的特点。引导幼儿接纳同伴——尊重同伴的特点，接纳同伴的特点，包括接纳他们的优点和缺点。我在幼儿园见习时曾听到这样一组师幼对话：

一个孩子用橡皮泥做了个玩具，对老师说："看，我做的比莉莉做的好。"老师马上纠正她："不是比她的好，而是你做的和她做的有不同的地方。"孩子坚持说："我认为我的就是比她的好。"老师也更加严肃地纠正道:"不对,我认为你们两个做的东西有不同之处,各有各的特点。"

教师的意图很明显,就是让幼儿能接纳别人的不同特点,而不是贬低别人、抬高自己。一旦幼儿具有了接纳意识,在他们心目中,人人都是平等的,每个人都有自己的特点,他们就不会轻易地从内心深处或行为上排斥别人。所以,在幼儿面前,应多强调每个小朋友的特点,而不是强调所谓的优点或缺点,更不要进行所谓的优劣评比,这样,幼儿会更加容易接纳别人。

## (二)让每个幼儿都有为班集体做贡献的机会

要想幼儿对班集体有归属感,不仅要让其有被接纳的感觉,还要让其能在班集体中发挥作用、实现价值,要让幼儿感觉自己在班级中被需要,自己能为大家做贡献,自己是班集体建设的主人,而不是旁观者或看客。因此,无论在平时的教育活动、节日表演活动、以班为单位参加的比赛活动或展示活动中,还是在班级环境的创设中,教师都应该让每个幼儿有参与的机会。对于这些活动,不应仅仅让那些"优秀"的幼儿参加,而应让所有的幼儿都有机会参加,这样,幼儿对班集体的认同感和归属感就会自然而然地形成。

而现实中,我们常常看到的却是在班级活动中,特别是以班为单位参加的具有比赛意义的活动中,多是那些能力强的小朋友唱主角,而其他小朋友只能当看客。这对培养幼儿对班集体的归属感很不利。从某种意义上讲,幼儿园举行的比赛活动,应该多考虑其教育性(如培养孩子的归属感等),而不是比赛性,幼儿园举行的比赛活动,从其本质上讲,应该是具有教育意义的。请看以下案例:

### 案例2-61  *可怜的森森*

某园的运动会快要开始了。小朋友们都在练习比赛项目——跳绳、转呼啦圈……只有个子最小的森森,这也不行,那也不行,一个人孤零零地站着。怎么办呢?老师给他找了一个最简单的项目——夹物跳,心想:凭他的"实力"应该可以参加。

成了参赛队的一员后，森森可高兴了，他从家里带来了一个雪碧瓶，一有空就夹在腿中间跳呀跳的。但是不知怎么搞的，他的速度还是比别人慢，怎么也快不了。这样怎么行？这可是接力赛呀！他这样不是"拖后腿"了吗？组里的其他小朋友都着急了。有一天早晨，小朋友们气呼呼地来对主班老师说："森森跳得太慢，我们会输的！""对，我们队不要他了！"这时，站在一边的森森就像做错了事似的，低着头一句话也不说……

幼儿园的运动会是幼儿园教育活动的一个有机组成部分，它应该面向全体幼儿，让每个幼儿都有参与的机会，输赢并不是最重要的，让每个幼儿都参与其中并从中获得快乐和发展才是最重要的。然而在现实生活中，有相当一部分教师过于看重比赛结果，以"为了班集体的荣誉"为借口抛弃像森森这样"能力弱"（准确地说，应该是该运动会没有适合森森特长的项目）的孩子——他们在所谓的强者面前永远都只能做"看客"，他们是不快乐的，甚至是痛苦的。

另外，在平时，教师还应该让每个幼儿都有机会为班集体或其他同伴提供服务。比如，轮流当值日生、值日班长，轮流当小组长，轮流给小伙伴发玩具、餐具、图书，轮流给小朋友讲有趣的故事，轮流当领操员，等等。当然，在轮换工作前，教师还要对即将"上岗"的幼儿进行适当的培训，让其掌握为大家服务的本领，从而在为大家提供服务的过程中获得成功的乐趣。

## （三）帮助每个幼儿找到适合自己的任务小组

除了集体活动外，在班级活动中培养幼儿归属感的另一种有效形式是小组活动。如果班级中每个幼儿都能在小组活动中找到自己的位置、发挥自己的作用、实现自己的价值，他们就很容易找到班集体的归属感。

小组活动的开展形式是多种多样的。教师既可以在常规的教育教学活动中组织幼儿进行小组活动，比如，在讲故事的语言教学活动中，教师可以把幼儿分成若干小组，让小组成员根据故事情节进行角色扮演；还可以在教室里的各个区角（如自然角、娃娃家、建构区、角色表演区等），或者更为具体的活动小组（如"养金鱼小组""养乌龟小组""种菊花小组""种南瓜小组""种冬瓜小组""种青菜小组"）中，让幼儿自由结组、自主活动，教师在一旁给予适当的指导。

如果每个幼儿都在幼儿园里有自己的"活动小组"（3～5人／组）——这些活动小组有自己的人员构成（有组长、组员，组长是轮流担任的）、有活动小组的目标、任务、活动计划等，并且每个人在这个活动小组中都能找到自己的位置，发挥自己的作用，实现自己的价值。那么，幼儿就很容易在幼儿园中找到归属感。

在小组活动中，小组成员为了共同的目标经常一起商量、合作做事、一起享受小组活动的"成果"，小组成员之间容易产生感情、建立朋友关系，他们对小组也有较强的归属感。我们调查发现，有些孩子生病仍然坚持上幼儿园，主要原因是他们小组当天有"活动"。

以"养金鱼小组"为例，虽然他们只养几条金鱼，但小组成员每天都要给金鱼喂食，有时还要换水。共同的活动、共同的任务以及分工与合作，不但让幼儿学会了社会交往的技能，增强了其独立解决冲突、协调矛盾的能力，增进了他们彼此间的感情，而且让他们感受到了小组合作的乐趣，找到了班集体的归属感，可谓一举多得。教师还可以让小组成员向全班小朋友介绍他们的小金鱼以及喂养小金鱼的有趣经验……这样，小组成员不仅成就了自己，还成就了别人——让别人也学到了有益的经验。

因此，教师在平时应尽可能多地组织小组活动，同时保证每个幼儿都能充分地参与其中，只有这样，才能实现小组活动效果的最大化。

### （四）通过细节培养幼儿的归属感

实践表明，幼儿园日常生活环节中的一些细节更能体现教师对幼儿的关爱之情，也更有利于满足幼儿的归属需要，让他们在幼儿园里获得归属感。

**1. 每天早晨热情地接待来园幼儿**

"一年之计在于春，一日之计在于晨。"晨间接待是幼儿一日愉快情绪开启的重要时机。幼儿在幼儿园的一天能否过得快乐，晨间接待工作起着重要的作用。

这就要求教师每天早晨迎接来园幼儿的时候，声音要洪亮、情绪要饱满、态度要热情，以便营造出一种积极愉快的情绪氛围。对不同年龄的幼儿，教师可以采取不同的接待方法：

小班幼儿年龄小，刚入园不久，对父母的依赖性还很强。每天早晨来园的时候，他们很可能会有焦虑情绪。这时候，教师除了要和他们热情地打招呼外，还可以抱抱他们、亲亲他们或者叫他们的乳名，这样很快就能拉近师幼间的距离，让幼儿对教师产生信任感。

中班幼儿已经对幼儿园环境和一日生活常规比较熟悉了，对父母的依恋也逐渐减少。教师在晨间接待时，可以亲切地和他们拉拉手，对他们说一些激励或赞美的话："××，你今天穿得真漂亮！""××，你今天真乖！"这样，幼儿的快乐情绪马上就会被调动起来。

大班幼儿已经习惯上幼儿园了，也基本上摆脱了对父母的依恋。这时候，教师可以以朋友的身份接待他们来园。师幼相互问好后，教师可以与幼儿击击掌，或者拍拍幼儿的肩膀。

**2．邀请幼儿积极参与到班级文化的建设中来**

班级文化是一个班级的灵魂，它代表了班级的形象，体现了班级的生命力。它是一种无形的教育力量，潜移默化地影响、熏陶、凝聚着幼儿。在班级文化的建设过程中，教师不应该"一言堂"，而应该邀请幼儿一起参与，这样更有利于培养幼儿的班集体归属感。比如，教师可以和幼儿一起挑选班服的样式，一起编写反映本班特色的班歌，一起设计"班徽"的图案，一起编制富有童趣和激励作用的"班语"，一起布置教室等。

有的幼儿园教师可能会产生这样的疑问："学龄前儿童那么小，我能够和他们商量出什么来呀？"对于学龄前儿童，教师可以给他们提供多个选择，然后让他们选出自己最喜欢的一项。这种方式就足以"取悦"他们了。他们会觉得自己是班级的主人，进而对班级产生热爱之情。

**3．营造幼儿离园前的"快乐时光"**

幼儿离园是幼儿园一日活动的重要环节，因为一个好的结束是幼儿第二天快乐入园的开始。教师应该注意，不能把一日活动安排得虎头蛇尾，草草收场。那么，在离园环节，教师应该做些什么呢？从幼儿吃完晚饭到家长来接他们之前的这段时间里，教师除了要帮助幼儿整理好仪表外，还要为幼儿营造一段快乐的时光。

（1）激励幼儿，让幼儿对未来的幼儿园生活充满信心

表扬和鼓励是推动幼儿进步的动力，也是幼儿不断增强自信的重要因素。教师平时可以准备一些幼儿感兴趣的小物件，如小玩具、动物的贴画、有趣的剪纸、折纸等，在一天结束的时候，奖励给那些有进步表现的幼儿；也可以对那些幼儿进行"精神"上的褒奖，如在全班小朋友面前表扬某个小朋友："我们班的××小朋友，手儿巧，想的妙，不只折纸好，还会画画，以后××就是我们的小老师。"相信这个小朋友听了以后会非常开心。

（2）设立悬念，引起幼儿的好奇，让他们带着期待来园

在一日活动结束时，教师可以通过小魔术或者故事设立悬念，比如，某教师在讲"雪人不见了"这个故事时，是这样结束的：雪人为什么不见了？他到哪里去了？在幼儿"欲知后事如何"时，教师却戛然而止，给他们留下了一个或多个疑问，使幼儿带着"且听下回分解"的急切心情愉快顺利地入园。

（3）深情地与幼儿道别，告诉幼儿自己期待他们第二天来园

在和幼儿道别时，教师不妨深情地对他们说"老师喜欢你，明天早上等你来幼儿园哦"，或者"老师期待明天和你一起玩游戏"，并配以一些表示喜爱的动作和表情。这样，幼儿对第二天来园就会有一种积极向往的心情……

### 案例2-62　　有爱在，明天就值得期待

豆豆是三代单传的宝贝，在家里是"说一不二"的小皇帝，入园后，由于不适应新环境，他表现出特殊的分离焦虑——每天对送他来园的父母又打又咬，还抓破了来抱他的老师。老师并没有对豆豆的过激行为提出批评，只是说："我的手破了，好疼啊！我知道豆豆不是故意的，你能给我吹吹吗？"尽管豆豆没有表现出很关心的样子，但他还是对着老师的手吹了几下。

在以后的几天，老师在离园时总要抱抱豆豆，悄悄对他说："我喜欢你，

明天早上等你来幼儿园哦!"

渐渐地,豆豆喜欢上了幼儿园,每天早上一起床,豆豆就催着妈妈快点把他送去幼儿园。

有爱在,幼儿园就会成为幼儿向往的地方。

#### 4. 为每个幼儿举办庆生活动

从幼儿入园的第一天起,幼儿园每年都会以班级的名义、以统一的规格(简朴而有意义)给每个幼儿过生日。如果班里有几个小朋友的生日恰巧在同一月份,教师通常会选择这个月中合适的一天同时为他们过生日。过生日的时候,本班教师会以班级的名义送一份小纪念品给过生日的小朋友,并总结一下这个小朋友在过去一年中取得的进步,在鼓励他再接再厉的同时对他提出新的期许。班里其他小朋友会对其说"生日快乐",然后,大家一起为过生日的小朋友唱生日歌。这种温馨、幸福的气氛会使过生日的小朋友在心理上产生对班级的亲近感和归属感。

#### 5. 为缺乏班集体归属感的幼儿提供特殊的帮助

每个班级都会有那么几个幼儿,他们或因为个性原因,或因为环境适应不良,无法对班集体产生归属感。对于这些幼儿,教师要给予更多的关注和支持,帮助他们尽快融入班集体。比如,教师要为那些被动寡言、内向腼腆的幼儿提供发挥作用的时间和空间,让他们感觉到自己是有能力的,是可以为班集体做出贡献的;要多给刚"插班"来的幼儿以关心和爱,引导班里其他小朋友主动与他做游戏、一起活动;对于那些调皮捣蛋想引起教师关注的幼儿,教师要及时满足他们的情感需求,同时,让他们在班级中有发挥其独特作用的机会……

除了平时多关心这些幼儿外,教师还要学会抓住契机培养他们的集体归属感。比如,当他们生病不能来园的时候,教师要组织小朋友以各种形式(如打电话、送小礼物等)表达对他们的关心和慰问。这样,他们更能体会到班集体的温暖。

### 6. 利用随机教育培养幼儿的归属感

幼儿园教师要做教育的有心人。只要是教育的有心人，就会发现日常生活中存在着许多培养幼儿归属感的契机。

**案例 2-63　幼儿生病也可成为培养其归属感的良机**

班上的丁磊小朋友身体较弱，经常生病请假，为引起班上其他小朋友对丁磊的关心，谭老师设计了"慰问丁磊小朋友"的教育活动，要求全班幼儿根据自己的能力，对丁磊小朋友说一段或一句话并自制一件小玩具作为慰问礼物送给丁磊。

活动前，谭老师让幼儿在班上互相交流，把话说完整、说连贯、说清楚："丁磊，你好点了吗？我们很想你，我折了一只飞船送给你玩。""丁磊，我很想你，你要听医生的话，好好养病，祝你早日恢复健康。""丁磊，我可想你了，希望你不要怕吃药、打针，你一定会很快好起来的。""丁磊，我很想你，快来幼儿园，我们和你一起玩。"谭老师把幼儿表达的对丁磊小朋友关心的话语录进磁带，并带领幼儿一起去邮局把录音带和小朋友们亲手制作的玩具一起寄给丁磊。丁磊家长收到礼物后打来电话激动地说："你们使孩子从小就学会了主动关心别人，也使孩子体会到了被关爱的愉悦。"从此，丁磊更加喜欢幼儿园，更加依恋老师，更加向往幼儿园的生活了。

### 7. 让每个幼儿至少与一位教师建立比较亲密的关系

从幼儿入园的第一天起，甚至从他们入园前，教师就要有意识地和他们建立一种比较亲密的关系——经常和孩子聊天、一起玩耍、一起唱歌、一起跳舞、一起追逐打闹、一起趴在地上观察蚂蚁……久而久之，你就会发现你自然而然地与他们融合在了一起，孩子也和你建立了亲密的关系，小朋友们天天盼望着来园和你这个有童心的老师一起学习和生活。

### （五）家园配合培养幼儿的归属感

在培养孩子对幼儿园的归属感方面，家长也能有所作为：

首先，家长要经常向孩子转达教师和班里其他小朋友对他的喜欢与关心。比如，家长可以告诉孩子，老师如何喜欢他，小朋友们如何喜欢他。尤其是在孩子因故（如生病住院、幼儿园放寒暑假等）不能上幼儿园时，家长更要设法让孩子了解到教师和同伴对他的思念，从而让孩子时刻体会到集体的温暖，进而对班集体产生归属感。

其次，家长要注意唤起孩子在园的积极体验。每天孩子回家后，家长可以问问他：今天幼儿园里有什么快乐的事发生？你和哪个小朋友玩了什么有趣的游戏？你和老师说了些什么？老师给了你什么帮助？……家长经常这样问，既有利于让孩子感觉到幼儿园生活的乐趣，又有利于引导孩子逐渐发现幼儿园老师和小朋友对他的"好"，进而更加向往幼儿园的生活。家长切记：不要用幼儿园教师来吓唬孩子，这样只能让孩子越来越害怕上幼儿园。

此外，家长还应该支持孩子参加幼儿园以班级为单位组织的一些园外活动，如郊游、野炊、参观等，必要的时候还应该尽己所能地为班级外出活动提供物质上的支持，如提供交通工具。让孩子积极参加这些活动，也可以培养孩子对班级的归属感，有利于孩子在幼儿园里健康成长。

## 五、让幼儿有充分的交往机会

人际交往是指两个或两个以上的人借助语言符号和非语言符号系统进行接触，从而在心理和行为上相互影响的过程。人际交往可以分为人际交流与人际交易两种形态。人际交流的目的是交流思想、沟通感情；人际交易的目的是追求交易对价或交易利益（包括物质利益和精神利益）。人际交流的主体的意志通常是独立的、自由的、平等的；人际交易主体的意志往往是非自由的、无奈的甚至是强迫的。

人际交往具有经济性（即任何人都不希望因交往而造成损失，包括时间、精力或财富的浪费等）、可获性（即在任何交往中，参加者都可期待通过交往有所收获）、工具性与目的性（所有的交往都被参加者作为工具，如传递信息、进行教育等，或者为达到自身的目的而交往）。

交往需要就是个人想接近别人并和他人交流思想感情、沟通信息的需要。

　　研究表明，成年后的人际关系状况，往往与幼年时的人际交往意识和能力有着密切的联系。幼儿在与同伴交往中习得的交往技能、获得的社交地位等都会为其成年后的人际交往能力奠定基础。与同伴的交往直接影响幼儿情绪、情感和个性的发展。乐于并善于与同伴交往的幼儿，其情绪、情感与个性发展通常较好；缺乏与同伴交往的经验可能造成幼儿成年后人际交往的适应不良：拘谨胆小、害羞怕生、孤僻退缩或自我中心、不能合作、任性、好攻击。没有正常的同伴交往，不能和他人建立友情，幼儿会产生孤独感和孤僻的行为，久而久之，对幼儿身心健康的发展极为不利。

　　心理健康的幼儿是合群的，他们渴望能和教师及其他小朋友交往。在我们调查幼儿的愿望时，就有幼儿说："我希望附近有小朋友能和我一起玩娃娃家的游戏。""我想让小朋友来我家，看看我的新玩具。""我的好朋友范丽搬家了，我很不开心。我希望她搬回来。""我希望天天上幼儿园，因为幼儿园里有好多小朋友，在家里只有我一个人玩。"而在另一项调查"你喜欢幼儿园的什么活动？原因是什么？"时，就有幼儿回答喜欢玩"娃娃家""老狼老狼几点钟""围大圆圈"等游戏，因为这些游戏"有好多人在一起玩"——"'围大圆圈游戏'，可以和小朋友手拉手""'拉钩'游戏可以和小朋友'拉钩'""'藏铃铛'游戏可以跟老师一起玩""'抓星星'游戏，老师会来抓我们"，等等。这些调查的结果都表明，幼儿有与人交往的需要。

　　为了建立良好的师幼关系，教师应积极主动地与幼儿交往，努力关照幼儿的交往需要。

## （一）与幼儿建立亲密的私人关系

　　在调查中，我们发现：幼儿喜欢与教师交往，希望能与教师亲近，渴望能与教师合作、交流思想感情。

幼儿语

　　喜爱教师的理由：

"丁老师经常和我们玩游戏。""胡老师经常跟我说悄悄话。""卢老师喜欢和我说话。""谭老师带我去她那里玩。""方老师经常陪我们玩。""贾老师经常叫我和她一起去倒垃圾。""我们出去散步时,陈老师总是牵着我的手。""付老师陪我聊天,给我讲故事。"

不喜爱教师的理由:

"陆老师不和我们玩。""宁老师不爱和我们玩。""曹老师不和我说话。""今天早上,我对王老师说'早上好',她不理我。"

### 案例2-64　我想当排头

有一天早上,小波的妈妈送小波来园时,对彭老师说:"今天排队时,能让小波当排头吗?他非常想当排头。"小波的妈妈走后,彭老师问小波:"你为什么想当排头呀?"小波说:"当排头能和彭老师手拉手。"

听了这些,彭老师紧紧地拉住了小波的小手,小波的脸上露出了满足的微笑。

教师可以从以下途径着手与幼儿建立亲密的私人关系:

#### 1. 注意入园前最初情感的建立

每年新生入园前,教师都会去家访,以了解即将入园的孩子的生活习惯、个性品质、兴趣爱好等,同时告诉家长幼儿在刚入园时可能产生的一些情绪和环境适应不良的问题以及应对策略。如果在家访前,教师能够和家长联系并了解幼儿的兴趣爱好,如幼儿喜欢的玩具、喜欢看的动画片、喜欢玩的游戏等,然后在家访时投其所好地和幼儿聊一聊、玩一玩,会让幼儿对教师产生亲近感,对幼儿园生活不再感到畏惧和担忧,也更容易让幼儿在入园后与教师建立亲密的情感关系,尽快适应入园后的新环境和新生活。

#### 2. 记住每个幼儿的名字

在新生入园前,教师应努力记住每个幼儿的相貌和名字,而且最好提前和家长联系,了解幼儿的乳名或者家人对他们的昵称。这样,在幼儿入园时,教师不但可以"对号入座",一下子认出幼儿,而且可以用乳名称呼他们。这会让幼儿对教师产生亲切感和好奇,从而分散他们因为入园而产生的紧张和焦虑情绪。在平时的教育教学活动中,教师用乳名(昵称)称呼幼儿,也会让幼儿感受到教师对自己的喜爱,进而喜欢上教师。一位妈妈曾经讲述过一个有关她儿子的小故事:

> 我是一名幼儿园教师,同时又是一名孩子的母亲,有时我会问儿子:"老师喜欢谁?"儿子总是骄傲而自信地回答我:"老师喜欢我。"从孩子的言行中,我能感受到老师对孩子的爱。除了我平日昵称儿子为"宝贝"外,他的老师也常常叫他"小宝贝",怪不得儿子对老师这么亲,这么听老师的话,有道是"亲其师必信其道也"。

为了在最短的时间内记住每个小朋友的名字,有的教师会在开学前为每个幼儿制作四个彩色的姓名标签:一个贴在水杯上;一个贴在毛巾上;一个贴在床铺上;剩下的一个,在开学第一天,见到幼儿时作为礼物送给幼儿并贴在幼儿的衣服上。这样,在一天的活动过程中,教师只要看一眼标签就可以叫出幼儿的名字了。

另外,以下方法也有助于教师记住幼儿的姓名:

◆利用每天早上的晨检时间,记住幼儿的名字。利用早点前的点名强化记忆。

◆利用和幼儿聊天的机会记住幼儿的名字。聊天的内容最好是与幼儿有关的,如幼儿父母的情况、幼儿的喜好等,以便教师把幼儿的名字和幼儿的具体形象联系起来。

◆利用教育教学活动中提问幼儿的机会,加强对幼儿名字的记忆。

◆先记住班里几个比较调皮的和几个能力较强的幼儿的名字,然后从他们辐射开来。这样既有利于管理幼儿,又能快速记住其他幼儿的名字。

**3．多与幼儿进行肯定性接触**

肯定性接触是指教师与幼儿交往中的表扬、鼓励、肯定、微笑等言行，而否定性接触则是指教师与幼儿交往中的批评、指责、讽刺、挖苦、谩骂、否定、不信任、威胁、主观臆断等言行。

肯定性接触有利于消除幼儿与教师交往的心理障碍，有利于增进师幼间的情感，进而增加师幼交往的频率，满足幼儿的交往需要。如果教师坚持每天和每个幼儿说说话或者进行目光交流，经常对幼儿微笑，与幼儿进行适当的身体接触（如抚摩、拥抱、拉拉手、拍拍肩等），用肯定性接触代替否定性接触——哪怕只是微笑着看幼儿一眼，关切地对幼儿说上一句话或轻轻地摸摸幼儿的头，幼儿就会乐意与教师交往、亲近教师。相反，如果教师与幼儿交往时多是否定性接触，那么，幼儿就会觉得教师可怕，会逐渐远离教师。

### 案例2-65　肯定性接触让小涛变了

小涛很好动，一刻也不停。可这天，小涛却不声不响地趴在桌子上。小陈老师看到了说："昨天肯定玩到很晚才睡觉，现在没精神疯了。"同班的王老师走过去一瞧，原来，小涛的牙龈发炎了，半边脸肿得像红苹果。王老师经询问才知道，小涛为了不影响妈妈上班，坚持带病上幼儿园。王老师在全班孩子面前表扬了小涛，还在讲故事的时候抱着小涛。从此以后，小涛变得守纪律了，也喜欢上幼儿园了。

### 案例2-66　责任都在幼儿

户外活动时间，朱老师和小玮一起做传球练习。朱老师将球扔过去的时候，小玮没接住，朱老师生气地说："笨死了！球都接不住。"

小玮有点不好意思地跑去捡球，然后把捡回的球扔给朱老师，这次朱老师也没有接住球。

这下朱老师该感到不好意思了吧？没想到的是，朱老师说："笨死了！连球都不会扔。"

小玮听后低下了头，不知所措地呆站在那里……

"笨死了！球都接不住。""笨死了！连球都不会扔。"案例中，朱老师与小玮的接触无疑是否定性的。面对小玮活动中的失败，朱老师非但没有鼓励、支持他，反而批评、指责他。面对自己在活动中出现的失误，朱老师不仅没有从自身找原因，还把责任推卸到小玮身上，批评、讥讽他。教师以这样的方式和幼儿交往，幼儿无法感受到交往的乐趣，久而久之，自然也就不愿意和教师"玩"了。

### 案例 2-67　赞美应该成为一种习惯

见到我班的小朋友，无论他有什么缺陷，我都会发现他漂亮的地方。我会说："宝贝，今天发型真漂亮。""头发竖起来怎么显得你那么帅呢！真酷！"……

对于我的不吝赞美，幼儿也给予我丰厚的回馈。当我每天走进班里时，小朋友们都会围上来说："张老师，你今天怎么这么漂亮呀？""张老师，我喜欢你穿漂亮的裙子。"……听到这些话，我也感到很高兴，一天的心情都特别好。

我总是发自内心地夸他们，他们也会真诚地夸我。这种相互的赞美让我感到生活的愉快和美好。我和孩子们的关系也十分融洽，感情也很好。

（摘自一位幼儿园教师的教育笔记）

有这样一个说法：一个女人如果长得不漂亮，你可以说她长得可爱；如果她长得不可爱，你可以说她长得苗条；如果她长得不苗条，你可以说她文化水平高；如果她文化水平不高，你可以说她为人处世好；如果她为人处世不好，你可以说她有气质；如果她没气质，你可以说她善良……

因此，教师只要用心地观察幼儿，就可以从幼儿身上挖掘并发现很多可爱之处。这些可爱之处会促使我们以一种赞美、呵护、支持和鼓励的态度对待幼儿，以赢得幼儿的爱。

### 4．富有童心，积极融入幼儿的生活

**案例 2-68**  *和幼儿玩，你才算是他们的朋友*

小朋友们上了中班，便慢慢有了自己的好朋友。有一次户外活动时，小蓉蓉跑来问我："蒋老师，你有没有好朋友啊，你的好朋友是谁啊？"我笑着回答道："我的好朋友是你们啊！"骁骁忽然大声说："老师是老师，老师不是朋友；要是朋友，你为什么不和我们荡秋千、玩攀岩啊？""对啊，为什么呢？"小朋友们议论起来，我一时不知如何是好，这时张铭哲跑来拉我的手，说道："老师，我们一起去玩滑梯吧！"说完，不由分说地拉我来到滑梯前。看着孩子期盼的目光，我"勇敢"地用手抓住了滑梯。虽然看起来我的身体和小小的滑梯是那么的不协调，但是看到小朋友们高兴的样子，我感到很幸福。因为我在他们心中不再是遥不可及的老师，我成了他们中的一员，我是他们可以信赖的朋友。那次活动后，我和小朋友们的心走得更近了，他们和我的感情更深了。于是，我常常以朋友的身份和他们交流，引导他们正确地和朋友相处，认识朋友间的友爱。

幼儿愿意把我当成他们的大朋友，和我一起玩，把他们的小秘密和我分享——有时他们会突然走到我身旁，在我身上挠痒痒，又笑着跑开；有时，他们会悄悄地走到我身后，蒙住我的眼睛，让我猜猜他是谁……那时，我的心中被甜蜜和快乐包围着。我们希望的不就是这样一种平等融洽的师幼关系吗？

（摘自一位教师的教育笔记）

确实是这样，教师把自己的姿态放低了，时刻保持着一颗童心，经常和幼儿一起"疯"玩，就能成为他们的朋友，幼儿就喜欢与之交往，也只有这样，幼儿才会在与教师交往的过程中获得乐趣。

### 5．对幼儿家长要热情

如果教师对幼儿家长很热情，如主动与家长打招呼、主动与家长交谈、热情邀请家长参与班级组织的一些游戏活动，那么，幼儿很容易将教师当作

"自家人",进而喜爱教师。在我们的调查中,就有幼儿因为某位教师"经常跟我爸爸妈妈说话"而喜爱该教师。因此,为了获得幼儿的爱,教师应主动热情地与家长沟通、交流,让幼儿感受到教师和家长之间和谐、融洽的关系。

### 6. 蹲下来与幼儿说话

受传统"师道尊严"的影响,教师总习惯把自己定位于班级管理组织者和控制者的角色,很少站在孩子的角度考虑问题。在孩子的眼里,教师是"高高在上"的"绝对权威"。可想而知,在这种备感压力的环境下,幼儿对教师只有敬畏,无法产生由衷的喜爱之情。

这就提醒教师,在与幼儿的互动交流中,我们应该"蹲下来"与幼儿对话。这里的"蹲下来"有两个意思:一是降低自己的身体高度。教师在与幼儿进行对话交流的时候,要蹲下身子,眼睛看着幼儿,与幼儿平视。二是降低自己的心理优势。教师要坚信,无论在人格还是尊严上,幼儿与教师都是平等的,教师要从思想上、认识上放下"架子",不以权威、领导者自居,不居高临下,而是以幼儿的大哥哥、大姐姐甚至大朋友的身份与他们交流,多听他们的声音,多满足他们的需求,多从他们的角度去考虑问题,走到他们中间,和他们共同学习和研究,及时接收他们传递的信息。

只有蹲下来,才能发现幼儿眼中的世界,才能明白幼儿的所思、所想,才能让幼儿接受我们并愿意与我们沟通,也才能向幼儿传递我们的信念。因此,教师蹲下来与幼儿说话,既成全了孩子,也成就了自己。

## (二)教育活动中满足幼儿的交往需要

为了满足幼儿的交往需要,促进幼儿社会性的发展,应该充分挖掘和利用各种教育活动的交往功能,努力创造条件,让各种教育活动变成幼儿同伴间、师幼间交往的平台和桥梁。为此,应该注意以下几点:

### 1. 游戏活动中满足幼儿的交往需要

玩具交换促进幼儿间的交往。如,有的幼儿园规定每周有一天让幼儿自带心爱的玩具上幼儿园,并在集体面前把玩具的性能和玩法介绍给同伴,活动结束后,让幼儿讲"你最喜欢谁的玩具""你和小伙伴是怎样玩的""你把自己的玩具给谁玩了"等，让幼儿交流各种交往方式、方法，体验交往的乐趣。

举办玩具跳蚤市场促进幼儿间的交往。在玩具跳蚤市场里，幼儿要想与别人进行玩具交换，就要与人交往，当别人不太愿意与他交换玩具时，他还要努力说服别人和他交换，这种活动使幼儿敢于与人交往、善于与人交往，它拉近了幼儿之间的距离。

角色游戏促进幼儿间的交往。在角色区域里，幼儿可以有角色扮演、角色互换的机会并相互交流。如，在娃娃家里，小朋友们相互推选——"你当妈妈""他当爸爸""我当孩子"，在这样家庭式的氛围中，3个孩子自然组合，成为一个小组，三人必然有合作、交流、协助。在角色游戏中，教师要引导幼儿多说、多表达，促进幼儿间的交流。

不同游戏区内幼儿间的合作有利于拓宽幼儿交往的舞台，增强幼儿之间相处、交往的练习机会。如，有一次，娃娃家里的刘力恺对我说："老师，我想带孩子到音乐区看表演。""好吧！"刘力恺高兴地走到音乐区，说："我带孩子来看你们的表演，可以吗？"正在表演舞蹈的刘美琪和祁佳彤愣了愣，转头看我。我向她们点了点头，祁佳彤马上笑着搬来一把椅子，拉着刘力恺说："好吧，你抱着娃娃坐在这儿看吧。我们给你们跳舞。"刘力恺看了一会儿音乐区的小朋友们的表演后，说："现在娃娃困了，我带他回家睡觉，谢谢你们，再见！"

教师可以提供一些需要多人合作、沟通才能玩得起来的玩具；玩具适当少些，可以促进幼儿间的协商与交流、分工与合作。教师还要关注那些经常独自沉迷于某一玩具或游戏的孩子，有意地引导他们多参加与他人合作才能玩的活动。

### 2．教学活动中满足幼儿的交往需要

为了增加幼儿在教学活动中的交往机会，教师应该尽量减少有严密组织、苛刻纪律的教学活动，增加幼儿自由与同伴交往的时间；减少大集体活动时间，增加幼儿小组活动时间；让孩子与同伴在教学活动中合作、共同承担一定的任务，并通过共同完成任务积极互动……

教师要努力将各种教育活动变成幼儿同伴间、师幼间沟通信息、交流情感的活动。同时，教师也要改变自己的角色，不要总是以高高在上的"教育者"身份，而要经常以同伴、朋友的身份，平等地与幼儿沟通、交流、协商，乃至完全融入幼儿的活动和内心。

### 3. 生活活动中满足幼儿的交往需要

幼儿园的生活活动包括以下内容：来园、离园、进餐、睡眠、盥洗、散步、自由活动、节日活动等。

如果教师注意挖掘，生活活动也能成为幼儿与人交往的机会。如，户外散步活动中，教师可以根据性格互补原则，安排内向的孩子跟外向的孩子、被动型孩子与主动型孩子结对，过分受保护的孩子与自主意识较强的孩子、胆小怕事的孩子与勇敢的孩子为伴，做事情慢的孩子和做事情快的孩子手拉着手散步，这有利于提高幼儿间的互动，满足幼儿的交往需要。午餐时，让幼儿轮流帮教师分发碗筷，收拾餐具，并且允许幼儿在进餐的过程中与同伴说说话，甚至可以根据幼儿性格互补的原则，安排不同性格的幼儿同桌进餐——吃饭时说说话有利于形成良好的进餐心理环境，有利于幼儿的身心健康，希望教师们不要为了让小朋友们吃得快一点而让他们过着"哑巴"似的生活。又如，午睡起床后，让幼儿相互帮助穿衣、叠被，相互检查仪表等，都有利于促进幼儿间的交往。

又如，节日活动中，把传统的表演节目改为开展一些趣味游戏活动，让大、中、小班的小朋友一起参加游戏，不同年龄班的幼儿在一起活动，无拘无束，他们会感到特别有趣。无形中小朋友们扩大了自己的交往范围，同时又能享受到节日的快乐，并体验到交往的乐趣及同伴之间友好相处、互相帮助的快乐。在活动中，鼓励交往能力强、友善的年长幼儿主动邀请不敢交往的年幼幼儿与他们一起做游戏，并主动担当一定的角色或分享玩具，这对激发年幼幼儿的交往欲望和享受交往的乐趣会有一定的帮助。

只要教师用心挖掘和利用生活活动这一平台来激发和满足幼儿的交往需要，就可以在一定程度上促进幼儿的发展。

### （三）鼓励幼儿与小伙伴交往

幼儿学会走路之后，就会产生与同伴交往的兴趣和需要。调查发现，有许多幼儿"希望天天上幼儿园"，因为"幼儿园里有好多小朋友，我们可以一起玩，在家里只有我一个人玩"。为了与同伴玩，有的幼儿甚至还带病上幼儿园。例如，有一天，一位妈妈送孩子来园，对老师说："邓老师，今天恬恬身体不好，我本来想让她在家休息一天，可她怎么也不肯，非要来幼儿园。她说在家里就她一个人，没意思……"

幼儿喜欢某些游戏活动，一个重要的原因就是这些活动满足了他们的交往需要。有部分教师则因为不允许幼儿与同伴交往而得不到幼儿的爱。例如，有些幼儿在阐述他们不喜欢某位老师的理由时这样说："吴老师不许我和小敏玩。""胡老师不让小朋友和我玩。"

为了让幼儿热爱幼儿园、热爱教师，教师在设计和组织教育教学活动时，一定要考虑如何才能更好地满足幼儿同伴间的交往需要。

**1．关注教育活动中的"交往缺失"**

在幼儿园里，我们时常可以见到这样的现象：课堂上，老师在讲话，小朋友中相邻的两个幼儿却没有认真听课，而是小声地嘀咕着什么。这时，不管他们在说什么，教师都会强制要求他们安静下来。在幼儿园里，为了维持课堂秩序，教师一般会和幼儿进行如下的对话，即教师说前半句，幼儿在回答后半句的同时按照要求做出相应的动作。

教师："小手儿……"　　幼儿："背好。"（回答的同时把小手背在身后）
教师："眼睛……"　　　幼儿："看老师。"（回答的同时眼睛看向老师）
教师："小嘴巴……"　　幼儿："闭上。"（回答的同时闭紧小嘴巴）

对于那些按照教师的要求做的幼儿，教师一般会给予表扬："你们看李小雨多乖呀——嘴巴闭得紧紧的，两脚合得紧紧的，坐在那里一动不动……"

在这种教学常规的导向下，师幼间的交往会缺失，幼儿间的交往也会缺失。究其原因,一部分与我们传统的"重知识技能"的教育观念有关。在这种观念的影响下,许多幼儿园教师将教育等同于知识技能的传授,将自己的主要作用定位于"劝学"和知识技能的"贩卖",导致师幼间只有"教"与"学"的关系,只有单向的信息输出,而没有真正意义上的情感交流和互爱。另一部分与教师的"轻视儿童交往需求"的儿童观有关。持这种儿童观的教师,看不到幼儿交往的需求和幼儿交往对幼儿学习、生活和社会性发展产生的作用,导致他们在教育教学活动中非但不会有意识地为幼儿提供交往的机会,反而会在无意识中扼杀幼儿的交往需求。

因此,要想满足幼儿的交往需要,教师就必须改变上述的观念和做法,努力将各种教育活动变成幼儿同伴间、师幼间沟通信息、交流情感的活动。

**2. 正确认识和对待幼儿交往过程中产生的冲突**

由于在园幼儿多是独生子女或二胎政策后出生的与"老大"年龄相差很大的"老二",过分宠溺的家庭环境让他们在入园前就形成了唯我独尊、任性、霸道、自私、不合群的个性。入园后,这种个性很容易导致他们与同伴发生冲突。

冲突的产生源自幼儿社会交往技能的缺乏,但冲突的产生及其解决过程,又有利于幼儿走出自我中心,学会按照社会规范,通过协商、互惠、互谅等手段来协调自己与他人的关系,从而提高解决社会问题、协调人际关系的能力,加速社会化进程。

因此,对于幼儿间的冲突,教师应该具备正确的认识,学会科学地对待。

**(1) 冲突是幼儿与同伴交往的一种表现**

由于幼儿交往经验缺乏、交往能力和技巧有限、语言表达能力不足,他们在交往过程中发生冲突是很正常的。如果一个孩子在幼儿园从来没有与同伴发生过冲突,一方面可能说明这个孩子性格好,在与同伴交往中知道忍让;另一方面则可能是因为这个孩子根本没有与任何同伴进行交往,没有交往,冲突自然不会产生。没有与任何同伴进行交往比与同伴发生冲突更可怕——前者是一种社会退缩行为,更不利于幼儿身心健康的发展。

## 案例 2-69　我也喜欢她

桌面游戏时，一个小女孩把积塑插花插在自己的头上，老师看到后表扬了她：很漂亮，真能干，老师喜欢你。老师离开后，女孩旁边的一个小男孩用嘴巴在小女孩脸上亲了一下，小女孩便气愤地向老师报告……

结果老师骂小男孩是小流氓。

教师不应该骂小男孩，而应该问他："你为什么要亲她？"或许那个男孩会回答说："我也喜欢她。"这时，教师可以问他："如果不用这种方法，你想想还可以用哪些方法来表示你喜欢她？"教师应该引导小男孩：用嘴巴说出来、做个手势、用手去摸一摸插花、拉一拉女孩的手等。这使幼儿学会采用别人能够接受的方式来正确表达自己的喜爱之情。

## 案例 2-70　打人只是因为不懂与人交往的技巧

"老师，雷雷打我了。""老师，雷雷掐我了。""老师，雷雷抓我脸了。"户外活动时，我悄悄地拉过雷雷，问他："你为什么总是打别的小朋友呢？"话音刚落，他就大哭了起来。整个户外活动期间，没有小朋友跟雷雷玩。我刚想走过去和雷雷再聊聊，却见他走到一个小朋友跟前用手轻轻地抓了小朋友的脸，那个小朋友吓得跑开了。

下午起床后，我悄悄地对雷雷说："雷雷，你是不是很想和别的小朋友玩？"他点了点头。我又说："你是不是因为想与别人玩，才去打别人、抓别人的？"他又点了点头。我告诉他："要想和别的小朋友一起玩，必须与别人友好相处，而且应该把自己的玩具与其他小朋友分享。"我告诉他方法后，请他去试一试，虽然仍有小朋友不愿意和他一起玩，但是大家对他的抵触情绪已经不那么强烈了。过了一会儿，一个积木搭建小组邀请雷雷参与他们小组的活动，雷雷别提多高兴了。整个下午，他没有再打过任何一个小朋友。

从案例中可以发现，"打人""掐人""抓人"只是雷雷发出的渴望与他人交往的不恰当"信号"。之所以不恰当，是因为雷雷没有掌握正确的交往技巧。只要教师给予正确的引导，比如，教雷雷用语言表达自己的互动请求——"×××，我可以和你一起玩吗？""我想和你们一起搭建城堡，可以吗？"，相信他很快就会成为深受小伙伴欢迎的小朋友。

教师绝不能因为幼儿与同伴发生冲突而禁止幼儿间的交往，这样做既不利于解决幼儿间因交往能力欠缺而产生的交往冲突，也不利于幼儿交往能力和社会性的发展，同时还可能导致幼儿对教师的怨恨。

**（2）正确定位教师在解决幼儿冲突中的角色**

在幼儿冲突解决的过程中，幼儿园教师起着什么样的作用呢？要想回答这个问题，我们先要明确解决幼儿冲突的目的是什么。从儿童心理健康发展的角度看，解决冲突的目的不是消灭冲突或预防冲突的发生，而是让幼儿通过体验和学习选择适宜的方法化解冲突，发展幼儿主动建构和自我解决冲突的能力，从而提升幼儿的社会交往能力和社会适应能力，促进幼儿社会性的发展。因此，教师解决幼儿冲突时的角色应定位于指导者兼教育者。

① 作为指导者的幼儿园教师。教师要明白，指导不是控制，不是代替幼儿解决冲突，而是引导和帮助幼儿摆脱自我中心、增强自我解决冲突的经验和能力。因此，在引导幼儿解决冲突时，教师应该做到以下两点：

第一，为幼儿提供面对冲突和自主解决冲突的机会。当冲突发生时，教师可先当"旁观者"，关注事态的发展，让幼儿自己去处理。美国心理学家D.F.海和H.S.罗斯（1982）研究21个月大的婴儿发现，婴儿在游戏过程中发生的冲突，79%是在无成人干预的情况下由自己终止的。遗憾的是，教师常常低估幼儿的能力，忽略幼儿的冲突解决能力就是在"与同伴产生矛盾冲突—解决矛盾冲突—产生新的矛盾冲突—解决新的矛盾冲突"的循环往复的过程中发展起来的，所以他们才会在幼儿间冲突发生时过早或者不适宜地介入。例如，在幼儿间的冲突尚未真正发生时就进行呵斥，将其消灭在萌芽状态，或者在冲突过程中粗暴地制止和干预（不问缘由地简单制止、隔离拉扯或吓唬幼儿），从而剥夺了幼儿自主解决冲突的机会。教师要为幼儿提供解决冲突的机会，要让幼儿经历冲突，在这个过程中，幼儿的表现也许会让我们大吃一惊。

### 案例 2-71　骑车冲突

小阳和小冰发现操场上有一辆小自行车。他们俩几乎同时跑到小车旁，都想先骑，谁也不让谁，由此发生了争执。曹老师在一旁静静地观看，一言不发。不一会儿，小丽也来到小车旁，见小阳和小冰争得不可开交，就建议采用"石头、剪刀、布"的游戏来决定谁先骑车，结果小阳赢了。他骑着自行车兜了一圈又一圈，竟把另外两个小伙伴撇下了。

小丽和小冰高声叫小阳停下，小阳不理不睬。于是，小丽勇敢地挡住小车的去路，小冰也大胆地拉住小车的后座，迫使小阳停车。争执又开始了，但没过多久，小冰骑上了车，小丽在一边数着："一圈、两圈……"原来，他们制定了骑三圈后换人的规则。

第二，在幼儿遇到困难时提供必要的帮助，引导幼儿解决冲突。当幼儿面对冲突束手无策或运用某种方式解决冲突失败时，教师要及时给予情感支持，鼓励幼儿尝试换一种解决方法或给幼儿一点建议。在处理幼儿冲突时，教师切忌以权威的身份代替幼儿解决问题。成人的经验代替不了幼儿自己的体验，只有亲自尝试和实践，幼儿才能从一次次的冲突中总结经验，习得解决冲突的策略和技巧。如下面的这个例子：

孩子们在活动室里自由玩耍，玩着玩着其中两个孩子吵了起来。两个孩子中性子急的那个扑上去要打另一个。这时，在一旁监护的文老师走过来对他们俩说："你们那么想打架呀？好啊，这可是体现谁更'厉害'的好机会。不过，打架应该用嘴'打'，不能用手打，否则容易把小朋友打伤。"于是两个孩子停了下来，开始互相指责对方。这时，文老师又说："小朋友们说话要文明，要讲道理，错了要承认，要向别人道歉……"

② 作为教育者的幼儿园教师。教师在解决幼儿冲突中的主要角色是教给幼儿人际交往的技能和策略，包括用正确的话语表达自己的情感、需要和想

法，学习协商、等待、轮流、放弃、谦让、遵守规则等。交往技能和交往策略运用能力的高低直接关系到冲突解决的结果。在教学中，教师要根据幼儿的发展水平和能力设计多种形式的教学活动，让幼儿反复练习掌握。其中，情景训练和角色扮演是直观而有效的训练方法。

### 3. 帮助处于交往困境中的幼儿

处于交往困境中的幼儿主要有两类：一类是被同伴拒斥的幼儿；另一类是被同伴忽视的幼儿。教师要注意为这两类幼儿提供有针对性的帮助。

被同伴拒斥的幼儿，一般都具有骄横任性、逞强好胜、攻击性强、破坏性行为频繁等心理行为特点。研究表明，经常遭到同伴拒绝的儿童会出现一些心理问题（如孤僻、自卑、性格偏激等）和社会问题（如攻击性行为、不合群等）。如果任其发展，有些个性和心理问题甚至会演变为成年后犯罪的诱因。对于这类幼儿，教师可以通过引导他们改变不良的行为方式、掌握正确的交往技巧——商量、合作、尊重、互惠、分享、宽容、遵守规则等以及在其他幼儿面前表扬他们的进步等途径帮助他们融入集体。

被同伴忽视的幼儿，一般都具有行为笨拙、内向、害羞、表现欲不强等心理行为特点。对于这类幼儿，教师要帮助他们从交往中获得乐趣，如给他们分配能为其他同伴服务的任务，给他们安排只有与他人合作才能进行的活动项目，鼓励交往能力强的幼儿主动与他们一起游戏。此外，教师也要主动与这些幼儿交往，特别是在其他幼儿面前表现出乐于与这些幼儿交往。教师这样做会给其他幼儿良好的示范。比如下面的这个例子：

在莫老师所带的班里，有一个叫小枫的女孩。她长得不是很好看，性格也非常内向，小朋友不喜欢亲近她，也不愿意和她一起玩。莫老师注意到这种情况，多次鼓励其他小朋友和小枫一起玩，但效果并不明显。一天，莫老师在组织游戏时偶然站在小枫旁边，无意识地拉着小枫的手和小朋友一起做游戏。没想到，在接下来的活动时间里，竟然有小朋友主动走到小枫身边邀请小枫和她一起做游戏。

第二天，小枫的妈妈送小枫入园时，对莫老师说："昨晚小枫回家后非常高兴地对我说：'妈妈，莫老师可喜欢我了，她今天拉了我的手。班里的小朋友也和我一起做游戏了。'谢谢莫老师！谢谢您对孩子的关心！"

自己的无心之举给孩子带来了这么大的影响，这是莫老师没有想到的。她暗暗下定决心，以后要多多关注像小枫这样的孩子。

### （四）引导家长支持孩子与同伴交往

**1．激发孩子与同伴交往的欲望**

家长可以利用一切机会激发孩子与人交往的欲望，如接孩子回家的路上可以经常问孩子今天和哪个小朋友玩了、玩了什么有趣的游戏、和老师说了些什么等，这样问，有利于引导和培养幼儿与人交往的欲望，同时发现与人交往的乐趣。

**2．正确指导孩子与人交往的技能**

许多幼儿不会交往，往往是家庭教育的误导所致。

> **案例 2-72** *奶奶的"教育成果"*

小波在户外活动时追逐小叶，追上后狠狠地打小叶，这令我大吃一惊，忙赶过去制止并问小波："小波，老师不是讲小朋友要团结友爱吗？你怎么打小叶？"小波理直气壮地说："他差点碰倒我。我奶奶说，谁要招你，你就狠狠地打他！"

小波牢牢地记住了奶奶的话，却把老师的教育完全忘记了。

调查发现，孩子缺乏正确的交往技能往往与家长的误导有关系。某幼儿园小班的教师问过 35 名幼儿一个问题："在幼儿园里，如果有小朋友欺侮你，你怎么办？"有 33 个幼儿的回答是"打他"。老师问："为什么要打他呢？"幼儿的回答是：我爸爸/妈妈/爷爷/奶奶教我的。

因此，让父母教会孩子与人交往的正确技能有十分重要的意义。

**3．提供孩子与同伴一起玩耍的机会**

家长购买了玩具后，让孩子请同伴来家里玩耍，让孩子在自己熟悉的环境里轻松地与同伴交谈和玩乐，让孩子学会和别人分享。家长不要怕把家里弄脏而拒绝孩子向别人发出邀请，也不要排斥孩子的同伴到家里来玩。

有的家长最讨厌孩子的小伙伴到家里来玩，其实，他们也不是讨厌孩子的伙伴，而是讨厌小朋友们弄脏、弄乱了房间，殊不知房间的一尘不染、一丝不乱却让孩子失去了伙伴，失去了社会适应性的发展条件。

因此，父母给孩子营造宽松的家庭氛围很重要，这样有利于发展孩子的交往能力。

另外，家长还可以选择适当的玩具来促使孩子与人交往。如孩子不合群，就为他准备一些需要几个孩子一起才能玩的玩具，使他在与同伴一起玩耍中得到乐趣，并培养他们与小朋友交往、互相协作的愿望和品质。

### 4. 让孩子拥有一些与其他孩子共有的爱好

如果孩子会游泳、会溜冰、会骑车，他就会有很多与同伴交往的机会。否则，他在众多活动中只是个旁观者，不利于孩子融入同伴之中，不利于孩子交往能力的发展。

### 5. "带出去""请进来"

尽可能创造机会和条件让孩子与同伴交往。比如，放手让孩子出去玩；请周围的小伙伴到家中来和孩子一起玩；利用节假日，带孩子到外地玩、看展览、走亲戚、访朋友。在这些活动中有意识地增加孩子与人说话的机会，让他感受到与人交往的快乐。

### 6. 父母要尽可能多地抽出时间和孩子玩耍

父母也是满足孩子交往需要的一种资源，现在很多父母由于工作太忙而很少与孩子有交往的机会，这让孩子更加渴望能与父母交往。

**案例 2-73　花钱买爸爸一天的陪伴**

有一则广告：星期天了，一位父亲因为工作即将出门，这时，他的孩子手捧着自己平日里最珍爱的储蓄罐站在他的面前，罐子里面是孩子平时一元一角、省吃俭用存下的零花钱，孩子问爸爸："爸爸你一天能赚多少钱，我想用这些钱，买你一天的时间，请你陪陪我！"

孩子渴望与爸爸交往，可是爸爸却没有时间陪孩子。现在的孩子在家庭中的活动主要以玩玩具、看电视、养宠物为主，他们面对的是冷冰冰、毫无生命的物体或者宠物，这也正是大多数孩子性格内向、语言表达能力差的原因所在。

### 7．不能因为孩子与同伴有矛盾而禁止孩子与同伴交往

由于交往能力有限，小朋友们在一起玩时经常会闹矛盾，有时甚至还会以武力解决问题。许多父母非常担心自己的孩子会因此吃亏而不让孩子和小玩伴们玩，他们常常连哄带吓："忘了昨天××打你了吗？还嫌吃的亏不够……"可是，面对小玩伴的召唤，心痒难耐的孩子怎能把父母的话听进去？常常是昨天刚打过架，今天又欢天喜地地凑一起玩了。

父母忽视了一样很重要的东西——孩子交往中的快乐。在孩子的交往中，不存在谁更吃亏、谁占了便宜，只要他们在交往中得到了快乐，父母就不必大惊小怪。另外，即使小朋友们打闹，父母也不要参与其中，因为，与此同时他们还在学习妥协、谈判、合作等与人相处的技能，这种学习较之父母的百遍说教更有效。

**案例2-74** **孩子比成人更有化解人际矛盾的艺术**

6岁的丫丫和小伙伴在房间里玩玩具，不一会儿，房间里传来了争吵的声音："这是我的！""你这个笨蛋！""我要告诉你妈妈！"

越来越大的争吵声让房间外的丫丫妈一时不知如何是好，想出面劝阻，又怕方式不当让孩子难堪，很是迟疑。正在犹豫不决时，电话响了，等她接完电话，发现房间里的争吵已经变成了欢声笑语。

孩子之间的语言交流不可能总是和平地进行，争论、争吵是不可避免的。但在成年人看来不正常的"刚刚还面红耳赤，转眼又喜笑颜开"，或许恰恰是儿童特殊的人际智慧。孩子的交往能力、人格和德行就是在这样的"争吵—和解—争吵—调停—和好"的循环过程中得到发展的。

## 六、让幼儿充分地表现自我

自我表现需要也叫表现欲,它是人将自我价值在他人面前展示出来,以求得他人肯定的一种需要。

自我表现需要的满足有利于幼儿健康人格的形成。当自我表现需要得到满足时,幼儿往往会产生愉快的体验,同时更加充满自信和自豪感。自我表现需要的满足有利于发展幼儿的兴趣、爱好,有利于培养幼儿活泼开朗、积极向上的性格,有利于增加幼儿在园生活的乐趣,使幼儿对幼儿园及活动抱有积极向往的态度;相反,如果自我表现需要长期受到漠视、压抑或排斥,幼儿就容易形成胆小、退缩、缄默、内向、不敢竞争、不敢表现自我等性格,有的幼儿甚至会通过不合常理的做法(如恶作剧、做鬼脸、攻击、吓唬别人等)来表现自我。

### 案例 2-75　　不爱表现的铭铭

铭铭小朋友长得白白胖胖的,很聪明、非常可爱,可就是不爱表现自己。上课时学习新歌,开始他唱得还不错,可是前面的小朋友回头看了他一眼,他就不唱了,一会儿用手戳人家一下,一会儿和旁边的小朋友做做鬼脸。平时班里搞什么活动他都不愿意参加,教师怎么鼓励都没用,有时他还发脾气说:"我就是不想唱呀,我不愿意唱。"有时他就不吱声,再问就不理老师或干脆钻桌子底下不出来。

铭铭还是爱表现的——"做鬼脸""钻桌子底下"是铭铭找不到合适的自我表现机会的一种无奈选择。对铭铭教育的关键是要让他学会成功地表现自己的技能,然后从中获得快乐。

### 案例 2-76　小朋友们不想只当听众

中班正在进行看图讲述活动。30多个孩子分成两排坐着。一个孩子站着讲，讲得断断续续，老师一会儿提醒他注意观察图片，一会儿给他示范发音，其他的孩子已经不耐烦了，有东张西望、玩手绢的，有交头接耳的……"说什么呢？好好听别人讲！"发言的小朋友讲完坐下了，大家似乎兴奋了起来。"老师，我！""叫我！"……"刚才谁好好听了，我才会叫他。不好好听的我不叫。红红，你来说！"

随着新的讲述开始，多数小朋友又回到了游离状态中……

小朋友们为什么会反复地处于游离状态？其主要原因就是绝大多数幼儿只能当"听众"——只能听别人讲，而他们的自我表现需要没有得到应有的关照。

### 案例 2-77　怎么不贴我的

绘画活动结束后，老师把几个画得好的幼儿的作品贴在小黑板上，让大家欣赏。

下午放学时却发现有两幅画被撕破了，经过一番调查，原来是倪晴做的。

经过老师耐心询问，倪晴才说："我不喜欢他们的画被贴起来。我也画得好，你怎么不贴我的？"

### 案例 2-78　为获得表现的机会而兴奋

利利是个不声不响的孩子，可是有一天他对我说："老师，你上课的时候为什么总不叫我回答问题？"我听了一怔，说："好，我以后一定叫你！"利利兴奋地问我："真的吗？"我用力地点点头："真的！！"

利利高兴得又蹦又跳。

### 案例 2-79　幼儿都希望自己有表现的机会

老师用激励的口吻说："看哪个小朋友坐得最好，我就请他来做老师的助手。"顿时，小朋友们都挺直腰板，用期待的眼神看着老师——有的半抬着屁股，撅着小嘴，身体笔直；有的将头抬得很高，眼睛瞪着老师，希望老师能看到他是坐得最好的……

幼儿是好表现的。幼儿在日常学习中，不管看到什么新的事物或者学到什么新的知识技能，都会迫不及待地想让人知道，以获得别人的肯定与赞赏，进而获得心理上的满足。比如，幼儿画了一张自己满意的画、搭了一种新的积木样式或学会了某些新技能，就会高兴地向老师或父母展示。在幼儿园里，幼儿在集体面前也大多会积极地要求表现自我。为了争取回答老师的提问或扮演某个角色，他们总是把手举得高高的，有时还站起来不停地高喊："老师，叫我！"如果老师还不理他，他会采取进一步行动，如直接走到老师面前争取自我表现的机会……

笔者调查发现，幼儿喜爱那些能给其充分表现自我机会的老师："上课时，徐老师经常提问我。"（我们成人许多时候是怕被老师提问，幼儿则不同。）"何老师讲完故事后，总让我再给大家讲一遍。""张老师说我嗓子好，可以站出来指挥，可以打拍子。""何老师让我摆杯子。""贺老师喜欢叫我做事情。""高老师喜欢叫我给小朋友发玩具。"幼儿不喜爱那些不能给其充分表现自我机会的老师："上课时，徐老师都不叫我回答问题。""她不给我戴小狗（头饰）。"（戴小狗头饰后可以表演。）"（'六一节'要到了）韦老师不让我去跳舞。""尹老师不让我去参加体操比赛。""我想给小朋友发筷子，盖老师不让。她说，我平时不够乖。""我想当国旗手，利老师不让我当。她说我上课不认真听讲。"

因此，为了获得幼儿的喜爱，教师应该努力创造各种机会，让幼儿表现自我、发展自我。

## （一）了解幼儿自我表现的方式

了解幼儿自我表现的方式有利于教师为幼儿提供全面的、多样的自我表现机会，进而让幼儿的自我表现需要得到全方位的满足。

幼儿自我表现的方式主要有如下5种：

- 艺术技能活动。幼儿通过绘画、手工、唱歌、舞蹈、运动、魔术表演、儿童剧表演等艺术活动来表现自我。
- 言语活动。幼儿通过上课发言、讲故事、朗诵、背诵等言语活动来表现自我。
- 承担重要角色。幼儿通过承担教师安排的重要角色（如当小组长、当值日生、分发教玩具、分发碗筷等）来表现自我。
- 私有物品展示活动。幼儿通过在小伙伴面前展示令人羡慕的物品（如好玩的玩具等）来表现自我。
- 师幼亲密互动。幼儿通过与教师的亲密互动来表现自我。幼儿都喜欢与教师建立亲密的关系，以显示自身的价值，进而提高自己在同伴中的地位。例如，有个孩子经常很自豪地对小伙伴们说："我们班的李老师和阎老师都喜欢我，园长也喜欢我，园长还去过我家！"小伙伴们听后非常羡慕。

了解满足幼儿自我表现需要的方式，有利于教师根据幼儿的能力水平有针对性地从多方面为每个幼儿提供自我表现的机会。例如，教师可以根据幼儿的艺术和表演特长，为其提供相应的表现机会：让幼儿给大家表演弹琴、舞蹈、体操、书法、讲故事、说笑话、变魔术、讲述自带的玩具和图书等。教师也可以根据幼儿的潜质，对他们进行适当的自我表现能力的培养，让他们在语言技能方面形成一定的特长或本领，从而有自我表现的"资本"，进而激发他们自我表现的欲望，提高他们的成就感。对那些暂时不能形成一定动作技能或无语言技能方面特长的幼儿，教师可安排他们承担一定的任务来为同伴服务，这也能在一定程度上满足幼儿的自我表现需要。请看下面的案例：

### 案例2-80　　让我发一次笔吧

有个叫思锦的孩子，平时很乖，很听话，就是胆子小些。有一天早上，思锦的妈妈对老师说："孙老师，你猜前几天我孩子跟我说了什么？"孩子能说什么呢？孙老师好奇地等待着下一句，思锦的妈妈接着说："她说，你跟孙老师说说，让我也发一次笔吧。"当天，孙老师真的让思锦给小朋友发了一次笔，傍晚放学时，思锦一见到来接她的妈妈，就高高兴兴地跑过去，很自豪地并略带点得意地对妈妈说："妈妈，今天我给小朋友发笔了！"

（吴晓燕，2000）

对于能力较弱的孩子，教师经常在小伙伴面前与其亲密互动（亲密的动作或者言语交流），也能引来其他孩子的羡慕，进而满足这部分孩子获得他人的肯定与表扬的自我表现需要。

### （二）保护和激发幼儿的表现欲

对于幼儿自然表现出来的表现欲，教师要给予充分的保护，这既是给幼儿自我发展的机会，也是保护幼儿自尊心和自信心的契机。

**案例 2-81　我不做操了，我不做操了**

小雯想在全班队列前面带领大家做课间操，一开始老师不同意；在小雯的一再要求下，老师勉强同意了。在做操的过程中，小雯做错了几个动作，老师便当着小朋友们的面大声训斥小雯："你这么笨，还要上来领操，真是羞死人了！下去……"小雯顿时羞红了脸，低着头走了下去。第二天，小雯怎么也不肯去幼儿园。妈妈说，夜里小雯一直在做梦，且时不时地喊："我不做操了，我不做操了。"

**案例 2-82　鑫儿的困惑**

有好几次，老师对小朋友们提问后，鑫儿都高高地举着手、站起身大喊："老师，老师！我知道，我知道！"老师不但没有因此而提问鑫儿，反而在活动小结时批评了鑫儿的这种行为。

从这以后，鑫儿发言的次数少了，有时甚至不发言了。

后来老师找了一个机会问鑫儿："现在怎么看不到你举手了？"鑫儿说：

"老师，我不想。"老师问："你以前那么积极，现在为什么不想了？"鑫儿说："现在老师都不理我了，举手也没意思。老师，你是不是不喜欢我了？"

幼儿原来是好表现的，但研究表明，随着幼儿年龄的增长，其表现欲却逐渐减退，其中最主要的原因就是成人特别是教师没有为幼儿的自我表现提供宽松自由、鼓励、支持的心理环境。因此，我们要注意为幼儿的自我表现提供适当的心理环境，这些环境应该是：

◆ 只要不影响别人的正常学习和生活，任何人的任何自我表现行为都会被接纳和鼓励；

◆ 合理的自我表现行为不管其水平如何都会受到鼓励和支持，绝不会成为取笑的对象；

◆ 善于用欣赏的眼光看待幼儿的自我表现行为；

◆ "好表现"是优点而不是缺点，幼儿因好表现而出现一些错误不会被取笑，更不会被批评；

◆ 勇于表现、敢于表现比会表现更为重要。因此，纵使表现"失败"了，对其自我表现的勇气亦应给予充分的肯定和鼓励。

记得刚工作不久，我去听任老师的一节音乐课，最后检验教学效果的时候，任老师问："哪些小朋友学会了？请上来表演一下。"结果只有毛小凤小朋友举手，任老师于是就请毛小凤上来表演，但是令任老师没有想到的是，毛小凤唱了两句就不会唱了……任老师没有批评毛小凤，而是鼓励她慢慢来，不用急。可是一分钟、两分钟过去了，毛小凤还是不知道怎么唱。最后，任老师微笑着对毛小凤说："那好吧，可能是你紧张忘词了，那你跟着老师唱一遍。"结果，毛小凤跟老师唱了一遍后，就能完整、独立地在小朋友面前表演了。在任老师的引导下，小朋友们对毛小凤的表演报以热烈的掌声。从此以后，毛小凤变得更加开朗，更加喜欢、更加敢于表现自己了。当时，我就在想，如果任老师在毛小凤忘词的时候不是给其以鼓励，而是大声训斥她："你怎么这么笨，不会唱还举手，举手又不会唱……"可能这节课的效果就会是另一个样子，毛小凤也不会有那么积极的变化。

如果幼儿园的心理环境不宽松，那么，幼儿表现自我的想法会由于顾虑重重而放弃。在幼儿园带学生实习时，我就曾了解到一个小男孩很想在班上讲故事给大家听，我将这一信息告诉了该班实习生，实习生也同意了。当时小男孩很高兴，因为这是他第一次有机会上台表现自我，可没想到的是：第二天早上，他却说什么也不愿意上台讲故事了。后来了解到，他是害怕其他小朋友笑话他讲得不好，他想了一个晚上，第二天还是没有勇气上台讲故事。

另外，教师的性格也会影响幼儿的自我表现欲。在日常教学中，我们常看到这样的现象：同一个班的孩子在某位老师组织的活动中异常活跃——孩子们勇于表现自我，而在另一个老师组织的活动中则呆若木鸡——孩子们毫无自我表现的欲望。其主要原因是前一位老师活泼开朗、时常满脸笑容、和蔼可亲、平易近人，而后一位老师则苛刻、严厉、态度粗暴、不苟言笑，这样的老师对幼儿而言就是一种无形的压力，在这种压力下，即使幼儿有强烈的表现欲，有时也难免战战兢兢，会在老师不欣赏的神态和表情中自觉或不自觉地收敛和克制自我表现欲。

因此，要想让幼儿敢于表现自我，教师就要改变自己的性格，改变自己对幼儿的态度，学会用欣赏和支持的眼光看待幼儿的自我表现欲和自我表现行为，营造一种有利于幼儿自我表现的氛围与环境。

教师适当的"无知"可激发幼儿的表现欲。

### 案例2-83　请幼儿当老师的老师

记得有一次，一个小朋友问我："老师，青蛙和蛤蟆一样吗？""当然不一样了。"我随口说道，这下许多孩子围了过来。

那个孩子又问了："有什么不一样呢？"这下可把我给问愣了，因为我对于动物的了解很少，我想：实话实说吧。

于是我便答道："陈老师也不大清楚……"话没讲完小朋友们就哄堂大笑："陈老师也不知道，哈哈哈……"我发现这时孩子看我的眼神不一样了，虽然他们笑我，但我却觉得这一笑拉近了我们之间的距离。

于是,我又说:"我也很想知道为什么不一样。不如我们今天回家都去查查。明天看谁知道,谁就来当我的小老师并告诉大家好吗?""好……"小朋友们可高兴了,活动室里沸腾了起来。

第二天上课,小朋友们都说个不停,为了当我的小老师,大家都认真地做足了准备。

教师适当的"无知"不仅可以激发幼儿的表现欲,也为幼儿的自我表现提供了机会,同时还促进了幼儿的主动学习和发展。

## (三)让每个幼儿都有平等的自我表现的机会

幼儿园应该是一个特别公平公正的地方,园领导要公平公正地对待每个教师,教师要公平公正地对待每个幼儿,幼儿也要公平地对待同伴。让每位教师、每个幼儿都有平等的展示自己、发展自己的机会。特别要防止"马太效应",不应把过多的荣誉和机会集中在少数人身上,有时候把机会给某些人可能会为幼儿园、为班级带来更高、更多的荣誉,但其他教师和幼儿会因此而失去平等的表现和发展的机会。相对而言,大家平等地发展和表现自我比所谓的荣誉更加重要,因为幼儿园是个促进人发展的地方,而不是训练参赛运动员、演员的地方,比赛的赢输不重要,重要的是让每个人感觉到幼儿园是个公平公正的地方,同时每个人在其中都得到了发展。

幼儿园为孩子们提供了公平公正的环境,孩子和教师就会心情舒畅,幼儿园就会成为让小朋友们心灵舒展的地方、成为他们向往的乐园。

**案例2-84** **人人都有表现机会的"围圆圈活动"**

活动时间:每周一上午。

活动形式:小朋友们在活动室里围坐一圈,每人自我表现2分钟。

活动内容:

(1)将自己心爱的物品向小朋友们展示。

如,5岁的佳勇把手中的玩具亮了出来:"瞧,这是火箭!"他按了一下开关,火箭便发出了声音,红光一闪一闪的。小朋友们大叫:"哇,真酷!"佳勇得意地说:"昨天爸爸带我去公园,我乖,爸爸就给我买了。"

(2)将自己近来学会的本领进行2分钟左右的即兴表演。

幼儿展示的本领有:讲故事、舞蹈、唱歌、表演小魔术、讲笑话、做滑稽动作等。

活动准备:家庭配合并帮助孩子做相关的物质准备和技能准备。

"围圆圈活动"是每个幼儿自我表现的舞台,在"围圆圈活动"中,小朋友们机会均等,每个幼儿都有可能在2分钟左右的时间里成为小伙伴们关注的焦点。让幼儿面对大家自由表现自己,这不仅有助于提高他们的自信心,满足他们自我表现的需要,同时还能让他们学会欣赏他人。

### 案例2-85　牺牲

竞选小组长活动开始了,洋洋在有了几次经历后说得有条不紊:"老师、小朋友们,如果你们推选我当组长,我会保持好的地方,而且会努力改正我的缺点,比如吃饭时不挑食、不啃指甲,还有,早上会按时上幼儿园。小朋友们,请相信我,投我一票,我会做得更好!"轮到庆秋了,我为他担忧,因为他是个"霸道"的男孩,平时常欺负其他小朋友,在同伴中威信较低。只听庆秋说:"老师、小朋友们,我很后悔,以前我打人是不对的,你们能原谅我吗?"说到这里,庆秋低下了头,眼里竟滚动着泪花。庆秋用近似乞求的语气又说道:"小朋友们,请给我一个机会吧!"说着话眼泪就流了下来。小朋友们都不知所措地望着我。

我感觉教育庆秋的时机到了,于是说:"今天,老师看到了一场精彩的演讲,特别是庆秋能诚恳又大胆地在小朋友面前说出自己的心里话,老师很受感动,让我们把最热烈的掌声送给庆秋,好吗?"顿时,教室里掌声如雷。

最后,庆秋深深地向小朋友们鞠了一躬,然后说:"谢谢小朋友们,谢谢老师,我以后一定会好好表现!"

(摘自一位幼儿园教师的教育日记)

这位教师的教育意图是可以理解的——她想通过"让庆秋当组长"来"教育"庆秋。但她没有想到，庆秋如愿当上小组长，是以洋洋的"落选"为代价的，她没有考虑到洋洋也很想当组长，也很想表现自我。这种以教师教育目的为主导的选举，对洋洋来说是不公平的。洋洋也很想当组长，他也曾为当组长努力过，并且洋洋平时比庆秋表现得好，他的演讲也不差！

看来，在实践中要真正做到让每个幼儿都有平等的自我表现机会，还需要教师转变自己的观念。

针对当前幼儿园教育的情况，我给出以下三点建议：

### 1. 对适合幼儿自我表现的活动采取"轮流制"

在某些活动中实行"轮流制"，让每个幼儿都有自我表现的机会。适合实行"轮流制"的活动有：回答老师的提问，当小干部、国旗手，表演节目，做值日生，领操，和老师一起完成一些特殊的任务，排队时站排头，扮演游戏或儿童剧中的重要角色等。

### 2. 大型活动要让所有的孩子都有自我表现的机会

节日活动、运动会等大型活动，要让所有的孩子都有自我表现的机会。为此教师在设计活动项目时要考虑到每个幼儿自我表现的需要，为能力层次不同、兴趣爱好特长不同的幼儿提供相应的项目，让每个幼儿都能参与其中并能从中获得快乐和发展。教师不应该总是让部分幼儿只能做"看客"，而不能在其中表现自我、发展自我，否则，节日活动对他们而言"只是别人的快乐"。

> "六一"儿童节前夕，中（2）班组织小朋友们彩排节目，小峰因口吃的毛病被排除在一边。那天，小峰回到家里伤心地哭了。爸爸问他为什么哭，小峰说他希望能像其他小朋友一样站到舞台上表演节目。

"六一"儿童节是全体儿童的节日，为什么就不能为有口吃毛病的孩子设计一些不需要口头语言仅需要肢体语言就能表演的节目？这说明教师设计活动内容时没能做到"为了一切孩子"这一幼儿园教育的基本要求。节日活动内容的设计应该综合考虑不同幼儿的特殊需要,让每个幼儿的自我表现需要都得到适当的关照。

**案例 2-86　因无缘比赛而伤心**

一位家长拉着女儿急匆匆地返回幼儿园,并向我解释了原委:原来,她女儿放学回家后一直哭个不停,因为她没被选去参加比赛,非吵着让妈妈马上来和老师说,看能不能也让她参加比赛。

我想起来了,最近幼儿园要举办庆"六一"文艺汇演,每班要选出几个孩子排练节目。我看了看孩子,小家伙的眼中还有隐隐的泪痕。我刚想说些什么,只听孩子的妈妈说:"我女儿特别爱唱爱跳,前几天,我刚刚给她买了架电子琴……"正说着,孩子的老师经过,妈妈就拉着女儿的手追了上去。她们谈了好一会儿,最后母女俩无精打采地走了,我猜十有八九是老师不同意。

幼儿有自我表现的欲望,幼儿园在举办节日活动时应该让每个幼儿都有机会表现自我,只有这样,节日才真正是每个幼儿的节日。

### 3. 举办各类展示活动

每个星期至少开展一次展示活动,让每个孩子都有向全班展示自己的机会。幼儿可以展示自己的玩具、本领或者讲述自己有趣的经历。

**案例 2-87　展示活动应该让每个孩子都有机会**

为了准备画展,教师鼓励小朋友们在家练习绘画,并将绘画作品带到幼儿园交给老师。过了几天,小朋友们纷纷带来了自己的作品,老师对他们说:"小朋友们很认真,画了许多画,老师明天挑选好的绘画作品布置成美丽的画展,好吗?""好!"小朋友们高兴地回答。在小朋友们自由活动时,老师精心挑选"好作品",随手将"不好的作品"丢到了废纸篓里,而废纸篓就放在小朋友们经常活动的走廊内。

美丽的画展终于布置好了,老师得意地欣赏着,他只看到大部分孩子高兴的神情，却没有留意个别孩子失望沮丧的目光。

我不知道布置画展和挑选幼儿绘画作品的标准是什么，但我认为，孩子们不仅十分看重自己画的画，更看重自己的画能否得到展示。因此，教师每一次都应在墙上展示全班孩子的作品（贴满了就把旧的取下保管好），没有"优秀"与"不优秀"的区别。所有幼儿的作品都是独一无二的。这样的展示，不仅能满足幼儿自我表现的需要，还能大大提高孩子参与相关活动的兴趣，进而促进孩子相关技能的发展。

案例 2–88　I am Lifan

一个周末的傍晚，小帆从外边玩耍回来，兴冲冲地对妈妈说："妈妈，我和外国人用英语对话了！"妈妈说："你们说什么了？"小帆说："我和张平玩，刚好那个外国人和他儿子下楼。他问我叫什么名字，我就回答他：I am Lifan（我叫李帆）。他继续用英语问我的朋友叫什么，我告诉他：She is Zhangping（她叫张平）。"妈妈笑笑说："嗯，学习英语有好处吧！"小帆说："那当然！不过学这些太少了，还不够用！"妈妈说："没关系啊，你不是还要继续学嘛！"小帆学习英语的兴趣更大了。

学习某种知识或技能后，教师和家长应该创造让幼儿表现的机会，这不但可以满足幼儿的自我表现需要，而且可以提高幼儿学习的积极性。

## （四）根据幼儿的性格特点对其进行表现欲的引导

一般而言，性格外向的幼儿胆子大，爱表现；性格内向的幼儿胆子小，不喜欢表现。对外向的幼儿，注意提醒其自我表现要适当，不要影响别人的学习和工作，自我表现是给自己带来快乐，也是给别人带来快乐，同时，还要考虑适当地给别人自我表现的机会，不能只顾自己表现。对内向的幼儿，应创造机会，激发其表现欲，鼓励其大胆尝试表现自己的才能、展示风采，让孩子在自我表现的过程中体验到成功和乐趣。

幼儿在与同伴交往中总会试图改变自己在群体中的不利地位,以赢得他人对自己的尊重和肯定。有的幼儿为了改变自己在群体中受冷落、受排斥的状况而以攻击、威胁的手段来引起同伴对自己的认可和尊重,结果反而越来越遭排斥,形成恶性循环。对于这些采取攻击性手段自我表现的幼儿要正确引导:肯定其自我表现欲并指出不恰当之处及其后果;努力发现这些孩子的闪光点,多在小朋友面前对他们进行肯定;对其进行自我表现技能的特别训练,并让其有机会在小伙伴面前以适当的方式表现,进而获得小伙伴们的认可和尊重。这些孩子在小伙伴中找到了自我存在的"感觉"后,其攻击性行为就会减少,甚至消失。

### (五)发现和培育幼儿自我表现的"资本"

教师要善于发现幼儿的兴趣、爱好和特长,并给其展示的机会,比如,让有特长的幼儿给大家表演弹琴、舞蹈、体操、书法……请幼儿展示其在家里学会的新本领,如讲故事、说笑话、变魔术、讲述自带的玩具和图书……这样,幼儿会因某种特长表现受到欢迎而对自己充满信心,并且形成自我价值感。

对于优势不是很明显的幼儿,要培育其优势项目,甚至有时可以采取提前教导或者特殊训练,让其有"表现的资本"后再在小伙伴面前表现。

### (六)利用日常生活环节为幼儿自我表现提供机会

只要善于挖掘,日常生活的点名环节也可以提供幼儿表现自我的机会。请看下列案例:

**案例 2-89  有趣的点名活动**

每次点名,总是有孩子交头接耳。有一次点名时,东东学着《天线宝宝》中的话响亮地回答:"啊噢!"然后用诡秘的目光看着老师,小朋友们的目光马上都投注到他身上。当时,我有些生气,可又觉得孩子的样子挺可爱,所以继续点名。晚上,我认真思考:多年来一成不变的点名方式到底能给小朋友们带来什么,难道仅仅是为了统计一下人数?是否可以改变一下点名的方式,让孩子用自己喜欢的方式来表现自己,让孩子在每一天的开始就感受被关注的快乐?

第二天点名的时候,我向小朋友们郑重宣布:"从今天开始,点名的时候,你们可以像东东那样答到,也可以用更加丰富多样的方式来表现自己。"小朋友们马上坐好,等待点名。"刘一珂。""喳!"还附带着表演;"钟亚林。""咳!"拉着长调;"祁嘉禾。"学着老虎的样子"啊呜"一声;而于越小朋友则用英语风趣地说:"Yes, Madam.(是,女士。)"……每个小朋友答完到后,都为大家带来了愉悦的心情,但每次笑过之后,小朋友们会很快安静下来,等着我点下一个小朋友的名字。

我们应该努力挖掘日常生活中可供小朋友们自我表现的机会,这不仅可以满足幼儿自我表现的需要,还可以增进幼儿之间的相互了解并促进幼儿表演才能的发展,同时,还可以增加生活环节的乐趣。

### (七)家庭也可以成为幼儿自我表现的舞台

家庭可以从以下几个方面满足孩子的自我表现需要:
◆每天都安排一定的时间给孩子表现其在幼儿园里学到的本领。
◆客人来时,让孩子给客人表演拿手好戏。
◆训练孩子某些特殊技能,然后与老师商量,让其在幼儿园有表现的机会。
◆每天让孩子讲一件幼儿园里发生的趣事。
◆以欣赏的眼光看待孩子的自我表现。

自我表现是幼儿的一种基本需要,是幼儿自信心形成和成功应对各种情境的能量来源。我们应该努力创造条件,满足幼儿的自我表现需要,进而促进幼儿心理的健康发展。

## 七、让幼儿过自由自主的生活

幼儿生性好动，每个幼儿都有自由自主活动的需要，他们想要自由、摆脱约束、打破条条框框、独立并按照自己的意愿行事。

调查发现，能给幼儿较大自由自主度的教师和教育活动较受幼儿喜爱。比如，幼儿说："邓老师经常带我们去玩。""钱老师爱我们，天天带我们去玩。""体育老师和我们玩好多好玩的游戏。""我喜欢户外活动，因为可以跑来跑去。""我喜欢开汽车的游戏，因为可以跑。""我喜欢手工课，因为可以做、可以说。""我喜欢上厕所，因为可以自由说话。""我喜欢玩胶泥，因为可以做自己想做的东西。""我喜欢到外面去做游戏，因为不用老坐在凳子上。"相反，幼儿在阐述"为什么不喜爱某位教师及其组织的活动？"时说："我已经不想吃了，丁老师还叫我站在前面吃。""胡老师老是叫我快点吃。""于老师太凶了，一直叫我快点吃。""白老师总是让我吃好多饭。""崔老师总是让我吃青菜。""齐老师老是叫我们上厕所。""田老师总是叫我喝好多水。""我不想睡觉，林老师老逼我睡觉。""封老师上课时老是让我们静静坐着，不带我们到外面玩。""郑老师不跟我和盈盈拉手。""覃老师整天叫我们写字。"

幼儿是喜欢自由自主的。但是，在幼儿园教育活动中，严肃的、有秩序的、有组织的、有控制的、不能自由的活动所占的时间太多（幼儿上课、睡觉、吃饭、散步甚至玩有些游戏时都不能"乱动""乱说"——这里的"乱"其实就是自由自主），幼儿真正自由自主的时间和活动很少，有些教师就连课间休息的时间也用来对幼儿进行教育，生怕美好的光阴被白白地浪费。这样，在教师的高度控制下，幼儿很少有自由自主的机会，所以幼儿"喜欢"上厕所（在幼儿看来，厕所是一个比较自由的空间，在那里他们可以自由地说说话、玩玩水，可以随意地站着，可以哼唱自己喜爱的歌曲，而不用像在教室里上课那么严肃：小嘴巴闭上，眼睛看老师……）就不奇怪了。

自由自主活动是幼儿心理健康成长和生活之必需。因为自由自主活动能为幼儿情绪及紧张心理的宣泄和缓冲提供机会。自由自主活动是人的一种本能需要，许多幼儿在上课的时候坐不住，很重要的原因就是他们自由自主活动的需要没有得到适当的满足。如果这方面的需要长期得不到适当的满足，幼儿很可能就会情绪压抑甚至会出现强迫性行为、攻击性行为、破坏性行为、喜欢发脾气等不良行为倾向。

因此，为了幼儿心理的健康发展，也为了获得幼儿的喜爱，教师应该努力创造条件，满足幼儿的自由自主需要。

### （一）注意对课程内容进行适当的卸载

现在许多幼儿园里出现了课程严重超载的情况，特别是在一些"好幼儿园"里，幼儿早上7:30入园，晚上19:00才能离园，幼儿在园除了要应付上午、下午的正规教育活动外，还得应付幼儿园和家长为他们选择的兴趣班活动（如讲故事、认字、学英语、练习珠心算、弹钢琴、跳舞蹈、画水墨画、画简笔画、练书法、游泳、下围棋等）。"望子成龙，望女成凤"心切的家长会让他们的孩子上各种兴趣班，就连双休日也不例外……

**案例2-90　没有双休日的孩子**

明天又是双休日，成成大声地叹了一口气说："唉，明天又开始倒霉的双休日，我又没得玩了。星期六是画画、讲故事；星期天是珠心算、写毛笔字。我宁愿天天上幼儿园，上幼儿园还能玩呢！"

还有许多幼儿园打着"园本课程""办园特色"等旗号，或者以"不让孩子输在起跑线上"为借口增加幼儿园的课程内容。

幼儿园课程超载，幼儿每天疲于应付各种课程活动，而没有自由自主的空间和时间。如果不对超载的课程内容进行适当的卸载，那么，幼儿是难得有机会自由自主的。

教师应该根据目标性原则、效率性原则、生活性原则、兴趣性原则、关键经验原则，对当前幼儿园的课程内容进行筛选，将那些发展价值不大的、与幼儿生活无关的、幼儿不感兴趣的、非关键经验的课程内容从幼儿园课程体系中剔除，让幼儿有更多的闲暇时间来自由地活动和玩耍。

### （二）各种教育活动中尽可能增加幼儿自由自主活动的时间和空间

在没有安全问题和没有影响别人的情况下，幼儿园各种教育活动中应尽可能多地让幼儿有自由自主活动（玩、诉说、独处、合作）的时间和空间。

幼儿园教育的使命就是为幼儿的生长提供良好的环境。而自由的时间则是良好环境的一个重要构成要素，没有必要让幼儿时时刻刻接受由教师安排的有组织、有计划、有严格纪律的教育；平时在课程安排方面，教师要让幼儿有充分的时间盈余，时间盈余是自由活动的前提条件，也是满足幼儿自由自主需要的基础。幼儿有了属于自己的自由时间和空间，就可以自由地玩耍，可以大声叫喊，可以随意地跑、跳、爬……这使幼儿不仅能得到心理上的满足，还能产生精神上的愉悦，让幼儿得到快乐的情感体验。

自由活动和玩耍不是虚度光阴，它对幼儿的成长和发展具有独特的意义。喜欢自由、喜欢玩耍是幼儿的天性，幼儿教育应该尽可能地满足幼儿的这一天性要求。

由于受到一些专家观点的影响，有些教师认为，在组织幼儿一日活动的过程中，应"避免时间的浪费"，而"尽量减少等待"。他们把幼儿的一日活动安排得满满的，几乎所有的时间都被有组织的集体活动占用，幼儿很少有独处和自由自主的时间。小朋友们上课需要教师的组织，吃饭需要教师的组织，就连用餐的时间也是由教师定的，用餐也有严格的纪律要求——不能说话，不能东张西望，不能吃得慢……幼儿在幼儿园里的一切活动（洗手、上厕所、休息、游戏等）都变成了有组织的教育活动……

教育对幼儿的发展很重要，但自由自主活动对幼儿的健康和发展也很重要。幼儿园和家庭应该给予幼儿充足的时间独处或做他喜欢的游戏，或者做他自己喜欢做的事。在安排活动方面，幼儿园和家庭也应该多给幼儿自由选择的机会。这种自由的活动和自由选择的活动，有利于幼儿释放其积累的负性情绪，有利于幼儿的身心健康。如果幼儿每天的时间都是被有计划、有组织的教育活动占得满满的，幼儿时时刻刻都在过有组织、有纪律、严密管制的生活，那么，幼儿将会感到生活很压抑、很被动，在这样的条件下生活的幼儿容易患强迫症等神经官能症。

教师应该改变教育观念，在各种教育活动中努力拓展幼儿自由自主的空间，努力保证幼儿在每天都有一定的时间和机会来自由自主地活动。

**1. 集体教学活动中增加幼儿自由自主的机会**

① 集体教学活动中，尽量减少教师讲课的时间，增加幼儿自由讲述、自由活动的时间。

### 案例2-91　割嘴巴

4岁的浩浩在集体教学活动中讲话了，丁老师当着全班小朋友的面怒斥浩浩："你就知道说话！你是不是多长了一张嘴巴！等一下我就拿把刀把它割掉。看你还说不说话！"浩浩一听马上不敢说话了，而且从那以后，浩浩一见到丁老师就用手捂着自己的嘴巴，生怕嘴巴真的被老师拿刀割掉。

小朋友们在课堂上"乱说话"，是因为有话要说；同时，也说明教师在上课时只顾自己说，而没有给小朋友们说话的机会。

我们在幼儿园中经常会看到幼儿趁教师不注意与旁边的孩子偷偷地讲几句话、笑笑或动手动脚，这表明他们对"静悄悄"的常规制度的反抗心理，但他们也很无奈，只能在这种狭小的缝隙中呼吸一口自由的空气。幼儿在教育活动中"乱动""乱说"，是他们自由自主活动的需要未得到适当满足的反映。

② 集体教学活动中，减少有组织的大集体活动时间，增加自由组合的小组活动和个人自由活动时间——在这些自由的时间里，幼儿可以自由交流、自由操作、自由走动……

③ 集体教学活动中，除非特殊需要，一般不要强制幼儿保持统一的固定坐姿，孩子坐累了，可以站起来伸伸懒腰、活动活动手脚，过于单调的坐姿只能导致幼儿身心疲惫……

④减少上课时间,增加自由游戏、玩耍的时间。

**案例2-92　厌倦上课的幼儿**

潘老师说:"小朋友们,请把手里的玩具收起来,我们要上课了!"

幼儿说:"怎么又上课了?!"

还有幼儿抗议说:"我不想上课!"

最后,小朋友们异口同声地哀求道:"老师,再让我们自己玩一会儿吧!"

面对幼儿沮丧的小脸和此起彼伏的抱怨声,兴致勃勃地赶来上课的潘老师愣住了……

幼儿厌倦上课,重要的原因不一定是课上得太多了,而是上课时幼儿没有自由自主的机会,他们整节课都只能静静地听教师讲课,而不能"乱动""乱说"。如果上课时,教师能够让幼儿有适当的机会进行自由自主的活动,那么,幼儿对上课就不会那么抗拒了,甚至还会喜欢上课。

**2.生活活动中增加幼儿自由自主的机会**

在幼儿园见习时,我看见一个正在参加体育活动的幼儿满头大汗,就和他说:"小朋友,出那么多的汗,为什么不去脱件衣服呀?"令我没有想到的是,他竟然这样回答我:"老师没有叫我脱!"由此可见,小朋友们在幼儿园里的生活都是被安排好的,他们在吃、喝、拉、撒、睡、穿、脱、玩方面没有任何的自主权,我们的孩子生活得如此被动,如此没有自主性,这是多么悲哀的事情!

我强烈建议,在生活方面多给孩子们一些自由自主的机会,让他们根据自己的内在需要确定自己的生活活动。

①让幼儿有权决定吃与不吃。吃不是为了做好孩子、不是为了得到小红花,吃是因为饿了。

**案例2-93　尊重孩子的需要**

午饭时间,保育员正忙着分给孩子们汉堡包。这时,带班老师从外面进来了,吃惊地看到远山小朋友已经"吃完了",老师问他:"你已经吃完了?"远山答道:"是的。我已经饱了。"这时,保育员对带班老师说:"不,他没有吃,他把汉堡包扔进了垃圾桶,再给他一个汉堡包吧。"带班老师走到垃圾桶旁一看,果然看到了一个完整的汉堡包。于是,他对保育员说:"不用,他说已经饱了。我想,他的意思是说他不需要了。"

带班老师尊重远山小朋友的做法是正确的,幼儿在食物面前有权表达"我不需要了"。在吃与不吃的选择上,幼儿有权自主。不要强迫幼儿吃,以"为了让幼儿多吃,为了幼儿身体健康"为理由对幼儿"塞饭"是不人道的,也是不利于幼儿身心健康的。

美国的心理学家多拉德和米勒(J. Dollard & N. E. Mille)经过多年的研究发现,饥饿需要得到满足的条件会被泛化,进而影响幼儿未来的人格。如果幼儿常处在主动状态下进食——对主动的强化,那么,他们将来就有可能成为积极主动的人;如果幼儿常常在被动状态下进食——对被动的强化,那么,他们将来可能会成为被动的人。

所以在进餐的问题上,教师应该充分尊重幼儿的意愿,尤其重要的是要想方设法地让幼儿有饥饿的感觉,在有食欲的前提下进食,这种主动进食的态度有利于幼儿的身心健康。

② 让幼儿有权决定一餐食量的多少——幼儿吃饱了,就不要再强迫他吃了;幼儿实在不想吃了,也不要再强迫他吃了。发现幼儿不想吃时,可以问幼儿"你还需要吗?",而不应该强迫幼儿"吃多点儿",也不要对幼儿说"你必须吃完……"。如果幼儿对某种食物很不喜欢,就少给或不给,要尊重幼儿对食物的自主权。

### 案例 2-94　*总也吃不完的饭*

遥遥一会儿说,今天太冷了,不想上幼儿园了;一会儿又说,要整理书包,不能上幼儿园了。

妈妈心想:孩子肯定有事,从她开始上幼儿园到现在有 2 年多了,说不想上幼儿园的次数可不多呀！

妈妈："为什么不想去了？小朋友欺负你了，还是你又犯错误了？"

遥遥："都不是。"

妈妈："遥遥是很棒的孩子，为什么不爱上幼儿园了呢？幼儿园多好啊！"

遥遥："妈妈，你别说我棒，我一点都不棒。"

妈妈："谁说不棒了，在爸爸妈妈眼里你就是棒。"

遥遥："妈妈，我总也吃不完饭。"

当幼儿不愿吃时，教师应该尊重幼儿的意愿，不要逼幼儿超量地进食，否则，不但影响他们的身体健康，而且影响其对教师和幼儿园生活的态度，甚至还会影响其人格的健康发展。

③ 让幼儿因为困乏而选择休息（如睡觉），而不是在毫无困意的情况下被迫上床，并且为了得到教师的表扬而装模作样地闭上眼睛。每天都要让幼儿有足够的自由活动时间，以消耗他们过剩的精力。幼儿的精力是旺盛的，如果整天让孩子坐在教室里上课，那么他们过剩的精力无处发泄，该睡觉时，他们仍然精力充沛、无法入睡。

④ 让幼儿自主决定如厕的时机。现在许多幼儿园连如厕的时间都是规定好的，教师说："男孩去上厕所。"于是，所有的男孩就冲进厕所。我深感不解，难道教师的一声命令就能让所有的男孩都有了如厕的需要吗？后来，我听一位邻居说，他的女儿因为教师不让随便上厕所而弄脏了裤子，我这才明白小朋友们为制度化的生活付出了多么大的身心代价。

⑤ 让幼儿随时根据口渴状况自主地选择喝水的时间和喝水的量。

### 3．游戏中让幼儿有自主选择的机会

在游戏活动中，让幼儿有自由选择玩伴、玩具、游戏内容、游戏角色的权利。玩具不足、角色不足或场地不足时，让幼儿与同伴商量解决，而不应该由教师"硬性"安排，否则，就不是"幼儿在玩"，而是"幼儿被玩"了。

### 案例 2-95　能够"坚守岗位"的丁伟

角色游戏时,丁伟选择了"医院"游戏,老师觉得丁伟有些调皮,自控能力差,便动员丁伟担任"挂号"的工作,丁伟不愿意,老师就吼道:"不当挂号员,你就什么都不要玩了!"丁伟很无奈地去当了"挂号员"。由于很少有"病人"来挂号看病,丁伟很郁闷地坚守着岗位⋯⋯

游戏评价时,老师还特意表扬了丁伟能够"坚守岗位"。

真正意义上的游戏必须是幼儿自由选择(内容和角色)、自愿参与的,而不是教师安排的。

### 案例 2-96　尊重幼儿游戏的意愿

户外活动时,一群幼儿围着斌斌喊:"赖皮蛇,赖皮蛇。"斌斌显得很不高兴,带着哭腔对带班的于老师说:"我不是赖皮蛇。"于是,于老师问其中一位幼儿:"为什么叫他赖皮蛇?"小朋友说:"我们都是小鲤鱼泡泡,他是赖皮蛇。"

于老师对斌斌说:"他们在和你玩游戏,他们是泡泡,你是赖皮蛇。"

斌斌嘟起嘴巴说:"可是我不愿意当赖皮蛇!"

于老师对其他小朋友说:"我们玩游戏需要小朋友高高兴兴地参加,要不然就没有意思了。斌斌不愿意当赖皮蛇,谁愿意当?"结果没有一个人愿意当。无奈,于老师宣布取消该游戏。

于老师的做法是正确的,虽然小朋友们都希望斌斌当赖皮蛇,但是斌斌不愿意,于老师也并没有为了大家的快乐而强迫斌斌当赖皮蛇。

### 案例 2-97　什么时候下班啊?

区域活动刚开始,新增设的"医院"门庭若市,医院里的摆设、医生的白大褂和白帽子吸引着小朋友们,他们都想到医院里玩。很多小朋友报名当医生。经过再三考虑，吴老师选了几个活跃、语言表达能力强的幼儿当医生。他们穿上白大褂、戴上白帽子，真像医生，引来了小伙伴们的羡慕。医院一下子热闹起来，门口排了长长的队伍，小朋友们争着来"看病"，医生忙得不亦乐乎。可好景不长，过了十几分钟，医院就冷清下来，幼儿的新鲜劲儿已经过去了，各自到别的区域活动了，再也没有人来"看病"，医院里的医生也按捺不住想换岗，到别的区域去玩。当"门诊医生"的嘉敏说："吴老师，我可以到别的地方去玩吗？"吴老师说："不行，今天你选择的是当医生，医院里不能没有医生。"听了吴老师的话，嘉敏眼泪汪汪地说："那我肚子饿了，我要回家吃饭了。"吴老师态度十分坚决地说："不行，你还没下班呢！"嘉敏撅起了嘴巴："吴老师，什么时候下班啊？"……

　　嘉敏前半段时间是在自由地、主动地玩游戏，后半段时间却是被吴老师强迫玩游戏——她已经没有兴趣玩了，却被吴老师以种种理由强迫继续玩。这哪里是在玩游戏呀，完全是在承受心灵上的折磨！嘉敏对老师的这种安排肯定有强烈的不满。

　　在区域活动中，应让幼儿选择自己感兴趣的活动区，而不是由教师来安排哪个幼儿到哪个活动区，而且玩的时间也应由幼儿根据自己的兴趣来定，否则，其教育意义和发展意义都将大打折扣。

　　平日的各种教育活动（教学活动、生活活动、游戏活动等），凡是能让幼儿自己做主的，教师应尽量让幼儿自己做主（当然，当某件事涉及其他小伙伴时，要与相关的小伙伴商量决定），这样不但可以满足幼儿自主的需要，而且有利于将他们培养成为积极主动的人；反之，如果幼儿处处被动，那么，他们就有可能成为具有被动型人格的人——做事、做人处处被动或者感情淡漠。

## （三）教师要管住自己的嘴巴

　　前些天，我在网上看到一位法国教育家的"奇谈怪论"：21世纪最困难也最有价值的事是让教师闭上嘴。

我的心似被针扎了一下，胸口莫名地隐隐作痛。我想起了教师常发的牢骚："我今天累死了，口干舌燥！……"我还看到许多教师开学不到两周，声音全沙哑了。这些都是因为教师说得太多，而幼儿相对地说得太少，幼儿自由自主活动太少。

我们是幼儿园教师，不是"讲"师；教室是幼儿活动、学习的地方，不是教师讲课的地方；幼儿园是组织幼儿参与各种教育活动的地方，不是做报告的地方。幼儿只有在自己的活动过程中才能获得发展，讲授式的教育对幼儿而言几乎是无效的。当你发现自己得了教师"职业病"（经常声音沙哑）时，不妨换一种方式，试试闭上自己的嘴——这样会让幼儿有更多自由自主活动的机会，也会有更多面对真实困难甚至困境的机会，并因此而获得更好的发展。

为了培养幼儿的自主性，为了让幼儿有更多自主的机会，幼儿园教师最应该做的就是在幼儿专心工作时管住自己的嘴巴——不说话，不居高临下地指导幼儿。

### 案例2-98　老师，我想自己来

开设手工角的那天，小朋友们都十分感兴趣，小晴也不例外。她用笔在纸板上画了一个太阳，又用食指蘸了一点糨糊，仔仔细细地涂抹在太阳上。因为糨糊太少，涂抹的面又太大，糨糊一下子就干了。所以，无论她怎么用力，太阳就是粘不住。看到这种情形，老师便走过去帮助她一起做，边做边告诉她：糨糊不能太少，抹的面不能太大，手指要轻轻地压……还没等老师说完，她便把糨糊抢了过去，说："老师，我想自己来。"

当老师再次走到她身边时，她骄傲地拿起显得有些乱七八糟的作品对老师说："老师，我的太阳做好了，我还要再做一棵树。"

幼儿都是喜欢自主的，他们对自己所做的事有自己的想法时，教师应该放手让他们自主去做，而不应该替他们做。

**案例 2-99　过度指导让幼儿不知所措**

大班的孩子正在画画，画的内容是两三天前到公园拾落叶的活动。大约过了 10 分钟，也许是画完了，有的孩子开始看周围其他小伙伴的画，有的则站起来走动。

"坚持呀！一定要画到最后！""树的叶子是那样的颜色吗？得更深一点吧！""深绿的……"老师边看孩子们的画边来回走着。这时，小雷大声说道："老师，我已经画完了。我可以交吗？"然后，小雷便把画交给老师。老师看完小雷的画说："再把这儿涂涂。天空是蓝色的，这儿还留着白色呢！"

过了 20 分钟，整个教室热闹起来，老师说："没画完的接着画，画完的小朋友可以交上来了。"

……

可是最先说出画完了的小雷仍坐在自己的画前，而且老师指出的地方仍是白色。后来，他终于忍不住哭了。

当发现幼儿没有按照教师的"思路"去画时，教师不应该将自己的意志强加给幼儿。此时，教师应该听听孩子的解释，了解他不按"常理"绘画的理由，或许会发现，幼儿的"不合常理"就是一种创造！尊重幼儿"不合常理"的绘画行为就是给幼儿以自由。

**案例 2-100　感觉失真**

在大班欣赏音乐《天鹅》的活动中，老师向幼儿提问："你听了这段音乐后有什么感受？"幼儿回答道："我觉得音乐很好听、很优美。""我觉得音乐有点慢，很好听。""我也觉得音乐比较慢，好像在晚上一样。""我觉得音乐慢慢的，像要睡觉了似的。"

老师见几名幼儿的回答比较雷同，便提示大家："那么，有没有和他们感受不一样的？"一时竟无人回答，老师显得有些焦急："好，我们接下来再仔细地听一遍音乐，等会儿再请小朋友告诉我，你听到了什么？要说出与别人不一样的感受。"幼儿在老师的提示下再次完整地欣赏音乐，随后，老师请幼儿回答，但举手的幼儿并不多。丁政权站起来说："这段音乐听起来好像有点伤心。"老师立即肯定了他的回答："丁丁回答得真好，他的感受和刚才几个小朋友是不一样的。"

接下来，又有一个幼儿回答说："我觉得音乐很愉快，我想跟着音乐跳舞。""好的，也是和别人不一样的。那么，其他小朋友呢？"在老师的鼓励下，举手回答的幼儿渐渐多了起来。"我觉得音乐很欢快。""我觉得有点可怕，像大灰狼来了。""听起来很好玩。""我觉得像大象走路一样。""我觉得像开汽车一样。"……

圣桑演奏的钢琴曲《天鹅》是一首舒缓、优美的协奏曲，幼儿在欣赏第一遍后其实已较为准确地把握了这种音乐的性质，但后来为什么会感觉失真呢？主要原因在于教师的误导——强行引导幼儿说出"与别人不一样的感受"。许多时候幼儿感觉失真、感情失真、思维失真，是由于教师刻意地想将自己的意志强加给幼儿。

要想让幼儿有创造性，关键是让幼儿的思想自由自主，而不是人为地、被动地、看似努力地去进行所谓的创造——"想出与别人不同的方法""说出与别人不同的话""感觉出与别人不同的感觉""画出与别人不同的画""做出与别人不同的动作"。

思想自由自主是创造的前提，强迫式的创造不但不能培养幼儿的创造力，而且会使幼儿的思想失去自由和自主，这必然会导致幼儿心情的压抑和人格的奴化。

在各种教育活动中，教师应该鼓励幼儿说出自己的真实感受和思想，而不要太在意与别人的异同。幼儿思想自由了，表达自主了，其创造性自然就会产生。教师启发得越多，幼儿失去的自主性就越多。

### （四）不要干扰专注于工作的幼儿

专注，是幼儿自由自主的最佳状态。当幼儿专注于自己的工作（游戏、思考、探索、操作等活动）时，教师不要干扰，否则，幼儿就会产生不满情绪。

**案例 2-101　我们说话你听见了吗？**

下午 4 点半，老师宣布小朋友们可以自由地选择游戏。当小朋友们选择好，坐下来玩了几分钟以后，保育员老师喊："过来吃西瓜！"有几个孩子像是没听见一样，继续着自己的游戏。保育员老师又提醒了 2 次，并请他们搬椅子回座位，但他们只是看了保育员老师一眼，嘴里说了些什么。保育员老师有些生气地加大声音催促道："小童、乾乾、宝明过来吃西瓜！我都喊你们 3 次了！老师说话你们听见了吗？！"没想到他们看到保育员老师生气不但不动，反而说："我们说话你听见了吗？我们还想玩呢！"

当幼儿专注于他们的游戏时，教师最应该做的就是保持沉默状态，不以任何理由打扰他们。

请看下列案例：

**案例 2-102　老师，请您别吵我们**

大（1）班的棋艺区特别吸引人，许多小朋友特别是男孩都围在这里。成武和康明一起选了平时最爱玩的飞行棋认真地玩了起来。过了一会儿，他们又邀请晓康加入他们的游戏。这时，向老师走过来，问他们："你们在下什么棋呀？"成武头也没抬地说："我们在下飞行棋。"向老师又问："谁赢了？"成武抬头望着向老师很不耐烦地说："哎呀，向老师，你别吵我们了，好吗？我们都玩乱了呢！"

**案例 2-103　请不要打扰孩子的活动**

一个小女孩在独自活动，她非常认真，以至于鼻涕流下来都感觉不到，当鼻涕妨碍她继续活动时，她也只是用劲儿地一吸。这时老师发现了，立刻让她去擦鼻涕，小女孩很不情愿地用手抹了一下。老师说："请你用纸去擦。"小女孩只好无奈地去拿纸。

当幼儿专注于自己的活动时，即使有点"不卫生"或"不雅"，又何妨呢？幼儿都不觉得"鼻涕"是问题，教师又何必去替幼儿做主？

我们强调关照幼儿的自由自主需要，但不等于我们允许甚至鼓励幼儿破坏必要的常规和纪律要求。我们强调的自由自主以"个人的自由自主不影响他人"为原则。因此，在各种教育活动中，应该允许幼儿做自己的事情，坐姿也可以各异，但绝对不可以影响别人。如果某个幼儿的行为影响了别人，教师应该立即制止。比如，在教学活动中，当教师和某个小朋友讲话时，其他任何人不能插话，如果插话了，教师要马上制止，严重的话，教师还可以请他离开教室。这样做的原因是让小朋友们明白：做任何事情都是你的自由，但不可以影响别人，否则，你便没有自由。

自由自主是幼儿的一项基本权利，也是其基本的心理需要，教师应该让幼儿在自由快乐的环境中健康地成长。

## 八、让幼儿有成就感

成就需要是指完成一些困难的任务或超过别人、突出自己的需要。它是个体对于自己认为重要的或有价值的事，力求达成的欲望。幼儿在成就需要获得满足后，就会产生成就感。

幼儿都有成就需要，他们都希望自己能完成一些富有挑战性的任务，希望在某个方面超过同伴，渴望能被教师和同伴肯定，希望自己的价值被教师和同伴承认。如，教师评价某个幼儿"某某小朋友画得真好""某某小朋友故事讲得很有趣"，旁边的小朋友就会急切地问："那我呢？我是不是也很好？"可见幼儿十分希望得到教师的肯定。

**案例2-104**　*记住要说我表现好的地方*

一天，中班幼儿恒恒悄悄地跑到我跟前，说："老师，你可以给我妈妈打电话吗？""你有什么事要和妈妈说吗？"他看着我，停顿了半天，喃喃地说："老师，我想让你打电话把我表现好的地方跟我妈妈说。""可以啊，你表现好的时候老师一定给妈妈打电话。""那你一定要打啊，记住要说我表现好的地方！"恒恒说完就高兴地跑开了。

孩子就是这么单纯，自己有需要就直接表露出来。

我们的调查显示，幼儿喜欢某项教育活动，主要原因是这项教育活动能给予他们成就感和成功的喜悦。例如，许多幼儿说："我喜欢'滚大球游戏'，因为我总是得第一。""我喜欢折纸课，因为我会折战斗机，我折的战斗机飞得最高。""我喜欢猜谜课，因为我一猜就中。""我喜欢舞蹈课，因为我可以到讲台上去跳舞。""我喜欢跑步，因为我跑得快，比赛总得第一。""我喜欢算术，因为我算得快。""我喜欢画画，画完后，可以把自己的画贴在教室里。""我喜欢做手工，因为老师说我手巧。"

调查还显示，有些幼儿喜欢某位老师，是因为他们得到了该老师的肯定："我喜欢梁老师，因为梁老师说我画得好，还奖给我两朵小红花。""我喜欢梁老师，不喜欢贺老师。因为梁老师经常表扬我，贺老师总批评我。""我喜欢张老师，因为她说我嗓子好，可以站出来做领唱。"

成就感是个体对自我能力的一种积极感受，它直接影响到个体的自我评价。因此，成就感是构建儿童自信心的基础。当孩子感受到自己"有能力"时，他就会更加积极、主动。

### 案例 2-105　老师的肯定让幼儿感到自豪

我班的晓云，平时能独立地穿好棉鞋。一天，当我帮助别的小朋友系鞋带时，发现她磨磨蹭蹭地提着鞋过来要我帮她。我说："咦，晓云平时不是挺会穿鞋的吗？快去自己穿吧！"晓云无可奈何地去穿鞋了，可她慢吞吞地，还不时地瞟我一眼。这是为什么呢？我忽然想到，会不会是我帮助其他小朋友系鞋带时，小朋友亲热地靠着我，还同我说话，令她羡慕了呢？于是，我对旁边的小朋友说："你们看，晓云多能干呀，都已经学会自己穿鞋了，你们可要好好向晓云学习呀！"果然，晓云一听这话很得意，迅速穿好鞋下楼去了。

幼儿的健康成长需要其自身的成功体验，哪怕是一点点的成功，也会对幼儿的成长起巨大的促进作用。教师应该创造尽可能多的机会，让每个幼儿都经常有机会获得成功的体验，这对培养他们的学习兴趣、生活兴趣以及来园学习和生活的兴趣都十分有益。教师千万不可让幼儿觉得自己是个失败者，否则，他们将来在生活、学习和工作方面就很难有信心去应对各种事情。

幼儿的成就感来源于四个方面：一是，活动的胜任感，如"我折的战斗机飞得最高""我一猜就中"等；二是，完成具有一定挑战性的任务；三是，完成他人无法完成或者很难完成的任务；四是，得到重要他人的肯定，如教师的表扬和肯定能给予幼儿成功的体验——"老师说我手巧""老师说我画得好"等。

经常获得成就感，有利于激励幼儿不断地进步，同时还有利于幼儿形成积极的自我概念。可以说，每一次的成功都会为幼儿之后的成功提供源源不断的动力，成功才是幼儿的自信之母，不断的成功会不断激励幼儿去参加相关的活动，进而促进他们不断地获得发展。

### 案例2-106　教师的肯定和鼓励是孩子进步的动力

陈子立画画不好，自卑感很强，总认为自己不如别的小朋友，也不喜欢画画。有一天他鼓足勇气把自己的一幅画送给了林老师，林老师笑着说："谢谢你，你画得真好，老师一定把它贴在办公室里。"后来，陈子立趁林老师不注意跑到办公室里，果真发现他的画就贴在林老师办公桌旁的墙上，他高兴地笑了。

从此，子立喜欢上了画画，而且画得越来越好。

### （一）让每个孩子都获得成功

幼儿天生喜欢成功，只要体验到1次成功的喜悦，就会激发他们100次追求成功的欲望。有位心理学家曾做过这样一个试验：让一群孩子一起上课，然后给他们布置作业；第二天一部分人做的全对，老师表扬了他们，结果作业正确的孩子对学习怀有极大的兴趣，而做错的孩子则对学习失去兴趣甚至开始厌倦。这个试验说明：孩子能从学习的成功体验中感受到学习的快乐；

假如经常遭受失败、体验失败的痛苦，他们就会逐渐逃避学习，对学习产生厌恶的情绪。

因此，各项学习活动要因人制宜，循序渐进，让每个幼儿都能"学会"。这样，幼儿才会有胜任感和成就感。

**案例 2-107** *训海豚有术*

海豚经过驯养，可以成为出色的马戏演员。驯养海豚主要靠物质刺激，即完成一个动作，便奖励它一条鱼，让它形成条件反射。训练讲究循序渐进，由易到难。比如钻火圈这个节目，要先让海豚学会钻圈，再慢慢换成冒烟的圈，然后换成有点儿火苗的圈，最后才换真正的火圈。如果一开始就钻火圈，它当然不肯。

训练海豚跳高也是采取同样的办法。驯兽师先在水面下拉上细绳，海豚每次从细绳上方通过就会被奖励一条鱼，如此形成条件反射。驯兽师不断抬高细绳，尝到甜头的海豚也每次都试图从细绳上方通过。细绳一点点抬高，逐渐到了水面之上，而海豚也就成了"跳高高手"。

只要循序渐进，连海豚这样的动物都可以通过训练取得惊人的成就，更不用说孩子了。

因此，我们要为每个幼儿制定切实可行的阶段目标，让每个孩子都能以自己的速度一小步一小步地扎扎实实向前迈进，每天都取得一定的成就，日积月累，便会产生质的变化，孩子最终会产生胜任感，进而获得成就需要的满足。对孩子提出的要求要根据他们能力的大小决定。比如，在画画课上，要求幼儿画一棵大树——能力较强的幼儿画完大树后，可以根据自己的想象添画其他事物；而能力较弱的幼儿，能够画出大树即可。这样，他们就都有表现自己的机会，也都能尝到成功的喜悦。

## （二）给幼儿的任务难度要适中

人都有一种不断挑战自我的需要，幼儿经过适当的努力，完成了具有挑战性的任务，会有很强的成就感。活动任务太容易，幼儿即使完成了也不会有成就感，同时，其活动兴趣也会逐渐消失。比如：幼儿对"傻瓜式"电子玩具的热情最多能保持一个星期左右，因为它们不具有挑战性，玩两三天后，孩子就能非常熟练地操作了；而积木、积塑，小朋友们则可以从小玩到大，因为积木、积塑是不定型玩具，有无穷的变化方式，随时都能给小朋友们以适当的挑战，所以它们对孩子一直都有吸引力。

活动任务太难了，幼儿怎么努力都无法完成相关的任务，这不仅不会给幼儿带来成就感，还会打击幼儿的积极性和自信心。经常让幼儿做其力所不能及的事情，会导致幼儿对自己失望，甚至形成习得性无助。

**案例2-108　无助且可怜的狗**

美国心理学家塞利格曼在1967年用狗做了一项经典实验：

先把狗放进一个笼子里，这个笼子是狗无法从中逃脱的。实验者在笼子里安装上电击装置。实验开始后，只要蜂音器一响，就给狗施加电击，电击的强度能够引起狗的痛苦，但不会伤害狗的身体。实验者发现：这只狗在一开始被电击时拼命挣扎，四处乱窜，大声狂叫，想逃脱这个笼子；但经过一而再再而三的努力，感觉无法逃脱后，狗的挣扎程度逐渐降低了，以至于后来无助地趴在地上，不再挣扎，默默地忍受着电击带来的痛苦，原来洪亮的狂吠也变成了低声的痛苦呻吟。

多次实验后，蜂音器一响，实验者就在电击前先把笼门打开，不过狗不但不逃，反而不等电击就先倒在地上开始呻吟和颤抖。本来可以主动地逃避，却绝望地等待痛苦的来临，这就是习得性无助。

这个实验的结果和现象在心理学上被称为"习得性无助"。后来有很多学者采用其他动物进行重复实验，均得到了与上面相同的结果。

这只无助的狗，也可能就是我们的孩子。孩子在成人的高标准要求下，经常做着力所不能及的事情，屡战屡败以后，就会产生"事情每次都是这个样子，总是……""我真是笨死了！""我是一个笨孩子！""我一点儿能耐都没有！""我不行！""我不是这块料！""我是世界上最无用的人！""我很笨，我做什么都做不好！"之类的消极自我意象，他们会放弃一切努力并陷入绝望之中。

因此，平时教师给幼儿的任务要与其能力相适应，要有一定的挑战性，既不能太容易，也不能太难，否则会不利于幼儿的健康发展。

教师可根据每个幼儿的活动能力和水平，设计和安排难度不同的学习任务，提供不同的指导和帮助。例如，在活动中让幼儿动手操作时，对待能力稍差的幼儿，教师可以帮助他们拼摆一部分，引导他们继续下去；对待能力一般的幼儿，教师只在他们遇到困难时提示一下即可；对待能力强的幼儿，教师可以适当提高难度。这样，既满足了幼儿不同的挑战需要，又让不同能力层次的幼儿都能在原有水平上完成具有一定挑战性的任务，进而满足他们的成就需要。

### （三）发现和培养幼儿的特长，并为幼儿提供适宜的展示机会

如果幼儿在舞蹈、唱歌、讲故事、书法、绘画、下棋、折纸、对某种玩具的熟练操作等某一方面有特长，就让其在班上给小朋友们展示一下，这样可以增强幼儿的自信心，使其获得成就感。

平时教师要善于发现每个孩子的特长，对于那些没有特长的孩子，可根据其天赋给予适当的训练，以便他们能在其他小朋友面前进行展示，从而获得自信心和成就感。

另外，对于那些没有特长的孩子，还可以采取"提前教"的方式，让其比其他幼儿先学会某种技能，然后当全班小朋友的老师，这同样可以让其获得成就感和自豪感。

**案例2-109**　*小老师李缘*

有一次，小朋友们都在玩游戏，李缘小朋友能对照着小卡片搭直升飞机、照相机等物体，立体思维很强。姚老师主动走过去要求他教给老师，他很惊奇，眼睛睁得很大，仿佛在说："你是老师，怎么不会呢？"明白了他的心理

后,姚老师说:"老师也有不会的东西,不会就要向别人学习。"听了姚老师的话,他点了点头,很快他就教会了姚老师搭直升飞机,不仅这样,他还乐意教别的小朋友。他充满自信地对别的小朋友说:"姚老师搭的这架直升飞机,还是我教给她的呢!"

第二天一大早,李缘妈妈就向老师反映,李缘在回家路上跟她说了许多幼儿园里的事情。晨间活动时,李缘又玩起了昨天的玩具,迫不及待地拉着姚老师的手,告诉姚老师他的秘密:他最喜欢搭飞机和小汽车,长大了要开汽车……

教师要了解每个幼儿擅长的项目,甚至可以拜幼儿为师,当该幼儿的"教学能力"有所提升后,还可以请他当全班小朋友的老师,教其他小朋友学本领。

### (四)充分赏识幼儿的优点和进步

在班级中形成相互欣赏的心理氛围。任何一个孩子的心灵深处都有"做好孩子"的愿望。幼儿教育的使命和教师的任务就是呵护这种愿望,让孩子从小就有良好的心态,学会自信,学会欣赏自己,赶走内心的自卑。为此,教师不仅要善于发现孩子的优点,还要不断告诉孩子:"你……真不错!"教师每周还可以通过"夸一夸"的谈话活动,采用"教师夸""同伴夸""自己夸"的形式对幼儿进行积极的评价,这种积极评价会给幼儿带来成就感,并且会不断激励幼儿进步。如,有一个男孩各方面能力都较弱,遇事总爱说"我不行""我不会"。一天,老师发现他画了很多汽车,还告诉老师一大串汽车品牌的名称。在该周的"夸一夸"谈话活动中,老师故意给大家出难题:看谁说出的汽车品牌多。结果,别人最多能说出三四种,而这个男孩却一口气说出了十多种。在同伴"你真棒"的夸奖声中,他露出了自信的微笑。

有位朋友有一天十分气愤地告诉我一件事:

上周五他到幼儿园接女儿小玲,小玲高兴地跑过来拉着他的手说:

"爸爸,我今天可以涂红格子了!"在小玲的指引下,朋友来到格子栏目前……;后来他问老师才知道,"红格子"代表当天表现比较好,"黑格子"则代表当天表现不好,并且了解到小玲存在的主要问题就是吃饭太慢。

小玲此时已经是中班第二学期,这意味着小玲在一年多来每天都是以涂黑格子结束幼儿园一日生活的,这是何等的煎熬——孩子每天都在重复暗示自己:"我今天没有表现好。""我不是个好孩子!"

苏联著名教育家苏霍姆林斯基说过:"教育人就是教育他对未来的希望。"而给幼儿希望的一个重要方式就是发现并引导幼儿确认自己的优点、强项,而不是让幼儿每天都强化自己所谓的缺点、弱项,否则,幼儿即使有再多的良好表现也会因为涂黑格子而变得毫无成就感,时间长了就会陷入深深的自卑之中。

多些纵向评价,少些横向评价。每个幼儿成长速度不同、能力特点不同,教师不能操之过急,对幼儿的要求不能一刀切,更不能要求过高。在评价幼儿行为时,要多关注幼儿的活动过程,关注幼儿的进步;多关注幼儿在活动过程中所做出的努力,不能只关注活动的结果;同时对幼儿的发展和进步多做纵向评价,尽量减少横向评价(即与同伴的比较),更不能用某个幼儿的短处与其他幼儿的长处做比较。能力总会有高低,如果仅仅由于比别人优秀才有成就感,那么就可能导致部分幼儿永远没有成就感,因为他们由于种种原因确实很难做到比别人都优秀。教师应该引导幼儿看到自己的进步,同时不断地肯定和鼓励幼儿的进步,让幼儿从自己的不断进步中获得成就感和自豪感。

**案例2-110**　　**明生进步了**

明生是个非常顽皮的小男孩,常常制造纠纷。这边,他推倒了同伴用积木搭的大房子;那边,他扔了一地的泥塑动物;尤其是角色游戏时,来告状的人总是不断。每每遇到明生捣蛋的时候,李老师总是及时对他进行批评教育，可效果并不明显；找家长了解情况，请父母配合做工作，对他的闪光点及时表扬鼓励……各种方法都用过，明生的变化仍旧不大。

有一次班上玩"医院"游戏，明生也要当医生，小朋友们纷纷议论："明生不能当医生，医生要关心人，他不会，还欺负人。""他坐不住，要是病人来看病，医生不在，会出大麻烦的。"小朋友们七嘴八舌，讲得从来不认错的明生脸红红的，不由自主地低下了头。

李老师看到机会来了，便引导说："如果他改正了缺点，能不能当医生？"大家异口同声地说："能！"

从这天开始，李老师和小朋友们每天游戏评价时都有一个专门的话题——明生有什么进步。这么做还真有用，连着两天，他的那些缺点都改了，也有了约束自己的动力。两天后，明生终于当上了"医生"，他认真、细致、热情地为"病人"看病，得到了同伴的一致夸奖。

再后来，就连家长和其他老师也都说明生进步了。

孩子改正错误、取得进步，其前提条件是必须激发他内在的心理需要。

### 案例 2-111　一日生活情况表

某位家长来接孩子，望着墙上的一日生活情况表，对孩子说："为什么胡康妮小朋友能得五颗星，而你却只得了两颗星，真笨！"孩子委屈地低下了头……

孩子的成绩（比如获得小红花数、星星数等）也应该是孩子的隐私，教师不应该将它张榜公布，否则，会给"成绩"不好的孩子带来挫败感。

### 案例 2-112　光荣榜

我们让每个孩子都把自己做得好的和不够好的事情说出来，由爸爸妈妈代写在信笺上，贴在教室的"瞧，我真棒！"栏目里。每改掉一条缺点或增加一条优点，老师就在这一条后面贴一个红色的五角星。每周五下午周评时，谁的五角星最多，老师就奖给谁一件小礼物。孩子们的积极性很高，每天都会督促自己改掉坏习惯，学习别人的优点，争取得到五角星。同时，家长也非常支持这件事。这样，老师、幼儿和家长都积极参与，对培养幼儿的良好行为习惯很有好处。

（高美娇，2004）

高老师的这种让幼儿看到自己进步的做法值得赞赏，因为进步是自己跟自己比，不断追求进步成了孩子的内在动力。一个孩子可能并不一定比别人好，但他在不断的进步中同样可以获得成就感。不过，如果在每周五下午周评时，不是"谁的五角星最多，老师就奖给谁一件小礼物"，而是幼儿只要有进步就会得到老师的表扬和奖励，会更能激励幼儿。

在赞美幼儿时，既要有抽象定性，又要指明具体方向。首先，肯定孩子性格上的正面特质，即找出孩子身上积极的性格并告诉他，用具体的话肯定或赞美。如，"你是个负责任的好孩子。老师还没有提出要求，你就把玩具收拾得整整齐齐""你今天在幼儿园里表现得很合群，虽然老师安排你和你不喜欢的小朋友在一起，你的态度还是很好，很有集体精神"。其次，赞美幼儿的成绩、努力和工作。"你这星期弹钢琴很认真。你弹得很好听！旋律很美！拍子也正确！""你妈妈今天告诉我，说你已经可以一口气背完5首唐诗了，我真为你骄傲，你居然做到了。"这样赞美幼儿，幼儿会很受鼓舞；同时也使幼儿的成就感更加真实和稳固。

## （五）给予幼儿充分的肯定

平时，教师对幼儿取得的进步和付出的努力要给予充分的肯定。幼儿在完成某项具有挑战性的任务后，如果能够得到教师的表扬和肯定，幼儿就会获得双重的成就感。有一次上绘画课时，李老师发现明洁的画画得不错，便夸奖了一番。回家后明洁就把自己的画拿给爸爸看："爸爸，你看我画得怎么样？""很好！""老师也说不错。"从此明洁一有空就画画——在幼儿园里画，在家里也画。

当幼儿觉得自己成功地完成了某项工作并向教师"报告"时，如果教师表现冷淡，幼儿就会感到很失落，甚至对该项活动的积极性由此锐减。例如，在一次画画活动课上，晓俊画完一幅画后，很高兴地问钟老师："钟老师，你看我画得漂亮吗？"当时由于工作忙，钟老师连看也没看一眼就应付地回答："嗯，等一下……"从此，画画活动后晓俊再也没有问钟老师类似的问题，他对画画的热情也没有以前高了。

**案例 2-113　快看我**

在一次户外活动中，玲玲爬到了大型攀登架的最高处，她脸上露出了得意的笑容，大声叫道："嗨，快来看，快来看，看我多能干！"冯老师立即对她说："你爬到了这么高，真了不起。"

**案例 2-114　心不在焉的表扬**

绘画活动中，幼儿纷纷把自己的作品拿给汤老师欣赏。汤老师被一群孩子和他们的画围住，有点忙不过来，很多孩子把画递到汤老师眼前，很高兴地问："汤老师，我画得好吗？""汤老师，看我的！"……汤老师只迅速地瞄了一眼或者连看都没有看，就匆忙说道："嗯，很好！""不错！"……幼儿们的眼神慢慢黯淡下来，因为汤老师并没有仔细看或者根本没有看他们的画，她的眼睛里更没有赞许的光芒。

教师表扬幼儿要真诚，要有感情投入，否则，心不在焉的表扬不仅无益，反而有害。

### （六）给予幼儿为教师"出谋划策"的机会

我在幼儿园见习时，看到和蔼可亲的杜老师身旁围着一群可爱的孩子，杜老师笑嘻嘻地请小朋友们为她出主意："杜老师的长头发是梳得高一些好看，还是梳得低一些好看？"在小朋友们各抒己见、举棋不定时，杜老师把两种发型都梳了一遍……

有些教师不禁要问,难道杜老师要梳什么样的发型自己心里都不清楚,还需这帮小娃娃们帮忙定夺吗?其实,这是一种教育艺术。幼儿为大人出谋划策,况且这个大人是他们平时心目中最美好、最尊敬的老师,这是何等的愉悦和自豪呀?!同时,这也可以拉近幼儿与教师的心理距离。

教师们不妨想一想,自己平时还有哪些无关紧要的"小事"可以拿出来让小朋友们帮你出出主意甚至帮你定夺呢?这样的活动开展得多、开展得好,能让幼儿很有成就感,同时还可大大地增进师幼之间的感情。

### (七)家园合作培养孩子的成就感

家长可以通过以下几个方面的努力来培养孩子的成就感。

① 通过训练,家庭可以帮助孩子提高在园学习的技能水平,进而提高他们的成就感。

② 家长通过欣赏孩子在幼儿园里学到的本领,使孩子的成就感得到提升。有个叫凯凯的孩子说:"妈妈给我报了三个兴趣班,有一个我还蛮喜欢的,另外两个我觉得很讨厌。我最喜欢电子琴班,因为爸爸妈妈都不会弹,每次弹完一首曲子,爸爸妈妈都说:'真不得了,儿子简直太棒了!'我最不喜欢数学班,因为爸爸教小学数学,我做出一道'难题'给爸爸看,爸爸却说:'这么简单都要说呀?!'"孩子需要父母的肯定。孩子成长的路上缺的不是教师,而是会欣赏的观众。

调查发现,孩子们喜欢某一门课的学习,是因为他们回家后有人愿意听或看他们的"学习汇报"并肯定他们的进步。比如,有的孩子说:"我喜欢音乐课,因为回家后可以唱歌给爸爸妈妈听。""我喜欢儿歌课,因为回家后可以背给爷爷奶奶听。""我喜欢计算课,因为回家后算数经常得到妈妈的表扬。""我喜欢折纸课,因为回家后可以折给妈妈看。""我喜欢手工课,因为我做的东西可以带回家给妈妈看。"

**案例2-115　　小画家**

大班的小婵从幼儿园学画回来,直奔厨房。

小婵:"妈妈,你看!"

妈妈:"我忙啦,没空儿理你!"

小婵:"今天我画得很好,你看看。"

妈妈:"你没有看到我正忙着炒菜吗?"

小婵:"没关系,看一下嘛!"

妈妈:"告诉你,没有空儿!!"

小婵:"真的,画得很好!"

妈妈:"好个屁!"

小婵:"我不要屁!我不要屁!"

小婵掉头往楼上跑,一面哭着,一面叫着:"我不要屁!我不要屁!"

小婵对自己的画感觉很好,叫妈妈看一看,其实只是想从妈妈那里也得到肯定,以满足她的成就需要。可是,妈妈却不了解孩子的需要,不给孩子以相应的满足,反而给孩子泼冷水,这怎能不让孩子感到伤心呢?!

如果妈妈改一下:

小婵:"妈妈,你看!"

妈妈:"好(转个头,看一下,接着又转回来,继续炒菜)!太好了!把它放在客厅,等妈妈做完饭后,还要慢慢欣赏!"

这样做效果肯定截然不同,不仅孩子的成就需要得到了满足,同时还有助于鼓励孩子今后以更大的热情投入绘画学习。

③ 在家里设置"宝宝成功记录栏",可以提高孩子的成就感。孩子各方面的第一次成功都在栏目中做记录并缀上小星星,如某年某月某日宝宝第一次自己吃饭,某年某月某日宝宝第一次自己洗脚,某年某月某日宝宝第一次自己睡不要大人陪伴……这样日子久了,孩子会在潜意识里让自己积极向上。

④ 时不时帮助孩子在幼儿园做一件"轰动"的事——如,教孩子讲个非常有趣的笑话、表演一个小魔术,买个特别一点的玩具让孩子拿去展示,在

家排练一个精彩的节目让孩子到幼儿园表演，这样可使孩子建立起成就感和自信心。

⑤ 培养孩子某一方面的特长。父母自己培养或者请专业人员培养，让孩子形成某一方面的特长。

⑥ 让孩子教父母。孩子在幼儿园学到某些知识技能后，让其教爸爸妈妈，这不仅可以帮助孩子巩固所学，还可以提高孩子学习的积极性，因为当老师教妈妈会让孩子觉得很有成就感。

⑦ 让孩子帮助父母解决难题。如，爸爸的手机掉到床底下了，爸爸太胖了，爬不进去，可以这样对孩子说："儿子，爸爸的手机掉到床底下了。爸爸太胖了，实在爬不进去，你帮爸爸把手机拿出来，好吗？"有机会帮父母解决难题，让孩子对自己的独特作用有所认识，因此他会很有成就感。

⑧ 让孩子为父母或家庭建设献计献策。父母在家庭决策时多请孩子提建议，这样会让孩子觉得自己长大了，其成就感会大增。

⑨ 学会用欣赏的眼光看孩子。有一网友在美国工作，他儿子在美国读书，他说：校园里中国孩子和美国孩子同时在操场上打篮球，中国孩子10个球进了9个，妈妈不满意；美国孩子10个球进了1个，妈妈拼命鼓掌，因为进1个球就比没进强。最后的结果是，有成就感的是只进1个球的美国孩子，有挫败感的是进了9个球的中国孩子。

⑩ 认同教师对孩子的积极评价会让孩子获得双重的成就感。

⑪ 爸爸妈妈的"标杆"要适合孩子的水平。有个小男孩想当干部，好不容易在大班时当了小组长，妈妈却对他说："小组长有什么好炫耀的，那是中国最小的官了，我小时候当班长呢！……"如果我们把心中的"标杆"降低到适当的标准后，就会发现孩子是很能干、很优秀的，我们会为孩子小小的进步而高兴，孩子也会为此而不断地积累成就感，进而对自己充满信心。

关注幼儿的成就需要，满足幼儿的成就需要，会让幼儿从小就对自己充满信心，进而促进幼儿形成积极的自我意象，使其心理更加健康地发展。

## 九、关照幼儿的恻隐之心

培育需要就是同情并帮助无依无靠者的需要。这种需要相当于我们平时所说的恻隐之心。中国有句俗话:"恻隐之心,人皆有之。"幼儿也有恻隐之心,他们对弱者往往会表现出同情,并萌发相助的心理倾向。

调查发现,幼儿之所以喜欢某些活动,是因为这些活动满足了幼儿的培育需要。许多幼儿说:"我喜欢'老鹰抓小鸡游戏',因为我可以扮成母鸡去保护小鸡。""我喜欢'小猫、小猪、小刺猬游戏',因为我可以在里面当小猪去救小猫。""我喜欢玩'娃娃家游戏',因为我可以扮演'大人'给娃娃喂东西。""我喜欢玩'医院游戏',因为我特别喜欢当医生给'病人'看病。"

培育需要是埋藏在幼儿心灵深处的一种需要。幼儿同情并帮助别人,不但是一种付出,而且能满足其培育需要,有利于幼儿发现和实现自我价值。在培育需要获得满足的过程中,幼儿往往是以"强者""能干者""大人"的身份出现的,因此,幼儿对能满足其培育需要的活动往往乐此不疲,如幼儿可以一整天地玩"娃娃家游戏"而不感到厌倦。

作为教育者,教师应该多创造一些机会,让幼儿的培育需要经常得到满足,从小培养他们的同情心和良好的自我意象。

### (一)理解幼儿的同情心

对于幼儿表现出来的同情心及相应的行为,教师要理解。例如,小帆饲养的小鸟死了,他对老师说:"我很难过,昨天我的小鸟死了。本来我是想替它治伤的,可我没能治好它。它还是死了。我难过得吃不下饭,哭了一夜。今天,我把小鸟埋了,做了一个小坟,还在旁边种了几棵小草,这样小鸟就不会那么孤单了……"此时,教师不仅不应该取笑幼儿(如骂他:"不就是只小鸟死了吗?!哭什么?!太没出息了!"),还应该安慰幼儿,甚至要和幼儿共悲伤。比如,教师可以对小帆说:"我也为你的小鸟死去而感到难过,有空我和你一起去看看你为小鸟修造的坟!"幼儿肯定会因为在情感上得到了教师的共鸣，而将教师视为知己和朋友。

**案例 2-116　帮助"小兔子"**

课间游戏活动时间，沈老师带幼儿到操场上去玩"小兔找家"的游戏。

按游戏规则——家的个数要比兔子少一个，一个山洞只许住一只兔子，这样势必有一只小兔子找不到家而被大灰狼抓去。

孩子们兴致勃勃地玩了好几次，当然，有好几只不幸的"小兔子"落入"大灰狼"的口中。

当沈老师再次发出"大灰狼来了，小兔子快回家"的信号时，沈老师发现早已找到"家"的叶晓童一把抓住小晶小朋友，将她拖进了自己的"家"，使她躲过了"被吃"的危险。

"大灰狼"只得空手而归，气呼呼地跑来向沈老师告状。沈老师走过去问叶晓童："你为什么要把小晶拉到你的'家'里？你不知道这是违反游戏规则的吗？"叶晓童低着头、小声地说："小晶被大灰狼抓去好几次了，她好可怜啊，我想把'家'分一半给她住。"

在游戏中，虽然叶晓童把"家"分一半给小晶的行为违反了游戏的规则，但她的做法却是值得肯定的，那是孩子心灵深处善良愿望的反映。另外，教师在设计游戏活动时，应该多考虑如何满足幼儿的培育需要。例如，在上述的"小兔找家"游戏中，教师就可以多设一个家，让每只小兔都能在一定的时间内找到自己的家，或者通过规则让"能力强的小兔"保护"能力弱的小兔"，这既满足了孩子善良的愿望，又能达到游戏的目的，更有利于幼儿心理的健康发展。

## （二）让幼儿有照顾动物、植物的机会

让幼儿饲养些可爱的、易于照顾的宠物或种植些反应敏感（对关照敏感的）的植物，可以满足幼儿的培育需要。在照顾和呵护这些动植物的过程中，幼儿的培育需要会得到满足，同时其爱心、同情心、责任心也会得到培养。

在平时的日常生活和教育活动中，教师还应该有意识地支持幼儿对花草树木、小动物的关心和爱护。例如，台风到来之前，为避免树木被刮倒，教师和孩子们可做些支架对树木进行支撑和保护；台风来的时候，教师可以和小朋友们一起通过窗户观察在支架保护下的树木。这样，会让小朋友们的培育需要得到极大的满足。幼儿园还可以以班为单位参与一些动物的救助活动，如救助流浪狗等。这些救助活动，能让被救助动物快乐地生活，也能让幼儿的培育需要得到很好的满足。

有位哲人说过：对于一切有生命之物的同情是品行端正的最牢固和最可靠的保证。谁满怀这种同情，谁就肯定不会伤害他人、损害他人、使他人痛苦，而且他会尽一切可能去宽容地对待他人、帮助他人，并且他的行动将会带有公正和博爱的印记。

### （三）利用一切机会让幼儿关心他人

教师要做有心人，善于抓住各种契机满足幼儿的培育需要。小朋友生病了；小朋友摔倒了；小朋友没有玩具了；小朋友没有朋友了；小朋友心情不愉快了；小朋友家中遇到了困难……这些都是幼儿表达仁义博爱的机会，这不仅会令受帮助的幼儿很感动，也会让助人者的心理得到很大的满足，因为助人的同时，助人者的培育需要也到了满足，助人者在助人的过程中提升了对自己存在价值的认识。

开展"大帮小"活动可满足幼儿的培育需要。不同年龄的幼儿聚在一起，让大班的哥哥姐姐帮助小班的弟弟妹妹穿衣物、系鞋带、叠被子；让大班的哥哥姐姐带弟弟妹妹到外边看他们玩或者带他们玩；让大班的哥哥姐姐安慰刚刚入园正在哭泣的弟弟妹妹；让大班的哥哥姐姐去教小班的弟弟妹妹学一些本领，如穿衣、穿鞋……这些活动，不仅可以弥补独生子女没有兄弟姐妹的缺憾，还可以让幼儿学会关心，有利于幼儿心理的健康成长。

利用相关节日让幼儿学会关心父母，如：在"妇女节""父亲节""母亲节""重阳节"，让幼儿设计一些表达自己良好祝愿的卡片，送给父母和爷爷奶奶；平时让孩子主动帮父母做一些事情，如有些幼儿园开展"每周一次为父母'洗脚'活动";父母某一方生病了,请孩子参与适当的照顾工作。孩子会在这些活动中,从父母欣慰和感激的目光中获得培育需要的满足。

利用社区资源,满足幼儿的培育需要。例如,让幼儿带着礼物、文艺节目去儿童福利院慰问残疾的孩子,或者带着礼物和文艺节目到敬老院去慰问那里的孤寡老人,小朋友们会从这些受助者的感激和快乐中获得培育需要的满足。

社区里的乞丐、流浪儿也可以成为满足幼儿培育需要的对象。或许成人对街头上形形色色的乞丐有不同的看法,但我们不应该让自己的思想影响孩子的善良。对孩子的成长而言,爱心比冷漠无情、金钱更为重要和珍贵。

### (四)通过情景表演满足幼儿的培育需要

情景表演是幼儿喜闻乐见的一种活动形式,教师应充分利用故事表演、诗歌表演、歌曲表演、舞蹈表演、角色游戏等手段,让幼儿通过扮演故事角色,身临其境地体验故事中关爱他人的情节,潜移默化地感受爱和给予爱。例如,在儿童剧《小羊和狼》的表演中,幼儿会通过扮演小狗、小马、大象来想方设法地保护小羊,其培育需要得到了一定程度的满足。

教师要充分利用那些充满关爱情节的儿童文学作品,并将它们改编成适合幼儿表演的剧本,让幼儿扮演其中的角色,演绎其中的故事情节,让表演者和观赏者都得到心理上的满足,进而促进幼儿心理的健康发展。

### 小羊和狼

#### 禾嫁

一只小羊正在河边喝水,一只狼走过来说:"这河里的水是我的,你为什么喝我的水?"

小羊说:"这河里的水是山上流下来的,大家都可以喝,怎么说是你的呢?"狼说:"我说是我的就是我的!你喝了我的水,晚上我要来吃掉你!"狼说完就摇着尾巴走了。

小羊回到家里,想起狼说晚上要来吃他,就坐在门口哭起来了。一只小花猫走来,看见小羊在哭,就问:"小羊,你为什么哭啊?"小羊说:"狼说今天晚上要来吃我。"小花猫说:"不要紧,晚上我来帮助你。"小花猫说完就走了。

小羊还坐在门口哭。一只小黄狗走来,看见小羊在哭,就问:"小羊,你为什么哭啊?"小羊说:"狼说今天晚上要来吃我。"小黄狗说:"不要紧,晚上我来帮助你。"小黄狗说完就走了。

小羊还坐在门口哭。一匹白马走来,看见小羊在哭,就问:"小羊,你为什么哭啊?"小羊说:"狼说今天晚上要来吃我。"白马说:"不要紧,晚上我来帮助你。"白马说完就走了。

小羊还坐在门口哭。一只大象走来,看见小羊在哭,就问:"小羊,你为什么哭啊?"小羊说:"狼说今天晚上要来吃我。"大象说:"不要紧,晚上我来帮助你。"大象说完就走了。

到了天黑的时候,小花猫、小黄狗、白马、大象都来了。大家在一起商量怎样帮助小羊。

小花猫说:"小羊,你到外边找个地方藏起来,我躲在灶台上。狼来了,找不到你,他一定会到火炉这儿来点火,那时候,我就用爪子抓他。"小黄狗说:"狼被小花猫抓了,一定会往外跑,我躲在门口,等他出来的时候,我就咬他。"白马说:"狼被小黄狗咬了,一定会往房子后边跑,我躲在门口,等他出来的时候,我就踢他。"大象说:"我站在大树底下,等狼从大树旁边逃跑的时候,我就用鼻子把他卷起来扔到河里去。"

大家商量好了。小羊藏到外边的大树后面;小花猫跳上了灶台;小黄狗蹲在门背后;白马躲在房子后边;大象站在大树底下。大家一声也不响,静静地等着。

不大一会儿,老狼"吧嗒吧嗒"地走来了。老狼走进屋子里,屋子里黑洞洞的,什么也看不见。他就到火炉那儿去点火。小花猫跳起来,看准老狼的脸就是一爪子。老狼吓坏了,"嗷"的一声转身就往外跑。

小黄狗从门背后蹿出来,看准老狼的腿就咬了一口。老狼疼得嗷嗷叫着,想绕到房子后边逃走。

这时候,白马抬起腿来,看准老狼狠狠地踢了一脚,把老狼踢得好远,一直踢到大树那儿。小羊也勇敢地从树后面冲出来,用他的角对准老狼顶了一下。

老狼被小花猫抓了一爪子,被小黄狗咬了一口,被白马踢了一脚,又被小羊顶了一下,摔在地上站也站不起来了。

这时候,大象用鼻子把老狼卷起来,"呼"的一声,把老狼扔到很远很远的大河里去了。老狼淹死在水里,再也不能吃小羊了。

让幼儿多听、多看、多演类似《小羊和狼》这种充满关爱的文学作品,既可以满足幼儿的培育需要,又能促进幼儿爱心的发展。

培育需要是一种发自心灵深处的需要。有的孩子没有同情心,不会关爱他人,甚至连关爱的意识都没有,其主要原因是教育者没有从小就注意满足和正确引导幼儿的培育需要。因此,从幼儿期,甚至从婴儿期起,就应该开始关注儿童培育需要的满足和引导。

英国思想家欧文在19世纪成功地创办了"幼儿学校",恩格斯曾经给予其高度的评价:"他发明并第一次在这里创办了幼儿园。孩子们从两岁起就进幼儿园,他们在那里生活得非常愉快,父母简直很难把他们领回去。"

要让每个幼儿都过上快乐的生活,确实不是一件容易的事,其前提条件之一就是教师要对幼儿的心理需要进行全面的关照,让幼儿在幼儿园里生活得安然自在,过着有尊严的生活——幼儿园里有他们自我表现的平台,幼儿在幼儿园里能找到心灵的归属,每天都过得很充实,很有成就感。

在这样的幼儿园里,教师喜爱幼儿,幼儿喜爱教师,爱充满了幼儿园的每一个角落。

# 第三章

# 做有魅力的幼儿园教师

魅力是幼儿喜爱教师的主要原因。"亲其师,信其道。"教师的魅力,是打开幼儿心灵之窗的钥匙,是构架师幼沟通的桥梁,是融洽师幼关系的润滑剂。一个有魅力的幼儿园教师可能没有英俊或者靓丽的外表,但一定有美好的、善待幼儿的心灵。有魅力的幼儿园教师应该是有着人格魅力、学识魅力,有着幸福感和幽默感的幼儿园教师。

## 一、做有"心"的幼儿园教师

捷尔任斯基说过:"爱,这是一切善、崇高、力量、温暖、快乐的创造者。"有"心"的幼儿园教师,心中必然有"爱"。这样的幼儿园教师懂得尊重幼儿,能走进幼儿的心灵,能洞察幼儿的变化,能发现幼儿的亮点和长处,能用宽容的心接纳幼儿、用坦诚的胸怀理解幼儿、用快乐的童心影响幼儿、用幽默的语言悦纳幼儿。

### (一)做有"爱心"的幼儿园教师

幼儿园教师是一份需要爱心的职业。如果仅仅把它作为一种谋生的手段而不是自己衷心热爱的事业,那么很难由此衍生出对工作的热情以及对孩子赤诚的爱。

作为幼儿园教师,我们应该经常问自己:"我愿意在工作上付出更多的时间和精力吗?""在付出的过程中,我感受到快乐了吗?""在工作的时候,我是否一直感觉自己精力很充沛?""对完成一个好的教育活动计划,我有极大的热情吗?""见到幼儿,我就有一种想亲近他们的愿望吗?"

如果对上述问题的回答是肯定的,那就说明我们是真心喜爱幼儿园教师这个职业的;如果对上述问题的回答多是否定的,那么,我们就有必要反省一下,努力培养自己对幼儿教育工作的热情和对幼儿的爱心。

#### 1. 以细节为契机表达对幼儿的爱

富有爱心是幼儿园教师的一种基本素质。爱是幼儿教育工作的基础,也是教师赢得幼儿喜爱的关键。只有爱工作、爱幼儿的教师才能为幼儿所爱,才是幼儿心目中有魅力的教师。这就要求幼儿园教师要用心去爱每一个孩子,让他们感受到教师时刻围绕在他们身边:当他们不会穿衣服时,教师要耐心地帮助他们;当他们不小心摔倒时,教师要用心疼的眼神和亲切的语言安抚他们;当他们身体不舒服时,教师要慢声细语地给予他们温柔的抚慰;当他们在学习上遇到困难时,教师要给予他们耐心的鼓励和引导;当父母因故不能按时来接他们回家时，教师要给予他们贴心的陪伴。凡此种种，看似寻常的细节，却往往会给幼儿的心灵带来莫大的慰藉和温暖。

> **案例 3-1** 　老师一问，我就不疼了
>
> 　　体育活动课上，刘老师正和小朋友们一起进行"玩轮胎"的游戏活动。突然，张庆千小朋友跑过来对她说："刘老师，田子玉踩我的脚了！""噢，他可能不是故意的，我让他和你说声对不起，好不好？"说完，刘老师把田子玉叫过来跟张庆千道了歉。
>
> 　　可是事情并没有结束，过了一会儿，刘老师发现张庆千还是一脸的不高兴，于是她走到张庆千面前，温柔地问他："怎么了，还不高兴吗？"他点了点头。刘老师和蔼地说："那可就是你的不对了，田子玉已经向你道歉了，他不是故意的，你应该原谅他才对呀！""我没有生他的气。""那你为什么不高兴呢？""刘老师，你都没有问我的脚疼不疼。"他委屈地说道。
>
> 　　刘老师听完蹲下身子，轻轻地抱住他，怜惜地问他："那现在还疼不疼呢？"他羞涩地笑了，说："现在不疼了，老师一问，我就不疼了。"

要记住：教师不仅仅是冲突的调解员，还是爱的传递大使。很多时候，幼儿需要的不是教师的是非决断，他们真正渴望的也许只是一句教师带有爱意的话语、一种被爱萦绕的感觉。

**2. 慎用惯用语："你……老师不喜欢你了！"**

在幼儿表现出不适宜的行为后，幼儿园教师经常挂在嘴边的一句话是："你……老师不喜欢你了！"比如，"你不听话，老师不喜欢你了""你打了别的小朋友，老师不喜欢你了""你没好好睡觉，老师不喜欢你了"。这种"情感威胁"或许会起到一定的震慑作用，但也会让幼儿因为担心失去教师的爱而陷入深深的焦虑和担忧，影响他们的心理健康成长。

"你……老师不喜欢你了！"教师脱口而出的一句话，会让幼儿觉得教师对自己的爱是不稳定的、易变的，是会随着一件事情的发生而消失的，从而产生不安全感，不利于师幼间长期、稳定情感的建立。幼儿犯了错误，教

师要做的是针对他们具体的不适宜行为进行批评和教育，要让他们感觉到教师不喜欢的只是他们的这种行为，对他们的爱是不变的。比如，教师可以说："这样做是不对的，老师不喜欢你的这种行为。"相信，这种表达方式更有利于幼儿认识到自己的错误。

**3．有爱心的教师不一定是教学效果好的教师**

教师如果缺乏爱心，就很难做好幼儿教育工作，有时甚至会因为缺乏爱心而做出伤害孩子的事。比如，某教师为了自己所带的班能在年级体操比赛中得奖，将该班所有的课都停了，每天带领小朋友在室外排练3个小时以上，且为了保证排练效果，排练期间不允许幼儿上厕所。有一天，某幼儿在排练过程中要小便，但他怕被老师批评，忍着不敢去，结果尿了裤子，后又因体力不支，当场晕倒。

平时，我们也看到过不少教师为了提高体操和舞蹈的训练效果，在训练孩子时不停地咆哮、吼叫，场面非常严肃和紧张，有时甚至有点恐怖。这类人根本不适合做幼儿园教师，因为他们为了自己的荣誉拿幼儿当"工具"，而不管幼儿为此付出多大的身心代价。

富有爱心的教师不一定能取得在别人看来十分显著的教学效果——他们所带的班在各种技能比赛中不一定能获得很好的名次，因为他们不忍心为了获得所谓的"好成绩"而没人性地操练孩子，但孩子们在其所带班内的生活却是十分轻松愉快的，并且班级里充满了融融的爱意。

## （二）做个有耐心的幼儿园教师

有耐心，意味着善于等待，意味着给幼儿机会，意味着对幼儿尊重。

**案例3-2　耐心等待才能全面了解孩子**

美国一知名主持人有一天采访一个小朋友，问他："你长大后想要当什么呀？"那个小朋友天真地回答："我要当飞行员！"主持人接着又问："如果有一天，你的飞机飞到太平洋上空，所有引擎都熄火了，你会怎么办？"小朋友想了想说："我会先告诉坐在飞机上的旅客系好安全带，然后我挂上降落伞先跳出去。"

当现场的观众因听到这个答案而笑得东倒西歪时，主持人却没有笑。他继续注视着那个小朋友，问他："为什么要这么做？"那个小朋友的回答透露出一个孩子天真的想法："我要去拿燃料，然后回来救大家。"

听完小朋友的回答，现场的观众不禁对他肃然起敬并报以热烈的掌声。

听完小朋友的第一个回答，观众就笑得东倒西歪，是因为他们没有足够的耐心听小朋友把话说完，就以"成人之心"度"孩子之腹"。其实，许多时候，小朋友们比我们想象的高尚得多。许多时候，我们对幼儿的误解往往是因为我们没有听其把话说完。后来，大家对那个小朋友肃然起敬并报以热烈的掌声，是因为在主持人耐心的引导下，大家真正了解了那个小朋友的用意。

所以，平时在对幼儿做出判断之前，教师要耐得住性子，要让幼儿把话说完，等真正了解幼儿后，再做出判断和适宜的反应。只有这样才不会冤枉幼儿，不会在师幼之间人为地制造情感隔阂。教师与幼儿的心灵相通了，则一通百通。

### 案例 3-3  耐心等待就是给孩子发展机会

在一次公开课中，上课教师过硬的技能、灵活的组织方式使整个课堂活动显得活泼而流畅。课堂活动最后是自由讨论，议题是："你爱妈妈吗？你会为她做什么？"小朋友们的回答天真无邪，引得在场的教师忍俊不禁。当教师点到一个小男孩时，小男孩小脸憋得通红，却不说话。活动室里由静悄悄逐渐开始出现一阵窃笑，听课的教师也感受到了一丝尴尬。然而，那位上课的教师并没有立即让那个孩子坐下，以结束这种尴尬的场面。

时间一分一秒地过去，男孩说话了："我……我会给——给——给——给妈妈洗脚……"

原来，男孩是个结巴。

那位上公开课的教师在课后反思时说："如果当时我断然让他坐下，他失去的将是下一次在大庭广众面前开口的信心和勇气。和我的公开课相比，一个生命的成长似乎更重要。所以，那一刻，我宁愿为他等待两分钟……"

多好的教师呀！关键时刻，他想到的是，如何给幼儿机会——给幼儿发展的机会，给幼儿保留尊严的机会。等待两分钟，这是对幼儿生命尊严最真挚的仰望，也是对怯弱心灵最细心的呵护。

在那么重要的场合，在那么多人面前完整地表达了自己情感和想法的孩子，将会对这两分钟的经历刻骨铭心。

**案例 3-4　　耐心等待可以避免伤害**

由于幼儿平时洗手时不注意关水龙头，所以，这次，在幼儿结束户外体育活动回到教室之前，邹老师一而再再而三地大声强调："大家洗完手后，一定要记得关水龙头。"可是，等所有幼儿洗完手出来后，邹老师发现还有一个水龙头没有关。看到这一情形，邹老师生气地对班上所有幼儿说："是谁刚才没有关水龙头？请现在马上去把水龙头关了！"邹老师怒目圆睁地盯着所有的幼儿，大家被吓得低下头，谁也不敢吱声。

1分钟、2分钟、3分钟、4分钟过去了，可还是没有一个幼儿主动站出来承认错误和承担责任。邹老师更生气了，最后，她根据自己的判断（更准确地说，应该是她生气时的胡乱猜测）下达命令："余小兵，你去把水龙头关了！"余小兵申辩说："不是我！我不去！！"邹老师用不容争辩的口气说："我命令你去，不去也得去！"

最后，余小兵只好含着眼泪去把水龙头关了……

（摘自一名幼教实习生的见习日记）

如果邹老师能冷静一些，态度温和一些，或许犯错误的孩子就会主动出来承认错误，并主动把水龙头关掉；如果邹老师再冷静一些，好好听完余小兵的申诉，那么，她就不会给余小兵下"死命令"了。

因此，当幼儿的表现不如教师所愿时，教师要有足够的耐心，这样可以避免因自己一时的冲动而伤害幼儿。

### 案例 3-5　耐心看清幼儿的所作所为

大班的小满和小刚为了争一顶新疆帽，打起来了。带班的田老师知道后制止了他们。

过了一会儿，小满悄悄地溜到小刚的后面，田老师远远地看见了，心想：完了！小满难道要打小刚？

她急忙跑过去，却惊喜地发现：小满拿下自己头上戴的新疆帽，给前面的小刚戴上，还欣赏了一下，然后走了。

教师如果没有看清楚幼儿的所作所为，就会对幼儿产生误会。所以，许多时候，教师要耐心地搞清楚幼儿的所作所为后再下结论，以免冤枉幼儿，造成难以挽回的教育失误。

### 案例 3-6　"佳佳，赶快把娃娃家的餐具搬回去。"

在一次教学观摩活动中，佳佳在娃娃家玩"炒菜"游戏，不知什么时候，佳佳把娃娃家的餐具搬到了走廊上。金老师看见后又气又急，对佳佳说："跟你讲过多少遍了，娃娃家的东西怎么能到处乱放呢？佳佳，赶快把娃娃家的餐具搬回去。"

佳佳撅起嘴巴，不情愿地照着金老师的要求去做。

为了安慰佳佳，金老师对佳佳说："你这样做肯定是有原因的，对吗？"佳佳点点头，接着告诉金老师说："我怕炒菜的声音太大，把娃娃吵醒了，所以就把餐具搬到外面来了。"

当幼儿没有按照教师的要求去做时，教师不要急于强行命令幼儿，不妨先耐心地听一听幼儿对其所作所为的解释，再做进一步反应；否则，教师可能会误解幼儿，并对幼儿做出错误的反应，进而引起幼儿对教师的不满情绪。

当幼儿屡犯错误时，教师要有耐心，不要恨铁不成钢；当幼儿的发展没有如教师所期望的那样神速时，教师要耐心地等待，要让幼儿以自己的速度愉快地成长；当幼儿来向教师诉说时，教师要有足够的耐心听幼儿把话说完再做判断,这样可以避免师幼间的许多误会,师幼关系也将更加融洽;当幼儿以自己的节奏做事时,教师不要催促幼儿"赶进度",以免给幼儿带来不应有的心理压力,甚至引起幼儿对教师的反感。

幼儿园教师要有足够的耐心:耐心等待幼儿承认错误、改正错误;耐心倾听幼儿的诉说;耐心等待幼儿自我表现;耐心等待幼儿的发展;耐心地和幼儿一起成长。

### (三)做个细心的幼儿园教师

幼儿的心灵很脆弱,很容易受到外界伤害,因此特别需要教师的细心呵护。

**1. 透过幼儿的行为了解幼儿的心理状态**

幼儿的许多内隐心理往往会通过外显的行为表现出来,因此,教师要细心地观察幼儿,通过幼儿的外显行为来了解幼儿的心理状态,然后为他们提供适宜的帮助。

下面提供一些对幼儿"心理行为表现"进行诠释的材料,以为大家正确地理解幼儿提供帮助。

**(1)幼儿心理不安的行为表现**

本书第二章第一节有详细的阐述,这里不再赘述。

**(2)幼儿自卑的行为表现**

如果某个幼儿经常有如下的行为表现,那么,我们可以肯定这个幼儿正处在心理自卑状态之中,这时,我们需要用他的"闪光点"燃起他的自信心,或者创造条件让他不断积累成功的经验,逐渐建立起自信心:

◆贬低、嫉妒他人。

◆超乎寻常的安静。

◆常常为自己辩护。

◆处心积虑地取悦别人。

◆将自己的错误推给别人。

◆不能发现自己的优点。

- ◆ 好胜心太强，总是试图证明自己。
- ◆ 对别人对自己的批评极度敏感。
- ◆ 情绪低落，无缘无故地郁郁寡欢。
- ◆ 难与他人建立亲密无间的感情。
- ◆ 对新的环境常常有莫名的恐惧感。
- ◆ 不能正视他人的赞扬，也不能做出积极的反馈。
- ◆ 过度害羞，包括从来不敢在其他小朋友面前唱歌、从来不愿抛头露面、从来不敢接触陌生人等。
- ◆ 自虐行为，如故意在大街上乱窜、深夜独自外出、生病拒绝求医服药等，似乎刻意让自己处在险境或困境之中，然后让别人去关注他。
- ◆ 拒绝交朋友。一般来说，正常儿童都喜欢与同龄人交往，并十分看重友谊，但具自卑心理的孩子绝大多数对交朋友或兴趣索然，或视为"洪水猛兽"。
- ◆ 疑神疑鬼。自卑的孩子对父母、教师、小伙伴的评论往往十分敏感，对于别人的批评更是感到难以接受，甚至耿耿于怀。长此下去，他们还可能发展为"疑神疑鬼"，总无中生有地怀疑他人不喜欢自己。
- ◆ 过分追求表扬。自卑的孩子尽管自感"低人一等"，但他们往往又会比正常孩子更追求父母和教师的表扬，甚至可能采用不诚实、不适当的方式来获得，如弄虚作假、作弊等。
- ◆ 回避竞争、竞赛。自卑的孩子十分渴望在竞赛中出人头地，但又无一例外地对自己缺乏必要的自信心，因而都是尽量回避参与任何竞赛，有的孩子虽然在他人的鼓励下勉强报名参赛，但往往在正式比赛时又会临阵逃脱。

**（3）幼儿嫉妒同伴的行为表现**

幼儿嫉妒与成人嫉妒的不同之处，主要是幼儿不能有效地控制自己的情感。成人即使在非常嫉妒时也会尽量忍耐，心中虽然不高兴，但不会形之于色；幼儿却是直接而坦率地表露情感，根本不考虑后果。因此，教师往往可以通过细心观察幼儿的行为来了解幼儿的嫉妒心理。

- ◆ 攻击性行为和破坏性行为。在幼儿园里,有嫉妒心理的幼儿常常偷偷地把教师喜欢的孩子的东西藏起来或弄坏。比如,小朋友们正在跟戴老师学画飞机。戴老师在黑板上画了一架飞机,让小朋友们照着画。画画结束后,戴老师把孩子们的图画收上来,对小静的画提出了表扬,并把小静的画贴在墙上展览。但小静的画贴在墙上不久,小敏就趁大家不注意,用黑笔在小静的画上涂抹了几道。戴老师发现后,问小敏:"小敏,你为什么要在小静的画上乱涂抹?"小敏说:"我不愿意小静画得比我好。"又如,早晨,幼儿来园后,小涛搬出积木搭了一幢漂亮的高楼,戴老师当场表扬了他并把他的作品放在玩具柜上。可才过一会儿,小涛就哭着跑过来说:"戴老师,小威把我搭的大楼房推倒了!"
- ◆ 挑同伴的毛病。许多幼儿往往会通过指出别人的"毛病"、贬低别人来获得心理上的平衡。例如,容老师请晓春唱首歌,他刚唱两句,就被俊杰高分贝的说话声打断了:"唱得一点都不好听,我唱得比他好。"是什么原因使俊杰这样做呢?原来,俊杰的好胜心很强,在各方面都跟晓春不相上下,这回老师让晓春唱歌,没有叫他唱,他嫉妒了。

对于幼儿的嫉妒行为,教师不应该采取简单强硬的方式批评幼儿,否则,幼儿不仅会嫉恨比他"优秀"的同伴,还会怨恨相关的教师;教师应给予该幼儿更多的关注:给予其表现机会,提高其能力,让其看到自己的优点,对自己充满信心。

**(4)幼儿心理有压力的行为表现**

如果某个幼儿做什么事前总是要求得到教师或家长的许可,过分听话,极少违反规定,超乎寻常的安静,很难和别的幼儿打成一片,害怕犯错误或害怕失败,害怕暴露错误,无法接受批评或犯错误后极为不安,或者突然改变平时的习惯,变得寡言少语或喋喋不休,甚至出现暂时性的口吃,那么,说明这个幼儿心理正在承受着过大的压力,教师应该思考:是什么原因造成幼儿的压力,应该如何为其减轻压力等。

### （5）幼儿为了保护自我而出现的行为

幼儿因受到心理伤害而采取的自我保护行为有：

- ◆ 孤僻、自闭：独来独往，不与其他小朋友交往，这样，他（们）可以避免由于身体弱小或某些劣势而受到其他小朋友的欺负、蔑视。
- ◆ 沉默：在教育活动中拒绝回答问题，在与同伴交往中很少说话，这么做是为了避免说错后被批评、被取笑。
- ◆ 说谎：在许多时候，它是幼儿自我保护的一种手段。在幼儿因说实话遭到惩罚或幼儿失误后受到的处罚过于严厉的情况下，幼儿往往会在干"坏事"、做错事后说谎，以逃避惩罚。
- ◆ "'恶人'先告状"：由于教师的教育失误，幼儿往往有这样的经验——"先告状可以避免被批评和处罚"。因此，为了避免被批评和处罚，许多幼儿会"'恶人'先告状"，明明是因为自己不对而引起同伴冲突，但为了避免被批评和处罚，他们先去向教师说同伴的不是。

当幼儿出现自我保护之类的心理行为问题时，教师或家长要认真反思，成人到底是在哪些方面伤害了幼儿？成人要尽量为幼儿创造一个公平的、宽容的环境，特别是没有伤害的心理环境，以利于幼儿心理的健康发展。

### （6）幼儿寻求教师关爱的行为表现

本书第二章第二节有详细的阐述，这里不再赘述。

## 2．全面考虑各种教育因素对幼儿的影响

教师做任何与幼儿有关的事情时，都要考虑这些事情会对幼儿造成哪些影响。特别要注意：这些事情是否会对幼儿有消极影响？如果有，对哪些幼儿有消极影响？有什么样的消极影响？如何避免这些消极影响？如果教师考虑得不周全，很容易出现这样的情况：同一个教育活动，对某些幼儿的发展是有利的，而对另一些幼儿的发展则是不利的。

**案例 3-7**　嘿！嘿！嘿！B 小朋友你真棒！

我曾在幼儿园见过这样的案例：

当宏云小朋友回答不出问题时，当班的魏老师和蔼地对宏云说："宏云，你先坐下来想想，听听别的小朋友是怎么说的。"当宏云小朋友坐下后，我发现他的表情很沮丧。

然后，魏老师请谢强小朋友起来回答这个问题，谢强小朋友轻而易举地回答对了。

魏老师便说："小朋友们，刚才谢强小朋友回答得好不好呀？"

全体小朋友仪式化地大声回应："嘿！嘿！嘿！谢强小朋友你真棒！嘿！嘿！嘿！嘿！谢强小朋友你真棒！！"

当全体小朋友仪式化地大声回应时，我却看见宏云小朋友眼里噙满了泪水——他心里一定很难受。当我向魏老师指出她的不足时，魏老师却感到很冤枉，她强辩说："我都没有责备他，态度还那么温和！"魏老师不知道她的话和后续的教育活动已经深深地伤害了宏云小朋友的自尊心。

（摘自一名幼教实习生的见习日记）

### 案例3-8　夸夸我的好妈妈

大班社会活动"夸夸我的好妈妈"中，孩子们纷纷夸耀自己妈妈的工作和本领，轮到妍妍了，她低着头半晌才说："我妈妈是干部，在很远很远的地方上班。"妍妍的话刚讲完，与她住邻居的辰辰就大声反驳："不对，她撒谎，她妈妈下岗了，没有工作……"听了辰辰的话，妍妍的脸涨得通红，小朋友们议论纷纷："妍妍不诚实。""妍妍家没有钱。"……

从上述案例可以看出，教师在设计该活动时仅仅想到通过此活动来培养幼儿对母亲的感恩之情，却没有仔细考虑过如何正确引导孩子去发现和夸妈妈的好，以至于幼儿认为只有当干部、有钱的妈妈才是好妈妈，夸妈妈活动也因此变成了拿妈妈来进行攀比，迫于这样的压力，妍妍才撒了谎。这种教育活动给妍妍带来了心理压力，对其他幼儿的健康成长也没有任何积极意义。

### （四）做个有宽容之心的幼儿园教师

幼儿园应该是宽松、宽容的地方，是幼儿舒展心灵、放飞个性的地方，是幼儿会犯错误和可以犯错误的地方。

由于能力、经验、意志力有限，幼儿犯错误往往呈现多发性（什么样的错误都有可能犯，甚至一些非常低级的成人认为不可能犯的错误他们都会犯）、常发性（大错误、小错误经常犯）、重复性（同一个错误重复地犯）等特点，这就需要教师有宽容仁慈之心，心平气和地接受幼儿的错误，并将之当作孩子不断进步所必需的阶段。相反，如果教师总是十分严厉地对待犯错误的幼儿，不能原谅幼儿所犯的错误，特别是不能原谅幼儿重复地犯同一错误，那么，在幼儿的心目中，幼儿园就不再有吸引力。

**案例 3-9　对幼儿怀"恨"在心的顾老师**

一向调皮的小裕在自由活动时不小心跌了一跤，顾老师见到后，不但不给予关心，相反还对小裕说："摔倒了吧？！谁叫你平时那么调皮！现在摔倒了吧！我真高兴！！"

（摘自一名幼教实习生的见习日记）

这次摔倒，不仅摔疼了小裕的身体，而且摔疼了小裕的心灵——顾老师那些刺耳的话可能会让小裕的心永远地痛！

幼儿园教师应该是宽容、仁慈的人，这样，幼儿在幼儿园生活就不用为避免犯错误或者为已经犯过的错误而过分地担心，他们的学习和生活才会轻松愉快，否则，他们就会在不安中煎熬。

**案例 3-10　拒绝帮助**

调皮的小新在上英语课时，把自己的衣服从背后扯到头上，盖住了头。当他想把衣服放下来时，却怎么也扯不下来。于是，他向老师求助："老师，我的衣服盖住头了。"老师见状，不但不帮他把衣服弄下来，反而对他说："这下扯不下来了吧？其他小朋友都认真地听我说话，就你那么调皮，活该！就让它这么待着吧，我不想帮你！"小新听后，边哭边说："我不调皮了，老师快帮我扯下来吧！"

可是老师还是无动于衷。

（摘自一名幼教实习生的见习日记）

教师因幼儿平时表现不好而"记恨"幼儿，在幼儿需要帮助时拒绝为其提供帮助，这说明该教师缺乏基本的职业道德，这样的教师在幼儿园里工作也不会快乐，因为她有"恨"在心中，每天都要面对这些"可恨"的孩子，她是绝对不会快乐的，当然，幼儿也不会喜爱这样的教师。

### （五）做个富有童心的幼儿园教师

有人问我："孩子为什么这样喜欢你？你是怎样做到的？"我告诉他："把自己也当成孩子，你会找到最好的教育方法，站在孩子的位置上，你会获得可贵的童心！"（张立，2000）教师要想得到幼儿的喜爱，就要把自己的姿态放低，时刻保持一颗童心，真正融入幼儿的生活。幼儿喜爱那些和他们一起"疯"、一起玩的教师，而不喜爱那些高高在上、从不和他们玩的教师。

或许有些教师会说："我性格内向，平时沉默寡言，我'疯'不起来！"在这里，我为这类教师提供一个十分简单且有效的方法，那就是忘我地投入幼儿的一切活动：

◆当小朋友们唱歌时，教师不妨放开歌喉和他们一起唱。

◆当小朋友们跳舞时，教师不妨也随着乐曲翩翩起舞。

◆与小朋友们游戏时，教师不妨也全身心地加入，和他们一起跑、跳、追逐，一起疯，一起闹。

◆当小朋友们趴在地上观察蚂蚁时，教师不妨也和他们一样专注、好奇地观察蚂蚁如何搬运食物。

◆当小朋友们手上拿着菜青虫玩弄时，教师不妨也饶有趣味地看着他们手上的菜青虫，千万不可表现出恐惧和恶心。

◆ 当小朋友们在户外活动中捡回了几只小蜗牛时，教师不妨也和他们一起为这些宝贝安个家，然后一起喂养它们、研究它们，千万不可强迫孩子把蜗牛扔掉。

……

慢慢地，你会惊喜地发现，你似乎又回到了童年——每当面对活泼可爱的小朋友们时，你就自然而然地与他们融合在了一起，你也自然而然地成了充满童心和玩兴的、深受幼儿喜爱的教师。

幼儿的生存发展需要童心和童趣。教师和幼儿一起玩游戏，幼儿的玩兴会更足，心情会更好，笑容会更灿烂。如果说幼儿的童心是一种天真的纯净，那么，教师的童心则是一种教育的智慧。有了童心，教师会更年轻、更活泼，设计和组织的教育活动也会更充满童趣；有了童心，教师才能真正走进孩子、理解孩子、体谅孩子；有了童心，教师才能想孩子所想；有了童心，教师才能和孩子们打成一片，才能和他们一起唱、一起跳、一起哭、一起笑，并最终成为他们的朋友。

### 案例3-11　和孩子们一起"疯"的教师

一次户外活动时，我利用班级的自制器械"疯狂老鼠"，锻炼幼儿跑的技能。小朋友们见到栩栩如生的"老鼠"立即来了兴致，争着要做"小老鼠"。于是，一个孩子先扮演"老鼠"，其他的孩子做"小猫"捉"老鼠"，而我就是"猫妈妈"。

游戏开始了，扮演老鼠的孩子真的像小老鼠一样，跑得飞快，我带着"小猫"们也不甘示弱，"小猫"还不时地发出"喵喵"的声音，有几只"小猫咪"竟然还被"老鼠"追得乱跑。当"小猫"终于捉到"老鼠"后，却不知道该怎么办了。我说："我的猫宝宝真棒！妈妈累了，你们想一想怎样让妈妈变得有力气呢？"高何鑫拿起"老鼠"递给我说："妈妈，吃老鼠吧。吃了你就不累了，我们再去捉老鼠。"我表扬了他，并"吃"了几口"老鼠"，"小猫"们马上拉着我继续去捉"老鼠"。

当我做"老鼠"的时候,所有的"小猫"跑得更快了。我被捉住的时候,也会让他们"吃"几口。

活动中没有一个孩子离群,其间当我佯装很累的样子时,很多孩子都知道用什么办法让我变得有力气。

活动结束后,还是有很多孩子会叫我"猫妈妈"或是"大老鼠"。

(摘自一位幼儿园教师的博客)

在上述游戏中,教师完全进入了游戏的角色,幼儿也进入了他们的角色;幼儿是快乐的,教师也是快乐的,师幼关系十分融洽,整个活动充满了童趣。

### 案例 3-12　*小孩子的智慧*

几个孩子正玩得不亦乐乎,小军突然摔倒在地上,并立即哇哇大哭起来。这时候教师应该怎么办?

教师 A:急忙跑过去哄小军,边给小军拍身上的土,边嘴里说着"不要哭"之类的话。

可是,小军不听劝导,还是哭个不停。

教师 P:急忙跑到小军跟前,鼓励小军勇敢点儿,自己爬起来,别哭。

可是,小军还是哭个不停。

教师 T:急忙跑到小军跟前,边拍打地面,边说:"这地真坏,看我不打它……"

可是,小军还是哭个不停。

小菲小朋友:一看小军跌倒了,愣了愣,接着跑了过去,佯装着跌倒,就倒在小军的身边;她非但没哭,反而笑得咯咯响。哭泣中的小军一看小姐姐笑了,他也笑了,抹抹眼泪,又玩起来了。

教师的教育都失败了,主要原因是教师都只是站在自己的角度用"大人的话"对孩子进行说教,都未能触动小军的心;而小菲小朋友却成功了,其原因在于她让自己变成了小军的共同遭遇者——我也摔了一跤,但我不但没有哭，反而咯咯地笑，这种无言之教让小军的内心受到了触动。

所以，教师要想对幼儿进行有效的教育，就要放低自己，让自己富有童心，从幼儿的角度、从幼儿的立场思考问题、处理问题，让自己和幼儿成为共同遭遇者。只有这样教育幼儿，才能让幼儿产生共鸣，才能触及幼儿的内心，令其受到教育。

### （六）做个有温柔之心的幼儿园教师

人们对幼儿园教师的第一个印象可能就是温柔可爱。然而，在幼儿园里，我们时常见到一些教师皱着眉头、满腔厌恶地大声训斥小朋友，使得本来活泼可爱的小朋友被训得像见了猫的老鼠似的。例如，一家知名幼儿园的一位"招牌教师"，看到孩子把垃圾扔在地上，不是和蔼、理性地教育幼儿要讲卫生，而是叉着腰，指着该幼儿恶狠狠地命令他把垃圾捡起来，可怜的孩子吓得回头就跑，可没跑多远，就被教师逮住了，被强逼着把地上的垃圾捡起来。孩子在她的手里吓得发抖，想哭却不敢哭出来……

对于这么粗暴的教师，小朋友们心里肯定只有畏惧，而绝对不会有喜爱之情。如果哪一天，这样的教师生病请假不能来上课，我想，小朋友们绝对不会难过，相反他们可能会有一种获得解放的感觉，希望该教师多生点病，最好以后都不来教他们。

教师对幼儿说话时声音要温柔一些，对幼儿的态度要温和一些，动作要柔和一些，绝对不能粗暴地对待幼儿，否则，我们在幼儿的心目中永远是可怕的教师，而绝对不可能成为幼儿喜爱的教师。

### （七）做个有快乐之心的幼儿园教师

有位学者说："快乐是一种美德，不快乐是一种缺德。"我完全同意这种观点。对于幼儿园教师而言，在幼儿面前表现出快乐的心情是职业道德的要求，在幼儿面前时常表现出不快乐（动不动就发脾气，表现出愤怒、忧郁、闷闷不乐、凶巴巴的样子）是一种缺乏职业道德的表现。教师总是不快乐，幼儿怎么能快乐，又怎么敢快乐？！

调查发现，在幼儿园的各种教育活动中，一些教师所带班级的小朋友总是很压抑、很沉闷，而另一些教师所带班级的小朋友则很活跃、很快乐。进一步调查又发现，上述截然不同的班级主流心理气氛与带班教师平日的主流情绪密切相关：一个极端沉闷、忧郁、神经质的教师很难带出心理主流气氛快乐的班级，而心理主流气氛活跃的班级的带班教师都是活泼开朗、积极向上的。

上述的调查结果是有道理的。幼儿年龄小，他们在情绪的发展方面具有易感染性，即他们的情绪很容易受到别人情绪的影响，特别是容易受到教师情绪的感染。

因此，为了能在师幼互动中创造一种快乐的气氛，教师在组织幼儿活动之前一定要调整好自己的情绪，特别是在工作、生活中碰到不如意的事时，更需要调整好自己的情绪，争取在每一次组织幼儿活动时，都能以积极快乐的情绪带动幼儿、感染幼儿。

追求快乐是人的本性，自己快乐并能给幼儿带来快乐的教师，定会受到幼儿的爱戴。快乐应成为幼儿园教师职业活动中的主导情绪，微笑应成为教师的职业习惯。

## 二、做富有幽默感的幼儿园教师

调查表明，幼儿特别喜爱那些"爱搞笑""能搞笑""幽默"的教师，因为幽默不仅能给幼儿带来欢乐，还能让幼儿在轻松的氛围里受到教育，获得发展。因此，教师在与幼儿交往的过程中，要努力让自己幽默起来，努力在班级里创造一种幽默的氛围，让幼儿在幽默的氛围里成长。

### （一）将幽默纳入课程体系

幽默是现代人应该具备的一种十分重要的素质，幽默不仅是教育手段，也是教育的目的。教师不但要让受教育者在幽默中受到启发和教育，而且要让他们学会欣赏幽默，学会创造幽默。

**1. 学会幽默应成为幼儿园课程实施的一个目标**

幽默是一种智慧，是一种积极乐观的生活态度，是人际交往中的润滑剂。幽默意识、幽默感、幽默能力是一种良好的素质，它与一个人的发展和生活的幸福有着直接的关系。因此，培养幼儿的幽默意识、幽默感、幽默能力，应该成为幼儿园课程目标体系中的一个有机组成部分。教师不仅要让幼儿学会欣赏幽默，还要让幼儿学会创造幽默。

**2. 幽默活动应该在幼儿园教育活动中占有一席之地**

幼儿园应在每天的课程安排里给幽默活动留下一定的时间和空间，让教师和幼儿都有表现和欣赏幽默的机会，让教师和幼儿讲讲自己在学习和生活中发现的幽默的事情。

这些幽默的故事，可以是自己亲历的，也可以是别人经历的。例如，一个幼儿讲，他有一天抱着没气的皮球对秦老师大叫："秦老师，我没气了！"另一个小朋友则讲了爸爸给他讲的幽默小故事：一个小女孩第一次听到电话里爸爸的声音，吓得大哭起来。妈妈急忙问她："怎么了？"你猜那个小女孩怎么说？她说："妈妈，不好了，爸爸掉到电话机里了，我们快想办法把他救出来吧！"

讲幽默故事，可以是幼儿自愿讲，也可以是教师安排轮流讲，但总的原则是让每个幼儿都有机会在小伙伴面前表现。

幽默活动，除了讲幽默故事外，还有"说的与做的不一样""脑筋急转弯"等活动：

"说的与做的不一样"，即人家说"向右走"，你就向左走、向前走或向后走；人家说"弯腰"，你就伸直腰板或者乱跳。说的与做的相差越大越好，动作越有趣越好。

"脑筋急转弯"，即从现有的"脑筋急转弯"之类的书籍中选择一些适合幼儿能力的题让幼儿思考，如，"有一种动物，你打死它，它却流着你的血，这种动物是什么？""小曼的妈妈刚刚买回来的一双袜子有两个洞，为什么？"等。

这些活动既充满趣味性，又有一定的挑战性，对幼儿思维灵活性、深刻性、创造性的训练都有一定的作用，幼儿都非常乐于参加。

幽默活动实施的时间可以是固定的，也可以是随机的。只要时机合适，饭前饭后、睡前睡后、离园前、自由活动时、课前课后课中，都可以进行。

### 3. 适当增加具有幽默情节和幽默语言的课程内容

幼儿园在课程设置中，应该增加有幽默情节和幽默语言的内容，让幼儿在学习和欣赏这些幽默的课程内容中获得快乐、获得发展。例如，《狼和七只小山羊》《小红帽》《阿凡提和小毛驴的故事》《小老鼠上灯台》《猪八戒吃西瓜》等故事，由于有幽默的情节和语言，幼儿十分感兴趣，甚至百听不厌。

**案例3-13** 让幼儿在幽默的表演中受到教育

某日早晨游戏时间，小班的宏健正按照老师的要求收拾积木，武俊看见还有比较多的没有收拾好的积木，就走过去想帮宏健把他手上的一棵用雪花插片插成的"树"放到积木区，可宏健不肯放手，拉扯间，那棵"树"掉在地上散了架。宏健见状声嘶力竭地大哭起来，并对武俊非常恼怒，而武俊则惶恐、茫然地愣在一边。董老师在初步询问情况并安慰他们后，让他们做如下表演：

董老师对宏健说：你认为他是故意弄坏你的"树"吗？

宏健：是。

老师对宏健说：不！他想帮助你，你愿意让他帮忙吗？

宏健：不愿意！

老师对宏健说：那你就去对他说："你让我自己来，好不好？"

宏健对武俊说：你让我自己来，好不好？

宏健：好！

随即，全班小朋友都愉快地大笑起来，宏健和武俊也大笑起来。

这种幽默的表演，让宏健和武俊了解了对方的需要，同时，又学会了与他人交往的一些技巧。这比空洞的说教和严厉的训斥更有实际的教育效果，更易于让幼儿接受。

**4．幼儿园环境布置应该幽默化**

平时，教师要留心收集一些优秀的儿童漫画，并将其制成挂图布置在活动室和走廊的墙壁上。孩子对视觉幽默理解力很强，漫画一经挂出一般都会博得他们的开怀大笑。另外，教师还可以在阅读区投放一些幽默漫画供幼儿欣赏和讲述，并在与幼儿共同欣赏时给予幼儿个别指导，引导他们欣赏，激发他们的想象力，鼓励他们讲述；在影视区投放一些幼儿喜欢的幽默影视光盘，如《猫和老鼠》《卓别林系列》《憨豆》《阿凡提的故事》《父与子》等，供幼儿自由活动时观赏。

**5．注意家庭幽默课程资源的开发与利用**

家庭既可以为孩子提供幽默的素材，又可以培养孩子幽默的素质。

◆让家长为孩子收集一些有趣的儿童动漫光盘，然后拿到幼儿园来展示。

◆让家长从文献资料中或者网上收集一些漫画作品，提供给教师当作教学或者环境布置的资料。

◆让家长和孩子一起收集一些孩子可以理解的幽默故事，并训练孩子学会惟妙惟肖地讲述或表演这些幽默故事，然后，找适当的机会来幼儿园表演给小伙伴们看。告诉家长此类活动的意义（既可以锻炼孩子的胆量、提高孩子的语言表达能力和表演能力，又可以培养孩子的幽默感），相信家长定会支持幼儿园的工作。

◆有机会请一些具有表演天赋的家长来园为幼儿表演幽默小品，这既可以给孩子带来快乐、拉近亲子间的距离，又可以为幼儿树立幽默的榜样。

整个家庭配合幼儿园的幽默教育开展相关的幽默活动，不仅可以活跃家庭的气氛，还可以在家庭中营造一种快乐的氛围：亲子共享幽默，共造幽默，其乐融融。

**（二）使用幽默化的批评**

许多时候，幽默化的间接批评比直接批评更易于让幼儿接受。

**案例3-14　小心长尾巴啦**

有一幼儿在上课时随便说话，不认真听讲，老师走过去假装吃惊地说："哎哟，你的耳朵怎么不在头上了，是不是忘在你的枕头下面了？！"孩子下意识地去摸耳朵，然后突然醒悟过来，接着便认真地听老师讲课了。又如，一次音乐区域活动时，几个小朋友在音乐角敲敲打打，大喊大叫，老师走过去神色慌张地说："嘘，千万小心，屋顶快裂开啦！"小朋友们看看天花板，随即嬉笑着降低了音量。再如，一天喝完牛奶，孩子们都在自由活动。康老师一转头，发现小晋、天天等几名幼儿竟爬到了桌子上。"小淘气鬼，快下来，要不都要变成小猴子了，变成小猴子可要长尾巴啦！"听老师这么一说，孩子们马上笑着爬下了桌子。天天说："我可不要长尾巴！"康老师的话使幼儿的"违规"行为在笑声中得以改正，孩子们更乐意接受富于幽默的劝导，教师的幽默也使师幼关系更加融洽。

（王瑜元，2008）

幽默式批评让幼儿在笑声中反省自己，认识到自己的错误，然后在愉快的心情中改正错误，避免了幼儿因遭受教师批评而对教师"怀恨在心"，有利于融洽师幼关系。

### （三）进行幽默化的提醒

在一次远足活动中，孩子们走得很累，情绪开始低落，气氛变得很沉闷，这时，教师请小朋友们原地蹲下，把手伸出来做打开车盖的样子，然后假装给每个孩子加点油。小朋友们的情绪一下子又高涨起来，有说有笑地继续往前走……

由此可见，适当地运用幽默，不仅可以调整幼儿的精神状态，还可以减轻幼儿心理上的压力，缓解幼儿生理上的疲惫，鼓舞幼儿努力去克服困难。

## （四）实施幽默化的教育

### 1. 教育意图的幽默化

为了矫正幼儿挑食的毛病，在餐前，教师给小朋友们讲了朱家栋写的《珍珍姑娘》的故事："有个叫珍珍的小姑娘，吃东西十分挑剔，这也不吃，那也不吃，结果变得又瘦又小又轻，被蚂蚁抬走了。她在音乐会上唱歌比蚊子声音还小，在运动会上……"这个故事用夸张的对比勾勒出珍珍的形象，让小朋友们觉得十分可笑。孩子们也很快意识到挑食的坏处，在笑声中受到了教育。

又如，有一次中班的美术活动安排的教学内容是画鸟。从以往的教学中程老师了解到，小朋友们画出来的鸟儿翅膀总是偏小。为了改变这种情况，程老师在示范画大翅膀的鸟之后，又在旁边画了一只类似小朋友们绘画风格的"小翅膀鸟"，然后说："这是小翅膀鸟，要和我画的鸟比赛飞行，你们看，小翅膀鸟是怎么飞的。"说完，程老师夹紧双臂，把手放在身体两侧学小翅膀鸟飞，刚扑腾两下就往下掉，再扑腾两下，又往下掉，小朋友们边看边大笑。接着，程老师用小鸟的声调装作很不解地问："我怎么飞不快呢？我已经很用力地在飞了呀！"小朋友们马上说："你的翅膀太小了。"程老师又问："那怎么办？"小朋友们马上说："换对大翅膀就可以飞得很快。"这样一来，小朋友们领会了程老师的意图。再去画时，小朋友们都热情高涨，边笑边说："我要画大翅膀，大翅膀飞得高。"程老师的教学目的达到了。

再如，一次，萧老师与生气的文俊小朋友交谈，萧老师告诉文俊："上班的时候，我看见一个红气球，圆鼓鼓的，在天上飘呀飘。突然，'嘭'的一声，气球爆炸了，碎成一片一片落下来。我看你的肚子就有点像那个气球，有那么多的气是不是也想爆炸呀？"文俊笑了起来，气也消了。

教师应该思考，在现有的幽默文学作品中，有哪些可以用来实现幼儿园的教育目的？为了实现教育目的，教师应该如何创编幽默故事让幼儿在笑声中受到启发、受到教育？

### 2. 教育方式的幽默化

有位教师发现个别幼儿在春季下午起床后懒洋洋的，就随机幽默了一下："我们班今天来了一群小小猪八戒，睡了还要睡！"说完，她又学着猪八戒连打几个哈欠，孩子们都乐坏了，睡意全无，大家又集中注意力开始听课了。

这种幽默的言语比空洞的说教更有实际教育效果，也更易于让幼儿接受。

### （五）用幽默化解尴尬

在教育过程中，有时候会出现一些尴尬的场面，如果教师善于利用幽默，则可以化解这种尴尬，使教育活动恢复正常流程。

在一次角色扮演游戏中，要开始表演了，可是没有幼儿愿意扮演丑陋的巫婆。张老师说："我知道在场有一个小朋友演巫婆演得很好，很愿意扮演巫婆，他会举手的。我现在从一数到三，让我们看看他是谁。"张老师数一，小朋友们向四周看看，没有人举手；张老师数二，小朋友们向四周看看，还是没有人举手，小朋友们有些失望了；张老师数到三，小朋友们向四周看看，以为还是没有人举手，谁都没有想到，张老师早已经高高地举起了手，表情夸张地说："那个人就是我呀！你们怎么没有人想到呢？"小朋友们全都开心地笑了。

如果此时张老师不是采取幽默化的处理手段，而是训斥和责问幼儿为什么不愿意扮演巫婆，最后强行安排某个幼儿扮演巫婆，那么，师幼关系就会变得很僵，甚至对立。

### （六）以幽默的方式引导幼儿走出失意状态

在一次幼儿园运动会上，某班小朋友们因为未能如愿拿到想要的奖品而郁郁寡欢，可是班主任汪老师却能以乐观的态度对待失败，她对小朋友们说："大力水手们，今天我们饭没吃饱，油没加足，今后我们再多加练习。下一次，我们多吃点'菠菜'再来。"

失败了，汪老师没有责怪小朋友们，也没有回避失败，而是以幽默风趣的语言鼓励小朋友们再努力，小朋友们很快就从失败的阴影中走出来，并以良好的精神状态进入下一阶段的学习和生活当中。

教师经常以乐观的态度对待失败，既有利于幼儿形成积极乐观的人生态度，又有利于形成乐观向上的班风，同时也利于良好师幼关系的建立。

### （七）幽默自己，提高亲和力

平时，教师适当地拿自己来做幽默的材料，不仅可以给幼儿带来快乐，还可以拉近师幼间的心理距离。

**案例3-15　蚯蚓老师**

有位姓邱的老师，发现刚刚来园的小朋友总是记不住她的姓，于是她头戴着蚯蚓的头饰，学着蚯蚓的样子来到小朋友们面前，告诉小朋友们："小朋友，我是你们的朋友——蚯蚓，从今天起，你们就叫我邱老师吧！""蚯——老——师！"孩子们开心地喊起来。从此以后，小朋友们一见到邱老师就笑眯眯地叫她"蚯——老——师！"，她也顺势做出蚯蚓的造型，这样，小朋友们不仅记住了她的姓，还很愿意与她亲近。

（王春蓉，1999）

幼儿园教师幽默调侃之言还可以缩短教师与家长之间的心理距离，提高幼儿园教师的亲和力。

在第一次"对家长开放一日"活动的时候，身材娇小的黎老师一走进活动室，早已等候在此的家长就忍不住笑了，还有的家长窃窃私语。黎老师见状不急不躁，微笑着说："家长朋友们，我曾因为自己身材矮小而难过。但今天，我能够博得大家开心的一笑，这证明我们之间的感情交流已迈出了可喜的第一步。在今后对孩子的教育中，我一定取大家之'长'来补自己之'短'，努力提高自己。"家长们给予了她热烈的掌声，黎老师又转而对小朋友们说："小朋友们，黎老师今后和你们做游戏都不用弯腰，多轻松呀！"小朋友们都笑了，家长们再一次报以热烈的掌声。

幼儿不喜欢一本正经、不苟言笑的教师，更不喜欢一本正经没有笑声的教育和生活；幼儿喜欢富有幽默感的教师，喜欢能给他们创造幽默氛围的教师，喜欢有幽默情调的教育。

因此，要想成为幼儿喜爱的教师，就要培养自己的幽默感，提高自己的幽默意识和幽默能力，要以一种积极乐观和开放的心态对待幼儿教育工作，让幼儿在轻松愉快中受到启发并获得发展。

### 三、做有美感、有才能的幼儿园教师

调查表明，幼儿往往喜爱那些在他们看来比较有才能的教师和能给他们带来美的享受的教师。比如，有的幼儿说："我喜欢龚老师，因为她又年轻、又漂亮，笑得又好看。""我不喜欢严老师，因为她太老了（这里的"太老"，我认为不是指生理年龄的老，而是指心理年龄的老）。""我喜欢武老师，因为她跳舞好看，唱歌好听。""我喜欢姜老师，因为姜老师讲的故事很好听。""我喜欢唱歌课，因为可以听傅老师唱歌。""我喜欢蔡老师，因为她好看，就像妈妈一样。""我喜欢崔老师，她又漂亮，又不骂人。""我不喜欢龙老师，因为她太胖了！""我不喜欢薛老师，因为她的牙齿黑黑的。""我不喜欢郝老师，因为她染头发……扎个蝴蝶结——臭美！"（这一点可以给我们启示：教师在幼儿园里的穿着打扮，不能只考虑自己的审美取向，还应适当地考虑幼儿的审美取向，否则，教师的不恰当打扮会降低自己在幼儿心中的影响力。）

由此可见，教师应该努力在幼儿面前展示自己的才能和美。

#### （一）用教师的美感染幼儿

爱美之心人皆有之，幼儿也不例外。幼儿喜欢那些富有美感的教师，教师要努力以美好的形象、美好的精神面貌出现在幼儿面前。

**1. 展示仪表美**

教师的仪表美不仅是形象的问题，也是一种无声的语言、无声的教育。幼儿对富有美感的教师往往表现出特别的喜爱，他们特别喜爱年轻、漂亮的

教师及其所组织的教育活动，平时也喜欢服从漂亮教师的教导，喜欢帮漂亮教师做事，喜欢与漂亮教师套近乎，喜欢学习漂亮教师的一举一动……总之，幼儿对富有美感的教师的一切，都没有理由地觉得好。

因此，在幼儿面前，教师要注意适宜地修饰自己的仪容仪表，努力塑造美好的形象，以增强自己对幼儿的吸引力，进而获得幼儿的喜爱。

**（1）着装得体，便于开展工作**

幼儿园教师的服装在颜色方面应该是以明快、温暖的色调为主，白、苹果绿、柠檬黄、天蓝、粉红、湖蓝、橘黄等颜色应是教师的首选。因为活泼明快的颜色既有利于调动幼儿学习和活动的积极性，又有利于幼儿形成积极的情绪；相反，灰暗、呆板的颜色会使幼儿反应迟钝，产生困倦感。服装的款式应新颖时尚，用料讲究，颜色搭配自然、协调，有活力和吸引力，有利于教师与幼儿一起进行各种教育活动和便于照顾幼儿的生活。在着装上，教师应给幼儿朝气蓬勃、可亲可敬、体形健美的感觉，过肥过宽的服装、硕大的蝙蝠袖、迈不开步的裙子、扫地的裤脚会使幼儿觉得教师身材臃肿、行动笨拙。教师的服装还应注意整体效果，突出行业特点，这样也有利于提高教师的社会威望。

幼儿园教师的着装应该是美的、优雅的和庄重的，切忌过分标新立异。幼儿的注意是以无意注意为主，任何新奇的刺激都可能成为他们的注意焦点，教师如果不顾幼儿的心理特点而一味地追求服装的奇异性，必定会分散幼儿的注意力，进而影响幼儿的学习效果。

幼儿园教师着装应遵循简约原则，烦琐的服饰不适合幼儿园教师。幼儿园教师代表着睿智和练达，简单大方的服饰不仅不会分散幼儿的注意力，而且有益于幼儿从小形成正确的审美观。

另外，幼儿园教师也不宜穿过于裸露的服装，如过于低胸、过于低腰、过于透明甚至有点不雅的服装，否则，将有损幼儿园教师在幼儿及其家长心目中的美好形象，降低其在幼儿及其家长心中的威信。

**（2）适当化妆，增强魅力**

为了向幼儿展示优美的仪表，幼儿园教师可适当地化些淡妆，这样，可以使自己更加美丽动人。有些幼儿园教师脸上有时缺乏血色，可涂上淡淡的腮红，这样能显示青春的红晕；涂口红也要讲究效果，嘴巴较大、嘴唇较厚的，口红要尽可能涂得淡一些，反之，可以涂得红一些、艳一些、丰满一些；眉毛画得适宜也有助于情感的表达。怎样才能画得适宜呢？这要因人而异。有的幼儿园教师纹上眼线显得眼睛有精神，有的幼儿园教师纹上眼线反而会让幼儿感觉老师的眼睛是一对黑窟窿，如果再涂上黑黑的眼影，可能会让幼儿想到青面獠牙的怪物。

幼儿园教师尽量不要染彩发，发型应该典雅而不夸张，同时，还应该注意发型与整个人的整体协调。例如，左右横宽的脸型，适合高耸的发型，让两侧头发收拢并盖住耳前的一部分面颊。这样可以削减脸的横向宽度。长形脸的教师可留齐眉的刘海，两侧头发应稍显蓬松。这种脸型不宜在头顶束发，因为高耸式的发型会将脸拉得更长。方形脸的教师应使头发呈斜线垂下，以遮盖前额两边的棱角，还可以让头发盖住耳朵，自然垂下，发尖可稍向上弯曲，以遮掩脸下部的棱角。"瓜子脸"的教师的头发应尽量"上紧下松"，脸上部的头发要紧束，不要蓬松，耳朵以下的头发应疏散开，另外，前额部位的头发最好呈斜线垂向一边，以弱化前额的宽度。"鸭蛋"形脸的教师在发式的选择上可以自由一些。对于鼻梁高而后脑隆起的幼儿园教师，最好不要在后脑梳出发髻，因为这样会使头部拉长，梳披肩长发或是下垂的发辫比较好；如果留短发，一定要将后脑的头发削薄一些。相反，对于鼻梁低而后脑平直的幼儿园教师，披肩长发就不合适了，梳发髻效果较好。前额突出的人，应削减前额的头发，以缓和前额的隆起感。前额后收的人，应将刘海留得厚一些。个子高的幼儿园教师，不要把头发梳得太高，也不要梳过高的发髻，而应当使头发自然下垂。个子矮的幼儿园教师可以把头发梳高一些，以弥补身高的不足。

另外，幼儿园教师要尽可能不佩戴首饰，特别是粗大的项链、手镯、手链、耳环，不穿过高过细的高跟鞋，不留长指甲，也不要给指甲涂上各种颜色。

总之，幼儿园教师的化妆要达到锦上添花的目的，而不是画蛇添足，因为幼儿需要美的生活、美的情感、美的形象、美的环境。

**（3）注意仪态美**

①站姿挺拔，优美典雅。幼儿园教师应该注意自己的站姿，努力让自己的站姿给幼儿带来美感。

正确的站姿应当是身体直立，头、颈、身躯、双腿与地面垂直，重心在两脚之间，脚尖稍向外呈"V"字形；头正，腰直，肩平，挺胸，收腹。站立时精神要振奋，上半身始终保持挺直端正，身体不能晃动。

不正确的站姿：两腿交叉站立；臀部撅起；双手或单手叉腰；无精打采，东倒西歪；攀肩勾背，双臂交叉抱于胸前；探脖、塌腰、耸肩；头部左偏右斜；双手插入衣袋或裤袋；身体抖动或晃动，下意识地做小动作，玩弄小物品，不停地拨弄头发，咬手指甲等。

②坐姿娴雅，端正稳重。坐时姿势要端正，上身正直稍向前倾，头平正，两眼平视，下巴往后收，脖子要直，胸部挺起，脊椎骨和臀部成一直线，两臂贴身，自然下垂，两手随意放在腿上，两腿间距与肩同宽，两脚自然着地，神态宜稳重、端庄。如果坐靠背椅，则应款款走到座位前，背向椅子，使腿肚贴到椅子边，上体要直，轻稳坐下，双膝并拢，双脚靠拢，垂直于地面，也可视情况向一侧倾斜。坐高靠背椅和沙发而人与人之间又相距较远时，也可跷腿坐。方法是将左腿稍向右倾，右腿置于左大腿上，两小腿相靠，双腿平行。在长辈面前，双手扶膝，端坐不靠，可以表示诚恳求教的态度，易引起对方的好感。穿裙子入座时，应清理一下裙边，将裙子后片向前收拢，以显得端正娴雅；有时可膝盖交叠，小腿靠紧，腰部用力，挺胸。

不正确的坐姿：上体不直，左右晃动；跷二郎腿，猛起猛坐，仰头叉腿，弄得座椅乱响；不断晃脚尖；双腿分开，伸得很远；把脚藏在座椅下或勾住椅腿；谈话时，将双手置于膝上或扶手上，高昂起头，这样容易被人判读为示意对话结束。

③走姿稳健，轻快自然。行走美是人体美的动态表现。行走时，上体应保持正直，下巴后收与地面平行，两眼平视前方，胸部挺起，精神饱满，面带微笑；迈步时，脚尖要向正前方，脚跟先着地，脚掌紧随落地，两脚后跟

几乎在一条直线上。两腿交替前移时,弯曲程度不要太大,步伐稳健均匀。两腿距离约为1～1.5个脚的长度;前腿落地前要伸直,后腿迈步前后韧带要拉长;步伐稳健,步履自然,要有节奏感。穿裙子行走时,裙子的下摆与脚的动作应力求表现出韵律感;腰要适当收紧,走路要有腰力;身体重心稍稍向前;迈步时,脚尖可微微分开,但脚尖和脚跟应与前进方向近乎一条直线;双目要平视,头要正。两臂摆动要与两脚同步,两臂放松,自然摆动,前臂摆至约35°时,自然展肘,后臂摆至与身体成15°为宜;上下楼梯时,上体要直,脚步要轻,要平稳,一般不要手扶栏杆。

不正确的走姿:步子太大或太小,双手插入裤袋,双手反背于身后;身体前俯后仰,左右摇晃,左顾右盼,晃肩,躬腰,腆肚;两脚尖向里侧或走外八字。

为了使自己拥有健美的体形,平时教师应当主动地进行体育锻炼,可以参加一些健美运动班,坚持定期训练。这样,一方面有利于身体健康,以便更好地工作;另一方面也有利于身体的各个部位趋于匀称、和谐,增加身体的美感。

### 2．避免不文明行为

教师在公共场合,特别是在与幼儿一起活动时,应该尽量避免以下不文明甚至不雅的行为:

◆搔头皮。

◆掏耳朵。

◆擦眼屎。

◆抠鼻孔。

◆剔牙齿。

◆挠痒痒。

◆摸脚丫。

◆搓身上的污垢。

◆随地吐痰。

◆乱扔果皮纸屑。

◆抠指甲。

◆吃东西，同时嘴巴发出"吧唧吧唧"的响声。

### 3．注意语言美

平时，教师对幼儿说话语气要平和，尽量以商量的口吻和幼儿沟通、交流，不要使用命令的口气跟幼儿说话。例如，当幼儿不愿意帮教师收玩具时，教师可以说："你可以帮我一下吗？"而不能以命令的口气说："快点，帮老师收玩具！"平时，教师应常说"你好""请""没关系""谢谢""能不能……"，而不应用强制性的语言与幼儿沟通，如"我说这样，就这样""你必须""不许""不能"等，更不要用谩骂、讽刺的语气与幼儿对话。否则，这些"强势语言"会成为教师与幼儿情感沟通的一道屏障。

此外，教师要注意语言的纯洁性，要剔除语言中不规范的语句、土语、行话、俗语以及没有必要使用的外来语，保持健康的文意和文风，要改掉口头禅，不给幼儿起绰号。

**案例 3-16　　小耗子成精了**

一次，有个实习生独自带一个大班的小朋友，小朋友们不如平时那样与老师配合默契，实习生一时性急脱口而出："啊！老猫不在家，小耗子成精了！"小朋友们听了很不高兴，当时就有一个男孩向实习老师提出"抗议"："老师，你这样说话多没礼貌呀！你怎么能把我们老师比作老猫，把我们小朋友比作小耗子呢？"其他小朋友也随声附和。

教师在幼儿面前说话要注意语言美，否则，教师无意中的不当言语会影响幼儿对教师的情感和态度。

### 4．每天以初次约会的精神状态与幼儿见面

有位学者提出，教师每天都要以赴初次约会的精神状态与幼儿见面。这一主张很有创意，很有道理，同时也很有现实意义。

初次约会的精神状态是什么样的呢？那是一种充满向往、精神饱满、神

采奕奕、容光焕发、积极热情、快乐开朗、充满活力、富有朝气的状态。如果教师每天都能以这样的精神状态与幼儿见面，那么，幼儿很容易受到教师的感染，他们也会充满活力、富有朝气。

眼睛是心灵的窗口，幼儿园教师的目光应该明亮有神、充满挚爱和期待，而不应该黯然无光，也不应该含有厌恶和敌意。幼儿非常重视教师的目光反馈，教师的目光不仅可以显示出自己个性的某些方面，而且会把自己的态度、感情传递给幼儿，使幼儿体验到温暖、鼓舞或使他们领略到冷漠、厌弃。

### （二）用教师的才能折服幼儿

在幼儿眼里，教师是最能干、最聪明的，教师什么都懂。很多家长也反映，教师说的话在幼儿心中就像圣旨。幼儿都非常崇拜班上有才能的教师，他们觉得有才能的教师会画画、会唱歌、会弹琴、会讲很多动听的故事、懂很多的知识，幼儿因羡慕教师的才能而喜爱教师。因此，教师要善于在幼儿面前展示自己的才能，以赢得他们对自己的喜爱。

#### 1. 丰富自己的知识技能，以满足幼儿的求知欲

知识技能是教师的看家本领，平时，教师要注意不断地根据幼儿的发展需要来充实自己的知识技能，以便更好地满足幼儿的求知欲。教师知识丰富，往往是幼儿崇拜教师的一个重要原因。例如，晨间接待时，一个孩子的外婆对袁老师说："袁老师，你现在是我外孙女最崇拜的人了。昨天晚上，外孙女对我说：'外婆，我以后要叫刘园长刘老师，叫袁老师袁园长。'我问她为什么要这样安排，她说：'袁老师最厉害了，什么都知道。我最喜欢她了。'她最听你的话，只要你说的事情，她一定能做到。"

**案例 3-17　幼儿"考"老师**

有一天中午睡觉的时候，筱莹一直在考我："尹老师，鱼用英文怎么说？""Fish。"然后，她又问："手用英文怎么说？""脚用英文怎么说？""头发用英文怎么说？"结果，我都说对了。筱莹想了想又问："你的漂亮衣服用英文怎么说？"结果，我又说对了，筱莹眨了眨大眼睛又说："那天空用英文

怎么说呢？"过了一会儿，筱莹见我没有动静，觉得我这次该没辙了，然而我笑着说："Sky。"这次换成她没辙了。后来，她出其不意地搂住了我，眼神里流露出钦佩。

（摘自一位幼儿园教师的教育日记）

幼儿是好奇好问的，教师应该根据幼儿园课程的内容来建构相应的知识结构，以便能自如地应对幼儿提出的各种问题，进而树立自己在幼儿心目中的威望，成为幼儿喜爱甚至崇拜的对象。如果教师的知识不够丰富，经常被幼儿"问倒"，那么，教师在幼儿心目中的威信将会大打折扣。

**2．学习点小魔术，以增强教师的神秘感**

我有一个当幼儿园教师的朋友，她深得幼儿的崇拜和喜爱，主要原因就是她会玩些小魔术。幼儿的经验和能力都有限，教师施些魔术的小伎俩就可以将幼儿"蒙"过去。由于魔术带有神奇色彩，所以会玩魔术的教师在幼儿心目中就是很"神"的人。

教师可以买些有关魔术的书，或者向别人学习一些小魔术，并熟练地掌握表演技巧，然后在适当的时机在小朋友面前露一手。这样，不仅可以让幼儿从观看魔术中获得乐趣，而且会增加教师在幼儿心目中的神秘感，让幼儿对教师佩服有加。

### 案例 3-18　*会魔术的侯老师*

中（2）班小朋友最喜欢他们班的侯老师了，因为侯老师滑稽可爱。她为小朋友们上科学活动课"神奇的魔术"时，穿着一身黑黑的燕尾服，戴着高高的大礼帽，胳膊上还挂着一根拐杖，变起魔术来身手敏捷，东西一会儿变到东，一会儿变到西，加上她那故作神秘的语气，让小朋友们时而哈哈大笑，时而鸦雀无声，小朋友们对侯老师及其表演的魔术着了迷。

幼儿喜欢侯老师，主要原因就是侯老师会变魔术，她在幼儿心目中总有一种神秘感。

## 3. 向幼儿展现教师的才能，增强感染力

平时，教师要努力提高自己的说、唱、弹、跳、画的技能，其意义有二：一是满足教学的需要；二是有艺术才能的教师容易获得幼儿的喜爱和敬佩——"讲故事好听""唱歌好听""跳舞好看""画画漂亮"是幼儿喜爱教师的重要原因。

**案例3-19　是狼？是狗？**

有一天下午，史老师组织小朋友们续编故事，为了调动孩子们的兴趣，史老师事先准备了三幅图片：小白兔、大树和狼。由于没找到狼的图片，史老师参照狗的形象做了点加工处理，画了一只似狼非狼、似狗非狗的动物。图片刚画好，小朋友们就"呼啦啦"围了上来："史老师，你画的这是什么呀？"为了避免课堂闹笑话，史老师决定先做做准备工作："你们说，这是什么呀？""史老师，是猫吧！""不对，是狗！""是……"小朋友们争论起来。而此时的史老师只觉得万分懊恼，她愧疚地对小朋友们说："对不起，老师画得不好，老师是想画一只狼。"

将狼画成了"狗"或者"猫"，这不仅影响教师的正常上课，而且会弱化教师在幼儿心目中的高大形象，并且这种负面影响不是一下子能消除的。因此，教师平时要苦练基本功。

教师展示的才能，可以是比其他教师强的项目，也可以是比幼儿强的项目。例如，有一位男教师在上体育课抛接球时，将球高高地抛向空中，令那些力量弱的幼儿敬佩不已——其实，将球抛到那样的高度，大多数成人都能做到。

所以，只要愿意挖掘，教师可以在幼儿面前展示很多才能，教师经常在幼儿面前展示自己的才能，就会自然而然地让幼儿对教师产生敬佩之情。

## 四、做有幸福感的幼儿园教师

幼儿园教师能否在工作中感到幸福，不仅关乎教师自己的幸福，而且关乎幼儿的幸福。因为一个视幼儿教育工作为不幸和煎熬的人，很难承担积极的、温暖的、充满生命情怀的幼儿教育任务，也很难用真诚的爱心与幼儿进行广泛的交往。只有由衷地感受到工作的幸福——乐于与幼儿互动，乐于与家长沟通交流，乐于与同事合作，教师对幼儿教育工作才会充满热情，才会保持一种愉快的心情，才能以自己的快乐和幸福去感染幼儿，让幼儿快乐着他们的快乐，幸福着他们的幸福，自然，他们也就会成为幼儿喜欢亲近的教师。

因此，幼儿园教师要努力从工作中获得成就感和幸福感，努力做幸福的幼儿教育工作者，进而做幼儿喜爱的教师。

### （一）精通幼儿教育工作的每一个环节

幼儿园教师只有精通工作中的各个环节，才能对幼儿教育工作产生胜任感、轻松感，才不会为工作所累，幼儿教育工作对于他们来说才会在真正意义上成为一种精神享受，而不是一种负担。

调查发现，能从幼儿教育工作中获得幸福感的教师百分之百地认为自己能胜任幼儿教育工作；对幼儿教育工作缺乏热情、内心充满厌倦的教师有33%的人觉得自己对当前的幼儿教育工作有点力不从心，有11.5%的人觉得从事幼儿教育工作很吃力。

幼儿园教师要努力精通自己工作的各个环节，除了平时要注意学习和吸收别人的研究成果外，还应该注意对自己工作的各个环节进行反思，在反思中不断提高业务水平，提高对各项幼儿教育工作的驾驭能力。反思或反思性幼儿教育实践作为衡量优秀幼儿园教师的标准及其成长的重要途径之一，已为大家所公认。幼儿园教师对幼儿教育实践的反思主要有三种：

### 1. 教育活动前的反思

此时，反思的问题有：实施这种教育活动，总共可以有哪些方法和策略？这些策略的优点与不足是什么？它们应用的条件和情境是什么？我具备哪些条件、有哪些经验可以借鉴？

在设计教育活动内容时，教师还应该思考：我对这项教育活动的内容有怎样的理解？如果幼儿学习这项内容，可能会有怎样的理解？如果幼儿学习这项教育活动内容之前就已经有了自己的想法或经验，我能提供怎样的帮助，从而使幼儿的理解或经验由低级向高级发展？我的理解或经验与幼儿的理解或经验如何互动？

### 2. 教育活动过程中的反思

在教育活动过程中，教师可以根据幼儿的反应及时调整教育活动计划和进程。

### 3. 教育活动后的反思

这是回顾性的反思，它使实践经验得到升华。此时的反思可以分为学习性反思和批判性反思。批判性反思是指教师运用更合理的教育理念来反思现实中的幼儿教育问题，在批评中开拓幼儿教育的新思路，形成幼儿教育的新模式。

在教育活动后的反思中，教师可以问自己下列问题：

★ 这次教育活动是否达到了教育活动目标？
★ 怎样用幼儿教育学和幼儿心理学的理论来解释这次教育活动？
★ 怎样评价幼儿是否达到了预定的教育目标？
★ 教育活动过程中改变了原教育活动计划的哪些内容？为什么？
★ 是否用另外的教育方法会更成功？为什么？
★ 这次教育活动发生了哪些令我印象深刻、难忘的事情？哪些片段值得仔细品味？
★ 这次教育活动中是否有问题一直困扰着我，使我在这几天中一直冥想苦思？我怎样才能找到答案？

根据这些问题，幼儿园教师可以判断自己是成功地完成了教育活动目标，还是需要重新计划或尝试新的教育策略。

以上三种不同时间段的教育反思，对幼儿园教师业务水平的提高、对幼儿教育质量的提高有着不同的作用。

幼儿园教师进行教育反思的初步成果可以用教育反思日记或周记来记录。在一天或一周教育工作结束后，教师写下自己的经验体会，记录自己一天或一周在课程活动设计和实施过程中的得失，或抓住其中最成功或最失败的一点，从正面或反面阐明自己的收获与体会，并与其他教师分享。教师也可记录下"再组织相关活动的设想"，即设计、组织完一次教育活动后，稍做反省，对得与失大致有所体会，进而思索如果再设计与组织同样或同类的课程活动时，应该如何设计与组织才能做得更好。教师如果及时把"再教设想"记录下来，则在今后的教育活动设计与组织中就能扬长避短，使自己设计、组织教育活动的能力更上一层楼。

写教育反思日记或周记应思考的问题：

★ 今天或本周保教工作中，我认为最精彩的、感触最深刻的保教工作片段是什么？

★ 今天或本周保教工作中，我认为最糟糕的、感觉不满意的是什么？

★ 今天或本周保教工作中，我是否意外地发现了某个幼儿的闪光点？

★ 今天或本周保教工作中，是否有突发事件？我是如何处理的？

★ 今天或本周保教工作中我所做的事情，如果可以重来，哪些地方我会做得更好？

★ 今天或本周保教工作中，幼儿有什么行为让我感到不理解？

★ 今天或本周保教工作中，有什么事让我感到惊奇（可以是教师自己亲历的事情，也可以是幼儿或其他教师的所作所为）？

教育反思，是幼儿园教师专业成长的有效途径，因为其能促进幼儿园教师的思考，使幼儿园教师更自觉地把教育理论与实践相结合，更理性地认识自己的教育实践,进而促进自己专业素质的提高。

华东师范大学的叶澜教授说:"一个老师写一辈子教案,不一定能成为名师,如果一个老师写三年反思,就有可能成为名师。"我们主张,反思应该成为幼儿园教师的一种职业习惯,幼儿园教师应该在不断的反思中提高自己的专业水平,精通各项工作及其各个环节。

### (二) 努力形成自己的专业特长

调查发现,那些对幼儿教育工作总是充满热情并有强烈的职业自豪感和幸福感的幼儿园教师,有75.3%的人在幼儿教育工作方面有自己的特长。比如,有些教师有教学特长——在语言教育、体育活动、美术教育、科学教育、音乐教育、舞蹈教育的某一方面形成了自己的教学特长,不仅在本园、本市,而且在全省幼儿教育界也有较高的专业声誉;有些幼儿园教师则在幼儿教育研究方面有一定的特长,其论文经常在园、市、省里获奖,并且有论文发表在报刊上。这些教师在实践中形成了自己的专业特长,在园内园外就有了不可替代的位置,工作的自豪感、幸福感也就自然而然地产生了。可见,幼儿园教师只有具备了专业特长,才能在激烈的竞争中找到自己的位置,工作起来才会有成就感、优越感。也只有这样,幼儿教育工作中的"苦"才会变成乐,幼儿教育工作才会充满乐趣,才会有源源不断的内在动力。

幼儿园教师要形成自己的专业特长,就要结合自己的素质基础,选择一个自己感兴趣的工作方向,做到理论与实践相结合、实践与反思相结合,持之以恒地努力下去。这样,经过一定时间的经验积累,定会有所作为。

**案例 3-20**　*有为才会有位*

我曾在广播里听过一个节目主持人讲他朋友的故事:

数年前,主持人的一个朋友小陶跟主持人说,他想离开工作的单位,理由是单位领导不重视他。

主持人就对小陶说:"你已经工作了几年,总得带走一些什么吧。不然就太便宜这个单位了。"

小陶问:"那我能带走些什么呢?"

主持人说:"你单位有什么先进的机器或设备?"

小陶说:"我们是搞电影拍摄的,机器设备倒是挺先进的。"

主持人就对小陶说:"那你就把这些机器设备的操作技术带走吧!"

几年过去了,小陶还没有离开那个单位,主持人问小陶没有离开的原因,小陶说:"听了你的话以后,回去我就把那些机器设备的说明书和操作技术钻研透了,结果成了单位的技术骨干,因此受到了领导的重用,各方面的待遇也就自然而然地提高了。"

上述案例中的小陶之所以不愿意离开以前想离开的单位,是因为得到了领导的重视,待遇也得到了提高。那些总是埋怨未受到园领导重视的幼儿园教师应该从上述案例中得到启示:有为才会有位。"有位"是职业自豪感和幸福感的一个重要源泉。

### 案例 3-21  成功在于坚持

有一天,一个学生在课堂上问苏格拉底:"怎样才能成为像您这样学识渊博的学者?有什么秘诀吗?"苏格拉底没有直接作答,只是说:"今天我们只做一件最简单也是最容易的事,每个人把胳膊尽量往前甩,然后再尽量往后甩。"苏格拉底示范了一遍,说:"从今天开始,大家每天做300下,能做到吗?"学生们都笑了:这么简单的事,有什么做不到的?

过了一个月,苏格拉底问学生:"哪些同学坚持了?"

教室里有90%的学生举起了手。

一年过后,苏格拉底再次问学生:"请告诉我,最简单的甩手动作,有哪几位同学坚持做到了今天?"

这时,整个教室里只有一个学生举起了手,这个学生就是后来成为著名哲学家的柏拉图。

世间最容易的事是坚持,最难的事也是坚持。说它容易,是因为只要愿意做，人人都能做到；说它难，是因为真正能做到的，终究只是少数人。成功在于坚持。

想在幼儿教育工作上有所作为的教师，应该敬重幼儿教育工作：忠于职守，专心致志，恒心如一，一丝不苟。只要专注且持之以恒地努力，相信不远的将来，你一定会在幼儿教育工作中有所成就。

### （三）创造性地开展工作

幼儿教育工作是一项既简单又复杂的劳动。幼儿园教师时时面临教育对象、内容和情境的差异和变化，必须充分发挥自己的创造性，才能把工作做好。

只有教师把幼儿教育工作当作创造性的工作，这项工作才会有挑战性，才会有吸引力，才会充满乐趣；相反，把日复一日的幼儿教育工作当作单调不变的、机械的重复，一个教案十几年、几十年不变，当然会使幼儿教育工作乏味而无生气。

创造性地从事幼儿教育工作，不仅可以提高工作质量，而且可以提高工作兴趣，转变工作的被动状态。教师要想创造性地从事幼儿教育工作，一是要使"课"常上常新；二是要不断地研究教育教学中的问题。苏联著名教育家苏霍姆林斯基曾说过："如果你想让教师的劳动能够给教师带来乐趣，使天天上课不至于变成一种单调乏味的义务，那你就应该引导每一位教师走到从事研究的这条幸福的道路上来。"进行教育研究能给幼儿园教师带来成就感、充实感、满足感，进行教育研究会使幼儿教育工作变得充满挑战性和乐趣——每天的教育工作都有许多新的东西，幼儿是新的（幼儿的表情、精神面貌、求知欲望、能力、兴趣点、作品、发现等），教学内容是新的，教学方法是新的，每天的收获也是新的；幼儿教育工作很有创造性和挑战性，其乐无穷。不进行教育研究，幼儿教育工作就有可能会成为一种单调、乏味的劳动。

## (四) 向经验丰富的同事学习

平时，幼儿园教师要多向那些积极追求进步、工作成绩显著、工作经验丰富的同事学习，如此，我们不仅可以得到幼儿教育专业能力方面的提高，更重要的是可以受到他们那种健康的、不断追求进步和事业成功的工作态度的感染，这样有利于形成积极健康的心态，而且有利于在分享这些快乐和幸福的同时不断地发现自己工作中的快乐和幸福；相反，如果经常与那些工作中不求上进、牢骚满腹、埋怨领导、埋怨同事、埋怨孩子、埋怨家长、埋怨社会、埋怨一切的同事为伍，久而久之，也会被那些消极的厌世心态影响，陷入倦怠之中。

所以，我们要想享受到工作中的快乐和幸福，就应该向那些快乐地工作、幸福地工作的同事看齐。

## (五) 营造良好的人际环境

调查发现，有13.8%的幼儿园教师不喜欢幼儿教育工作是因为工作单位里人际关系不尽如人意。在喜欢幼儿教育工作的教师中，有64.7%的人不愿意离开幼儿教育工作岗位是因为舍不得单位里那种融洽的人际关系。因此，幼儿园教师要想从工作中获得幸福感，就应该努力为自己的工作营造良好的人际环境。

**1. 让微笑成为人际交往中的一种习惯**

笑是善意的象征，也是轻松的标志，它能给人带来内心的愉悦，使别人乐意与我们相处。

**2. 学会赞美同事**

任何人都希望得到他人的认同和赞美，从而证明自己存在的价值。因此，在与同事交往中，对他人的长处和优势、对他人的关心和帮助，我们要由衷地表示感谢和赞美，从而激发对方与我们交往的热情。

另外，研究表明，"背后鞠躬"更能得到人家的感激。"背后鞠躬"，即通过第三者在无意间转述自己对对方的好感、赞美，或者通过创造某种特定的环境条件，让对方听到我们对他的积极评价。这种方式也会有意想不到的积极效果。

### 3. 主动与同事交往

见了同事，主动打招呼，主动微笑；与同事有了矛盾，要主动化解。

有的幼儿园教师认为："先向别人打招呼，不是看低了自己吗？""我向他打招呼，要是他不理睬我，那多难堪呀。"实践证明，主动交往得不到回应的情况极少，除非积怨太深。即使是"傲慢、古怪"的人，我们自然、亲切地主动向他们打招呼，他们也会对我们"另眼相看"。

坚持主动与同事打招呼，主动对同事微笑，我们就会发现每个人都会喜欢我们，我们也就会生活在一种其乐融融的人际关系之中。

#### 案例 3-22　主动交往才是出路

有个寂寞的人，看到一则有关电话的广告："有了电话，朋友就来！"

于是，他装了一部电话，希望朋友打过来。白天他卖力地工作，回家之后就整晚盯着电话，生怕错过每一个来电。

可他仍然感到寂寞，为可能漏接的来电而抓狂。一天，他从信箱里抓出一张录音电话的广告："有了录音电话，朋友不'漏接'！"

可没想到的是，录音电话装了一个星期后，他就把它退了，因为空空的电话录音使房间显得更加安静。

不是有了电话就有了朋友，对人主动热忱才是最重要的。当我们主动地付出关怀与热情、主动地帮助别人时，周围的人便会因为我们的付出而感激我们，同时我们也会拥有更多的朋友。

### 4. 真诚地帮助别人

一种人际关系对我们来说是值得的，我们才愿意试图去建立并维系它。通常来说，只有当一种人际关系对人们有帮助时，它才是值得的。因此，我们要想和别人建立良好的关系，对别人有帮助是十分重要的。当然，这里的帮助有物质上的，也有精神上的，并且人与人之间的相互帮助首先是情感上的，然后才是物质上的。精神上的帮助包括情感上的支持、对痛苦的分担、对观点的赞同以及提出建设性的建议。另外，帮助别人不仅能提高我们的存在价值，还可使我们获得心理上的慰藉和满足。

**5．注意保持适当的交往频率**

交往频率是指在单位时间里交往的次数。良好人际关系的维持需要一定的交往频率，如果交往达不到一定的频率，人际关系就很难密切，情感就很难加深；但是交往频率过高，人与人之间达到了亲密无间，反而不利于良好人际关系的维持。人除了需要交往外，还需要独处，适当的距离可以保持一种神秘感，进而增强人际间的吸引力。

**6．接纳他人，不要苛求他人**

苛求他人，会使他人感到与我们交往很累。同时，对他人有太多的奢望，也会增加对方的烦恼。

**7．要积极与园领导建立健康和谐的人际关系**

和园领导建立良好的人际关系，对幼儿园教师有许多"好处"：自我价值比较容易得到承认；工作和生活上比较容易得到园领导在物质和精神上的支持；比较容易得到公正的（物质和心理上的）待遇；才华比较容易得到发挥；教育理念比较容易得到实现等。

因此，为了工作得更开心，教师应该努力与园领导建立良好的关系：

◆把园领导看作与自己的前途密切相关的人，尊重他们，使他们对我们产生好感。不论是领导的公事还是私事，我们都尽可能地积极关注，努力做好，这样，才能与领导处好关系。

◆在园领导没有做出决定前，有什么意见和建议尽管提出，一旦他们拿定主意，就不要再与之争论。园领导考虑的是全盘，与个人意见有冲突在所难免。有意见要当面提，不要背后议论领导的"不是"。不要以为自己的想法比园领导更高明。作为下属，服从是一种美德。

◆与领导为善。不要与园领导为敌，不要见了园领导就反感，不要"领导支持的我都要反对"，否则，我们很难有个好心情。

◆在园领导面前要不卑不亢，不要见了园领导就畏惧。一个在园领导面前战战兢兢的人，是不会得到园领导欣赏的，园领导也不会与我们建立友好的关系。

◆ 适度的赞美而不是溜须拍马。别千方百计地讨好园领导，更不要通过批评、讽刺同事来博取园领导的欢心，但也不要吝啬对园领导的夸奖。当园领导有奇思妙想的时候，当幼儿园获得荣誉的时候，适当地向他们表达我们对他们的赞美算不上溜须拍马。当然，过分地吹捧，效果会适得其反。记住，真正有主见、有能力的领导是不喜欢"马屁精"的。

◆ 园领导生病了要打个电话去问候一声。领导也是常人，领导同样需要关心。

◆ 得到园领导的嘉奖或"重用"，要真诚地说声"谢谢"。

◆ 不要总是发牢骚，不要只提出问题，而要积极地提出解决问题的方案。

与园领导、同事关系融洽，就会感觉到幼儿园人际环境的温暖，进而能享受到幼儿园工作的无穷乐趣。

## （六）确立积极的人生态度

心理学研究表明，幸福是一种个体的内心体验，是需要得到满足、潜能得到发挥、理想得到实现后持续的心情舒畅的情绪体验。直接影响个人幸福体验的是个人的幸福观，而非自己拥有名利的多少。一些人经常能体验到幸福，是因为他们具有与其现实生存状况相适应的幸福观；相反，一些人很少有幸福的体验，是因为他们的幸福观与其现实生存状况不相符合。可以说，一个人改正其错误的观念，就可以改变其对生活的体验，进而获得与之相应的不同程度的幸福体验。

**案例 3-23　快乐转换**

自从王阿婆的两个女儿各自成家后，王阿婆很少快乐过。因为大女儿靠卖遮阳伞和布鞋为生，小女儿靠卖水鞋和雨衣为生，天晴出太阳时，她为小女儿的生计担心：这样猛烈的太阳，有谁去买水鞋和雨衣，水鞋和雨衣卖不出去，小女儿的日子怎么过？当天下雨时，她又为大女儿的生计犯愁：这样绵绵不断的细雨，有谁去买遮阳伞和布鞋？遮阳伞和布鞋卖不出去，大女儿的日子怎么过？因此，有雨无雨，王阿婆都快乐不起来。

如果王阿婆换一种思维方式，那么她一定会过得很快乐、很幸福——当烈日当空时，她应该这样想，今天大女儿的生意一定很好！当细雨绵绵时，她又应该这样想，今天小女儿的生意一定很好！

其实，幸福与否不在于我们拥有什么，而在于我们的思维方式是否正确。有时候之所以没有幸福的感觉，是因为我们的思维方式不正确。这时，如果我们能换个正确的思维方式，对任何事物都往积极的方面想，就一定能过上充满幸福感的生活。

### 愿意当幼儿园老师的N条理由

（1）感到开心：孩子们永远是快乐的。

（2）有假期：一年可以休息两个月。

（3）收入稳定：每月工资超过4500元。

（4）孩子崇拜和仰慕的眼光令人（多神气）有成就感。

（5）没有学生升学率的压力，更没有分数对比的担忧。

（6）做孩子的第一任老师很神圣。

（7）可以和孩子的家长建立亲密的伙伴关系。本来只和与自己年龄段相近的人有接触，现在和年幼的孩子、年轻的家长、年迈的爷爷奶奶都有接触。

（8）那么多可爱、漂亮的孩子用崇拜的眼神望着我们。

（9）每天童言稚语一箩筐，回家讲给家人听，开心能感染一家人。

（10）班上老师说了算，大家都要听老师的，老师的"权力"很大。

（11）整天和天真、活泼的孩子在一起，感到年轻，富有朝气，充满活力。

（12）孩子童稚纯真的目光让我们感到世界的美好。

（13）可以玩一玩小时候没有玩过的玩具，还有滑梯及迷你健身器械。

（14）可以不用刻意粉饰自己，以真实、平和、诚挚的心态对待他人。

（15）每次上早班，进班前看到一张张稚嫩的笑脸隔着玻璃窗就大喊："老师，早上好！"那一刻有着无法言喻的幸福感。

（16）生命最初的感动已经在我们成长的过程中被遗忘，成长的代价是让心越来越冰冷，但我们可以在这群没有翅膀的天使身上找到温暖，这种感觉真好。

（17）宝宝们特别调皮的时候，被气得说："我走了，再也不要看到你们！"当然，没走之前，他们已经哭得稀里哗啦，被需要的感觉真好！

（18）在别人眼中，幼儿园教师琴棋书画样样都会，简直是现代版的大家闺秀（或秀才），令人仰慕。

（19）和孩子们在一起可以拥有天真年轻的心，远离世俗的许多纷争和烦恼，快乐地生活。

（20）喜欢孩子搂着我的脖子亲吻我的脸的感觉。

（21）每天可以听到悦耳的童音，那可是天籁之音哦！

（22）找老公容易，幼儿园教师深得成功人士喜欢！

（23）曾经羡慕办公室里的"白领"吹着空调穿着套装优雅地办公，等到因事去了一趟气派的写字楼，才发现：空气污浊，人们神情紧张，相互之间连说话都小心翼翼，自然地说话竟成了奢望。想想自己，不但想说就说，还可以趁着锻炼、散步的机会和孩子们一起自由呼吸，真是享受啊！

（24）可以和孩子海吹一通，感受到孩子们的崇拜，那感觉真好！

（25）我一出现，孩子们就欢呼一片，我太骄傲了！我一蹲下，孩子们就张开双臂搂我，我太满足了！我一开口，孩子们就把秘密告诉我，我太幸福了！我——喜欢当幼儿园老师！

（26）没有领导的苛刻；没有成人的复杂；有家长的微笑与关怀；暑假可以与好友一起结伴旅游。

（27）童年那种肆无忌惮的快乐对于大多数人来说是有时间限制的，可是，幼儿园教师可以躲在这层职业的外衣下随心所欲。

（28）当孩子们遇到困难急切地求助（"老师，老师，快来啊……"）时，觉得自己最伟大。

（29）言传不如身教，为了做好孩子们的榜样，自己的道德修养必须没话说。

……

《愿意当幼儿园老师的 N 条理由》在网上热传，我无法查证原创作者是谁。但此文给我们一种积极看待幼儿教育工作的思维方式，值得借鉴。

当前，许多幼儿园教师对工作有说不完的怨言，但也有许多幼儿园教师能从工作中得到快乐和幸福。现实中，没有哪一项工作是十全十美的，好风景永远是在山的另一边。任何一项工作从事久了，总会生出倦怠感，我们应当正视现实，改变自己的思维方式和工作方式，过好每一天，反正"快乐也一天，痛苦也一天"，为何不快快乐乐地过好每一天呢？生活是精彩的，也是无奈的，只要我们用心去发现，就会找到幼儿教育工作的快乐。

做个快乐的幼儿教育工作者吧，让幼儿快乐着我们的快乐；做个幸福的幼儿教育工作者吧，让幼儿幸福着我们的幸福。

# 参 考 文 献

［1］边亚华. 解读儿童的秘密——以儿童的秘密体验为例 [J]. 学前课程研究, 2009（5）：18-20.

［2］陈海青. 教师的幽默感对幼儿个性的影响 [J]. 山东教育, 2005（30）：1.

［3］陈少敏. 善于调整角色建立良好师幼关系 [J]. 教育导刊, 2003（11）：42-44.

［4］杜红梅. 给完美主义父母的育儿建议 [J]. 教育导刊, 2007（12）：50-52.

［5］冯伟群. 幼儿教师临场应变技巧60例 [M]. 北京：中国轻工业出版社, 2013：8-9.

［6］高美娇. 幼儿园课程实践研究 [M]. 北京：新时代出版社, 2004.

［7］郭亨贞. 抑制与从众：儿童创造性毁灭的分析与反思 [J]. 教育导刊, 2006（4）：34-36.

［8］姜勇. 做一名尊重儿童的教师 [J]. 幼儿教育, 2013（16）：10-11.

［9］林华民. 世界经典教育案例启示录 [M]. 北京：农村读物出版社, 2003：125-126.

［10］林正文. 儿童行为的塑造与矫正 [M]. 北京：北京师范大学出版社, 1998.

［11］刘铁芳. 回到原点：时代冲突中的教育理念 [M]. 上海：华东师范大学出版社, 2006：86.

［12］刘焱. 幼儿教育概论 [M]. 北京：中国劳动社会保障出版社, 1999.

［13］吕丹. 由"老师，你不喜欢我"所想到的 [J]. 学前教育研究, 2001（2）：70.

［14］孟昭兰. 婴儿心理学 [M]. 北京：北京大学出版社, 1997.

［15］莫里森. 当今美国儿童早期教育 [M]. 王全志, 等, 译. 北京：北京大学出版社, 2004.

[16] 莫源秋. 幼儿的尊重需要与心理卫生 [J]. 教育导刊：下半月，2010（1）：27-29.

[17] 莫源秋. 幼儿教育活动的尊重性原则 [J]. 幼教博览，2011（10）：3-7.

[18] 莫源秋. 幼儿园心理卫生保健工作指导 [M]. 南宁：广西人民出版社，2005.

[19] 庞丽娟. 文化传承与幼儿教育 [M]. 杭州：浙江教育出版社，2005：570.

[20] 任淑梅. 尊重儿童，回归幼儿教育的原点 [J]. 山东教育，2015（Z5）：62-63.

[21] 邵晓燕. "我不告诉你" [J]. 山东教育，2006（33）：35.

[22] 孙瑞雪. 爱和自由：孙瑞雪幼儿教育演讲录 [M]. 天津：新蕾出版社，2004.

[23] 陶金玲. 如何帮助幼儿形成"高自我价值感" [J]. 教育导刊，2005（6）：23-25.

[24] 王本余. 教育哲学视野中的儿童尊严 [J]. 全球教育展望，2007（2）：9-13.

[25] 王春蓉. 给予孩子幽默的熏陶 [J]. 学前教育，1999（12）：21.

[26] 王英. 幼儿教师实施"尊重"品格教育的个案研究 [D]. 金华：浙江师范大学，2012：23.

[27] 王振宇. 尊重儿童，就是尊重人类本身 [J]. 早期教育，1999（3）：15.

[28] 肖川. 大师谈教育心理 [M]. 重庆：西南师范大学出版社，2009：69-70.

[29] 晓达. 西方教育：玩也是一种学习 [J]. 21世纪，2002（6）：29-31.

[30] 徐超. "尊重"的困境与焦虑——基于W初中尊重教育的个案研究 [D]. 长春：东北师范大学，2013：26-31.

[31] 许晓蓉. 我们应该怎样当教师——来自前沿的报告 [J]. 学前教育研究，2002（3）：5-7.

[32] 杨翠美. 在幼儿教育中如何运用有益的暗示 [J]. 教育导刊，2006（5）：33-35.

[33] 张玉庭. 一个美丽的故事 [N]. 长江日报，2010-07-23（14）.

[34] 周建芳. 多变点名其乐无穷 [J]. 学前教育研究，2004（10）：38.

[35] 周励. 曼哈顿的中国女人 [M]. 上海：上海文艺出版社，2003.

[36] 周素珍. 尊重儿童的教育理念及其实施 [J]. 内蒙古师范大学学报：教育科学版，2006（12）：55-57.